旅游业从业人员资格培训丛书



# 旅游计调师实务教程

梁 智 韩玉灵 主编

旅游教育出版社
·北 京·

# 《旅游计调师实务教程》编委会名单


**主　编**：梁　智　韩玉灵

**副主编**：卢政营　王　莹

**编　委**：（以姓氏笔画为序）

丁月卉　丁再献　于永钧　马本忠　王重华
王祖淦　王　哲　王碧含　史广峰　史建平
刘　洋　吕俊杰　乔晋灵　李冬佳　李丽红
汪　爽　贾云辉　高　宏　郭　林　韩大庆
满大庆

# 序言

## 不断创新，始终增值

“外联买菜，计调做菜，导游吃菜，经理洗碗筷”，这是在旅行社行业流传多年的几句笑谈。虽是笑谈，也有几分道理。就计调业务而言，喻为做菜，就是调和鼎鼐之功。自古以来，良相、良医、良厨是并驾齐驱的，易牙先治鼎鼐，后治国家传为美谈，“治大国若烹小鲜”亦成为名言。由此推之，计调不仅是一份业务，也是一门艺术。

随着国民经济持续发展，对外开放不断扩大，居民消费结构升级、收入增加，旅游需求量将更为旺盛，旅游业已成为我国的战略性产业。传统的旅游服务只能基本满足广大旅游者对于旅游产品的要求。中国的旅游业依然存在旅游服务不优、旅游专门人才短缺、旅游管理相对落后的情况。特别是在满足游客个性化需求方面还有很多缺陷。休闲度假的提速、旅游出行方式的多样化、区域合作及产业融合成为新的趋势、包括旅游业与其他业态进行的融合及信息化推动旅游业成为现代化服务业的未来发展方向，这都为旅行社的发展和跨越提出了新的建议和方向，需要有专门从事旅游产品的策划设计、产品采购、成本核算，以及为旅行团队和散客旅游行程作出具体安排并对旅游销售、服务等环节进行调控，同时承担结算相关账目等工作的专业人员。在这样的大背景下，旅游计调师应时而生。

计调称师，是一个创新称谓，也是一个客观称谓。多年以来，计调只是一个岗位、一个工作环节；计调工作者只是“人员”。在本书中，第一次定了位、第一次提了格，对于计调人员而言，大有翻身得解放之感。这就要求计调师在业务方面不断创新，为旅行社的经营管理增值作出贡献。计调师的责任，第一是设计师，涉及旅行社产品的设计更新，整合性很强；第二是协调师，涉及旅行社内部运营的方方面面，这就需要鼎鼐之能；第三是运营师，使行程顺利、客人满意，尤其是各种突发情况，没有两把刷子是干不下来的；第四是核算师，成本控制，层层核算，数字里面见真章；第五是管理师，要有严格的精神，不怕得罪人的态度，堵塞漏洞，步步为营；第六是律师，旅游产品没有专利可言，也谈不上知识产权保护，所以很容易搭便车，影响整个行业的创新，实践中，就必须在其间探索出一条保护创新的路径和方法；第七是创造师，甚至是创造大师，挖掘旅行社的优势，开拓新路，尤其是在现代电子商务的条件下，不创新就死亡。

携程旅行网就是把旅行社计调领域中的预订环节集中放大，利用电子商务条件，作出了第一流的业绩。自去年以来异军突起的团购，也不过是计调领域多年持续的传统业务，但是手段变了，运营形态就发生了根本的变化。旅行社业务是一个富矿，计调师也是勘探师和采矿师，从中可以挖掘更多的效益。比如，下一步的发展方向很可能就是“旅联网”。物联网都产生了，旅联网也是必然。其创新方式可能就是计调师的联网运行。其实现的技术手段可能是“云计算”，最终达到“云旅游”。这就意味着旅行社运营的革命性变化，会成为对计调师的最大挑战。

旅游发展对计调师数量和质量的需求在不断提高，仅靠旅行社各自制定的岗位条件和用人标准来挑选计调从业人员是远远不能满足行业用人需求的。为保证计调师的数量和业务水平，制定计调行业规范、统一的人才从业标准是必需的。为了推动旅游业发展，大力推进旅游企业岗位培训，引进人才竞争机制，实行旅游从业人员资格认证和考试制度，严格执行标准化操作，旅游职业培训项目管理办公室完成了职业技能鉴定系列丛书之一《旅游计调师实务教程》的编写和评审工作。同时，旅游计调师职业培训和职业技能鉴定实验性工作的开展，对新《旅行社条例》的颁布和顺利实施起到了积极的推动作用。

《旅游计调师实务教程》是由长期从事旅游教育研究的专家编写而成，历时3年，经过数次研讨修订。在内容上，力求体现“以职业标准为导向，以职业技能为核心”的指导思想，突出职业培训特色，概念清楚、内容深入浅出、重点突出、案例典型、理论扎实、实践可行，具有实用性、全面性、权威性、创新性。该书既可作为大中专院校旅游专业的教材，也可供旅行社计调师参考使用。本书编辑出版的意义将不仅局限于培训教育本身，而且还会产生巨大的牵动和示范效应，将对旅游业的规范服务和运营管理的健康发展产生积极的推动作用。

这本教材的出版，不仅响应了国家旅游局关于为旅游行业培养大量知识型、技能型、复合型、创新型人才的号召，还填补了旅游计调师行业培训教材的空白，将会收到巨大的社会效益和文化效益。

**中国旅游研究院学术委员会主任　魏小安**

# 目 录

# 前言

中国旅游业未来5年规划发展的目标是，在把旅游业培育成国民经济重要产业的同时，为把我国建设成为世界旅游强国而夯实基础。预计到2020年，中国将成为世界第一大旅游目的地国和第四大客源输出国。因此，“旅游计调师职业培训项目”的推出，恰恰迎合了市场的需要，准确地与市场需求相匹配。同时，“旅游计调师职业培训项目”以其实用的培训课程设置、严谨的考评体系，迅速地弥补了国内旅游计调师职业培训的市场空缺。

旅游计调师简称“计调”。“计调”是进行旅游实际操作的专业人员，主要负责新线路的开拓、食宿谈判、行程安排、成本核算等经营管理工作。旅行社开辟一条线路、带一个团能否赚钱、赢利多少，全靠“计调”进行掌控和核算。因而“计调”也被称为旅行社的中枢。计调人员的素质直接决定了旅行社的经营管理水平，也决定着旅行社的利润和服务质量。

《旅游计调师实务教程》从多个角度对旅行社计调业务的核心定位、素质要求、业务内容及未来发展趋势等问题进行了阐释。第一章，主要介绍了计调业务的基础知识，明确了计调业务的发展脉络，重点是明确计调业务的功能性；第二章，主要介绍了计调部门的设置和计调人员的素质要求，重点强调了计调业务的工作对象等，明确计调业务的职业化；第三章，突出了计调业务采购的内容，尤其是对交通、住宿、景点服务及餐饮、娱乐和购物服务的采购，重点是明确计调业务的外包化；第四章，强调了计调业务本身的运作机制和规律，重点是强调计调业务的技能化；第五章，是对计调业务突发事件的处理及相应的保险策略，重点是强调计调业务的突发性；第六章，是分析旅游服务采购管理及质量提升的路径，重点是强调计调业务的标准化；第七章，是探索旅游消费心理在计调业务中的实际应用策略，重点是强调计调业务的创意化；第八章，是讨论旅行社电子商务管理及其运营模式，重点是强调计调业务的网络化；第九章，是阐述计调业务中可能出现的各种法律问题，重点是强调计调业务的法制化。

本书由天津财经大学梁智教授担任主编，负责全书框架的设计及总撰、审校，并具体负责第一、第三章的编写工作；北京第二外国语学院韩玉灵教授担任第二主编，负责第五、第九章的编写工作，李兰、张靖玲、祝凡杰、张娟娟、于青、参加了写作；天津财经大学旅游系主任卢政营博士承担第六、第七、第八章的编写工作；天津财经大学旅游系王碧含老师承担第二、第四章的编写工作。在全书编写过程中，天津财经大学商学院旅游系汪爽、李丽红、丁月卉等老师对部分章节进行了资料整理等工作，对她们为本书出版所付出的艰苦努力，在此谨表衷心感谢。

本书编写过程中，得到了北京德利丰根教育文化发展有限公司董事长王莹女士、天津市旅游培训中心主任马本忠先生和吕俊杰老师、南开大学商学院旅游学系李天元教授、天津黄土地旅行社总经理王祖淦先生的大力支持，在此，谨向他们表示感谢。

同时，本书在仓促之间成稿，疏漏之处在所难免，希望旅游行业的专家学者和广大教师能够对本书的写作框架、内容设置和不足之处提出宝贵意见，以便本书能够在各位专家、同仁的指正下，不断精益求精，内容质量能够不断提高，以推动旅游计调师的培养和提升旅游计调业务的操作水平，促进旅行社业的变革和发展。

作　者

2011 年 4 月 25 日

# 第一章 计调业务的基础知识

## [学习目标]

通过本章学习应该达到以下目标：

● 知识目标。掌握计调业务的类型与特点，了解计调业务产生的背景和发展进程。

● 技能目标：能准确区分不同类型的计调业务，确认不同类型计调业务的工作范围。

● 能力目标：能较熟练地描述计调业务在旅行社经营管理中的作用，解释计调业务对于旅行社经营所具有的意义。

## [引例]

### 计调业务给旅行社经营业绩带来的变化

某旅行社是一家以接待国内旅游者为主要业务的旅游企业。该旅行社的前任总经理吴某十分重视旅游团队的接待工作。为此，在吴某的主持下，该旅行社制定了详细的旅游团队接待制度、旅游接待服务质量标准、旅游团队接待业务流程等制度和规范，为提高旅游接待服务质量打下了良好的基础。

然而，吴某不重视计调业务，认为它属于"二线业务"，是接待业务部门的内勤服务。吴某将一些不能胜任旅游团队接待工作的人员安排在计调部门，担任旅游服务采购、旅游计划制订、旅游信息统计等工作。由于这些人员既不具备计调业务工作经验，也不能在计调岗位上安心工作，经常出现工作差错。结果，该旅行社的旅游接待工作无法得到切实可靠的旅游服务采购保障，难以顺利执行旅游接待计划，招致旅游者和组团社的不满和抱怨。另外，由于该旅行社计调人员所采购的旅游服务产品质次价高，使得该旅行社的经营成本大幅增加，经营利润微乎其微。

2004年，吴某因健康原因辞去总经理职务。该旅行社所属的旅游企业集团任命张某继任总经理。张某上任后，认真分析了该旅行社在经营上存在的问题，认为计调业务是该旅行社的弱项，直接导致了旅行社经营业绩不佳和服务质量下滑。为此，张某调整了计调部门的人员配置，委派年富力强而计调工作经验丰富的赵某担任该部门经理，将几名不能胜任计调业务工作岗位的人员调出，从社会上招聘了3名长期从事计调业务工作，责任心强的人员，让他们分别担任旅游服务采购、旅游计划制订和旅游信息统计工作。张某还特别为计调部门的人员增加了工资，并利用旅游淡季组织计调业务培训。

经过一段时间的努力，该旅行社的计调业务工作大有起色。首先，计调部门根据旅游接待计划采购旅游服务产品，既保证了旅游服务产品的质量，也降低了采购价格，使得旅行社的对外报价具有较强的竞争力，而且降低了经营成本和采购成本，增加了旅行社的经营利润。其次，计调部门建立了一个卓有成效的旅游合作网络，确保旅行社能够在旅游旺季里得到充足的旅游服务产品供应，为旅游接待计划的顺利实施奠定了基础。最后，计调部门的信息收集和统计工作有了较大进步，既为旅行社领导的决策提供了及时的信息参考，也为该社的其他业务提供了大量及时、可靠的经营信息。

两年后，该旅行社的经营业绩名列当地旅行社行业前茅，卓有成效的计调业务工作功不可没。

（资料来源：根据在某市旅行社行业的实地调查结果整理. 2007.）

上述案例告诉我们，旅行社经营的成功与否，很大程度上与旅游采购相关。作为负责旅游服务采购的计调业务部门，是旅行社的一个重要业务部门，必须受到旅行社经营者的高度重视。因此，每个旅行社经营管理者都必须了解计调业务在旅行社经营管理中的地位、意义及其所发挥的作用，熟悉旅行社计调业务的主要类型及其业务内容，掌握旅行社计调业务的特点。

# 第1节　计调业务的产生与发展

## 一、计调业务的定义

### 1. 了解计调业务定义的意义

作为旅行社主要经营业务之一的计调业务，对于旅行社的经营成败具有举足轻重的作用。然而,由于历史的原因,人们存在着对于计调业务的一些模糊认识。例如,有人把计调业务简单地等同于预订业务。还有人把计调业务混同于接待部门的后勤业务。这些认识虽然有一定的道理,但是却失之偏颇。某些旅行社管理者甚至由此产生了对计调业务的轻视思想,认为市场销售、旅游接待等属于旅行社的关键业务,而计调业务则无足轻重。在这种思想的影响下,一些旅行社管理者在实际工作中存在重视市场销售和旅游接待,轻视计调业务的倾向,将计调部门看做"二线部门",在人员配备、资源配置等方面不予重视。这种情况不仅影响了计调业务的开展,并且导致了旅行社经营效益的损失。因此,我们认为,了解计调业务的定义,有利于澄清人们对计调业务的模糊认识,准确把握计调业务的性质,从而更好地开展计调业务。

2. 计调业务的狭义定义与广义定义

(1)计调业务的狭义定义。旅行社计调业务的狭义定义,从计调部门的日常工作角度出发,将计调业务等同于旅行社的采购业务和信息统计工作。该定义认为,计调业务,是旅行社为了落实旅游计划所进行的旅游服务采购及为旅行社业务决策提供信息服务等工作的总称。

计调部门从市场销售部门接到旅游团队或旅游者的旅游合同或协议,并以这些合同或协议为基础制订相应的旅游接待计划。根据旅游接待计划,计调人员进行用车调配、行程安排、酒店落实、票务预订、景点确认等工作。然后,将旅游接待计划及活动日程交给接待部门执行。由此,旅行社的各个业务部门因计调部门的有效运作形成完整的、互动的经营体系。

(2)计调业务的广义定义。旅行社计调业务的广义定义,从旅行社计调部门的整体业务角度出发,认为计调业务应包括以下三个方面的内容:

① 计调业务具有在旅行社内部进行协调和联络的性质,是旅行社内部各个部门之间协调与联络的中心。

② 计调业务具有统计数据和提供信息的作用,为旅行社业务决策和计划管理提供信息服务。

③ 计调业务具有对外采购旅游服务的职能。计调部门代表同其他旅游服务供应商建立广泛的协作网络、签订采购协议,为旅游者所购买的各种旅游服务的落实提供保障。

④ 计调业务具有协同处理有关计划变更和突发事件的任务。

因此,从广义的角度,我们认为应将计调业务定义为集旅行社内部联络、协调、统计、信息提供、协作网络建立、旅游服务采购、旅游接待计划制订与变更等业务项目于一体的综合性业务。

【补充阅读材料 1－1】

**计调技能的划分**

计调人员根据其职业技能及业务素养可划分为三大类别:规范型初级计调、策划型高级计调、全能型主管计调。

（资料来源:熊晓敏. 旅行社 OP 计调手册 <第 1 版>. 北京:中国旅游出版社,2007.）

## 二、计调业务的产生

### 1. 旅行社计调业务产生的历史背景

(1)国外旅行社计调业务产生的历史背景。计调业务首先出现于 19 世纪中叶的英国。当时,作为最早发生产业革命的英国,其经济结构和社会结构发生了巨大变化,为旅行社及其计调业务的产生提供了各种有利条件。这些条件包括交通设施的改善、经济收入的增长和旅游需求的产生。

① 交通设施的改善。产业革命促进了科学技术的进步。蒸汽机车和轮船的相继出现,提高了运输能力,缩短了运输时间,使大规模的人员流动成为可能。

② 经济收入的增长。随着生产力的迅速提高和社会财富的急剧增加,有产阶级的规模日益扩大,越来越多的人具备了承担外出旅行费用的经济能力。

③ 旅游需求的产生。产业革命使英国的城市化进程加快,改变了当地居民的生活方式,使旅行逐渐成为一部分人的经常性活动,刺激了他们的旅游动机和对旅游服务的需求。

(2)我国旅行社计调业务产生的历史背景。进入 20 世纪以后,我国的民族资本得到了较快发展,珠江三角洲,长江中下游,京、津、唐等地区的经济活动和城市化进程加快,交通条件有了较大的改善,具有支付外出旅行费用能力的人越来越多。另外,由于欧美国家来华人员生活方式的影响,我国城市里的一部分人产生了旅游动机,致使国内旅游客源市场产生。

### 2. 旅行社计调业务的产生

(1)国外旅行社计调业务的产生。国外的旅行社计调业务最初产生于英国的托马斯·库克旅行社。1845 年,英国人托马斯·库克创办了世界上第一家旅行社,专门从事旅行代理服务。托马斯·库克的旅行社采取了向交通、住宿等单项旅游产品供应商集中采购的策略,将旅游服务采购形式从多批次的分散性购买转变为一次性批量购买。这种采购方式的转变使旅行社不仅降低了采购成本、提高了服务效率,而且还能从旅游服务供应商那里获得价格优惠,从而降低了旅游者的旅游支出并增加了旅行社的经营收益。托马斯·库克旅行社对旅游服务采购方式的变革成为旅行社计调业务的开端。

(2)我国旅行社计调业务的产生。1923年,陈光甫先生在上海商业储蓄银行设立的旅行部,是我国旅行社的前身。该旅行部于1927年独立,更名为中国旅行社。该旅行社的一项重要经营业务,即为代客预订各种交通票据和安排食宿,成为计调业务的雏形。然而,由于当时我国正处于战乱时期,经济发展缓慢、旅行社业的规模很小、旅游者数量不多,因此,导致计调业务的发展缓慢。

**【小思考1-1】**

规范性初级计调人员的岗位特点是什么?

答:规范性初级计调人员的岗位特点,是相对简单、技术含量不高,对从业人员的素质要求相对较低。对于初次接触旅游行业的人员而言,经过一段时间的岗前培训及模拟操作,即可胜任此职。

## 三、计调业务的发展

### 1.国外旅行社计调业务的发展

(1)综合性时期。19世纪40年代至第二次世界大战前,以欧美地区旅行社为代表的国外旅行社基本上属于综合型旅行社。其计调业务,属于旅行社内部的一项经营业务,专司旅游服务采购活动。旅行社计调部门或人员统一对外采购交通、住宿、餐饮、景点、娱乐等服务项目。尽管这种模式能够满足旅行社的旅游接待服务需要,但其工作效率较低、占用人员较多、采购成本较高。

(2)专业化时期。第二次世界大战后,世界范围内旅游业的发展与繁荣,为旅行社业的发展提供了前所未有的机遇。旅行社进入高速发展时期。旅行社计调业务也受到空前的重视。在这一阶段,国外旅行社已经形成了垂直式的分工体系。旅行社进一步分为以市场开发、组团出游为主要业务的旅游经营商和以招徕客源为主要业务的旅行代理商。其中,一些旅行社代理商则发展成为专门经营某一项业务的企业。例如,有的旅行代理商专门经营航空机票的预订;有的旅行代理商专门负责安排旅游者在旅游期间的食宿;还有的旅行代理商专门提供导游陪同服务等。更有一些旅行社发展成为专门为商务旅游者出行服务的商务旅行社。这样,一些旅行社将计调业务委托或外包给其他专门经营此类业务的旅行社,另一些旅行社则专门提供计调服务。这种分工形式大幅提高了旅行社计调工作的效率,降低了经营和管理成本。

(3)网络化时期。20世纪80年代以后,随着信息技术的发展和互联网络的普及,电子化、网络化和全球化已成为当今世界旅行社计调业务发展的趋势。国外的一些旅行社通过互联网在全球建立起了庞大而高效的旅游服务采购网络。通过网络化经营，旅行社计调部门不仅能够在任何时间、任何地点采购到所需要的各种旅游服务项目，从而确保旅游接待计划的实施，而且还能够实现个性化采购，满足某些具有特殊需要旅游者的出行需求。网络化采购极大地提高了计调业务的工作效率，增加了采购服务的精确性，而且能最大限度地降低采购成本，获得最优惠的产品价格，从而进一步降低旅行社的产品价格，提高旅行社产品在旅游市场上的竞争力，并为旅行社带来不菲的经营利润。

2. 我国旅行社计调业务的发展

(1)附属时期。自1949年中华人民共和国成立，到1978年改革开放前夕，是我国旅行社计调业务的附属时期。当时，我国的旅行社作为政府的行政或事业单位，由外事部门统一管理，主要从事政治性接待，注重政治效果，忽视经济效益。因此，当时旅行社的计调业务主要是为到访的友好国家自费旅游者、华侨和港澳地区同胞提供订车、订房、订餐及其他委托代办服务。由于当时我国的旅行社业分为华侨旅行服务总社(简称华旅)和中国国际旅行社(简称国旅)两大系统，分别从事华侨、海外华人、港澳同胞和外国自费旅游者的招徕和接待。由于当时我国处于计划经济时期，旅游接待设施较少，旅行社的采购业务相对简单。所以，许多地方的华旅分社和国旅分社没有设立计调部门，旅游服务采购、接待计划制订、接待数据统计等业务工作主要由接待部门的后勤人员承担。因此，这一时期的计调业务在旅行社内部尚处于附属地位。

(2)业务独立时期。旅行社计调业务独立时期，是指20世纪70年代末至80年代末的时期。随着我国旅游业的迅猛发展，旅行社的规模日益扩大，接待业务量也越来越大。原来那种处于附属地位的计调工作，越来越无法满足接待工作的需要了。于是，许多旅行社开始将计调业务从接待部门的后勤工作中独立出来，建立起了专门的业务部门，称为计划调度部，简称计调部。有些旅行社则将计调部称为综合业务部，但其所负责的业务范围与计调部基本相同。

计调部对内，主要负责为旅行社各部门提供借贷的各项后勤保障服务，对外与旅游服务部门或企业建立稳定的合作关系，并代表旅行社签订采购协议。另外，计调部作为旅行社的信息中心，负责旅行社内部和外部信息的收集、整理、统计和传递。

(3)职能多元化时期。旅行社计调业务的职能多元化时期，是指20世纪80年代末至90年代初的短暂时期。当时，旅行社开始着手完善其计划管理，计调部在原有编制接待计划、联系合作单位等工作的基础上，增加了为旅行社业务决策和计划管理提供信息、制订方案、进行可行性分析等工作，即在旅行社经营管理中担负起计划管理、质量管理和业务管理的职能。

(4)服务专业化时期。服务专业化时期,是指20世纪90年代中期以来的时期。随着我国旅行社行业规模的进一步扩大,计调业务专业化成为急需解决的问题。计调业务的中心,开始偏向于对分享旅游产品的统一调控和购买,以争取批量优惠,增强旅行社的市场竞争力。有的旅行社甚至将计调部改为采购部,专司分项产品的采购工作,还有的旅行社在计调部之外增设票务部,既为本旅行社团队提供票务服务,也对外营业。这一时期,虽然旅行社计调部的业务权限有所缩小,但计调业务其实得到了加强,过去一个计调部做的工作,现在细分到多个部门,业务上更加专业化和细分化了。

## 第2节 计调业务的内涵、类型与特点

### 一、计调业务的内涵

计调业务是一项内涵十分丰富的旅行社业务。其同时具有经营和管理功能。计调业务的经营功能,体现在它既是旅行社产品开发、市场开拓、产品销售等业务的必要前提,也是旅游接待业务的关键保障。计调业务通过建立采购网络等方式,既保证了旅行社开发旅游产品和接待旅游者的需要,也能利用批量采购的优势,降低所采购服务产品的价格,降低采购成本,为旅行社节省大量费用,间接起到增加经营利润的作用。计调业务的管理功能,则主要体现在设计、调度、督导、指挥旅游接待计划的落实,编排旅游活动日程及核价报价等方面。另外,收集和整理信息,为旅行社领导提供决策依据也是计调业务的一项内容。

**【案例1-1】**

**旅行社安排行程不当导致旅游者提出索赔**

2005年"十一"旅游黄金周期间,刘某等18人参加了Y市C旅行社组织的"长江三峡豪华游"。根据合同约定,在C市乘坐该旅游公司三星级豪华游轮沿长江顺流而下,依次游览白帝城、大三峡、小三峡、小小三峡等各景点,每人交纳旅游费用3680元。

然而,由于旅行社的行程安排不当,致使旅游者在巫山码头等待了8小时之久,且只游览了小三峡的前两个峡,未能游玩包括滴翠峡、小三峡漂流在内的全程线路。游程中,游船半夜经过长江著名景点之一的西陵峡,错过了宝贵的赏景时机。刘某等游客极为扫兴,于是以旅行社擅自减少旅游项目为由,向Y市旅游质监

所提出投诉，要求C旅行社赔偿其经济损失，维护其合法权益。

【分析提示】

本案例中旅游行程不达合同标准，主要为旅游景区客观情况所造成。“长江三峡游”这一热门旅游线路在国庆期间游客爆满情况是可以预知的。C旅行社未向旅游者事先说明并采取预防措施，旅游行程调整不当，造成投诉人未游览小小三峡和西陵峡两处主要旅游景点。根据《旅行社质量保证金赔偿试行标准》第二条规定，C旅行社应对因其未达到合同约定的服务质量标准，而造成旅游者经济损失的过失承担相应赔偿责任。

## 二、计调业务的类型

### 1. 组团型计调

(1)国内旅游计调业务。国内旅游计调业务，包含中长线计调业务和短线计调业务。

①中长线计调业务。国内旅游的中长线，是指从客源地通过各种手段招徕本地旅游团体或散客，向旅游者提供游程通常在3天以上，需要通过民航、火车等交通方式运达旅游目的地，委托当地接待社完成所约定的接待项目，并在旅游目的地使用区间交通工具的旅游线路。

②短线计调业务。国内旅游的短线计调业务，又称周边短线汽车计调业务。是指旅游目的地在客源地周边，游程在1～3天以内，以使用旅游汽车为主要交通工具，通常由组团社自己接洽或委托地接社用车、用餐、景点游览、饭店住宿、派遣导游员等事宜的旅游线路。负责这类线路操作的专职人员，通常被称为短线计调。

(2)出境旅游计调业务。根据旅游目的地的不同，出境旅游计调业务，分为10个类型，即欧、美、澳、加计调业务；德、法、西、葡计调业务；非洲计调业务；东南亚计调业务；日、韩计调业务；俄罗斯及北欧地区计调业务；伊斯兰中东地区计调业务；港、澳、台地区计调业务、印、巴及南亚地区计调业务、拉美地区计调业务。旅行社将其所组织的出境旅游团队输送到上述国家或地区旅游，并委托当地旅行社或其他接待机构完成约定的旅行游览活动过程。

### 2. 接待型计调

(1)国内接待计调业务。国内旅游接待业务，是指受中国境内组团社(不含港、澳、台地区)委托，按照其要求在中国境内的旅游目的地(不含港、澳、台地区)完成其对旅游者承诺的接待内容和标准的过程。国内接待计调，是指在国内接待社中负责操作这一流程的专职业务。

(2)入境接待计调业务。入境接待业务，通常是指受中国以外的国家和地区组团社(含港、澳、台地区)委托，按照其要求在中国境内的旅游目的地(不含港、澳、台地区)完成其对旅游者承诺的接待内容和标准的过程。入境接待计调，是指在接待社中负责操作这一流程的专职业务。

3. 批发型计调

(1)国内游专线同业批发计调。国内游专线同业批发计调业务，是指集合本地区旅游同行的客源，将其发往中国境内(不含港、澳、台地区)旅游目的地，交由接待社完成其对旅游同行承诺的接待内容和标准的专职业务。

(2)出境游专线同业批发计调业务。出境游专线同业批发计调业务，是指集合本地区旅游同行的客源，将其发往中国以外国家和地区(含港、澳、台地区)的指定旅游目的地，交由旅游同行完成其承诺的接待内容和标准的专职业务。

4. 专项型计调

(1)商务会展计调业务。商务会展计调业务，有别于传统意义上的计调业务。其涉猎面和工作面较为广泛，涉及会展策划书的拟订、场馆选择、场地布置、用车(餐)安排、人员接送、会见及会后参观游览活动等项工作安排。

(2)特种游计调。特种游计调，是指针对参加特种旅游活动项目的旅游者所开展的计调业务。特种游计调业务，应根据旅游者的特殊需求，采购其所必须的特殊旅游服务产品。

(3)代订计调。代订计调业务，是指旅行社根据现代旅游个性化需求而开展的计调业务，包括代订交通票据、代订饭店客房、代订餐位、代订接站(送站)等服务项目。

(4)代办计调。代办计调业务，是指旅行社向旅游者及其他出境人员提供的代办出境签证的服务项目。

【补充阅读材料1－2】

## 旅游交通的任务

旅游交通的任务，在于解决旅游者在客源地与目的地之间的往返、从一个旅游目的地前往另一个旅游目的地，以及在一个旅游目的地内的不同区域之间便利往来的问题。这意味着，其任务不仅在于帮助旅游者克服在不同地点间往来的空间距离，而且更重要的是帮助旅游者解决在不同地点间实现便利往来的时间距离问题。

(资料来源：李天元. 旅游学概论<第6版>. 天津：南开大学出版社，2009.)

## 三、计调业务的特点

1. 具体性

旅行社计调部门要收集本地区的接待情况并向旅行社其他部门预报,要接受组团社的接待要约并编制接待计划,还要监督检查团队运行情况。这些都涉及非常具体的事务性工作。可以说,计调部门总是忙于解决和处理旅游服务采购、联络、安排接待计划等具体事宜。

2. 复杂性

旅行社计调业务的复杂性,主要体现在以下三个方面:

(1)计调工作涉及采购、接待、票务、交通及安排旅游者食宿等工作,内容复杂。

(2)计调工作程序繁杂,从接到组团社的报告到旅游团接待工作结束后的财务结算,各项工作各有程序。

(3)计调工作涉及的关系复杂,计调人员几乎与所有旅游接待部门都有业务上的联系,协调处理这些关系贯穿于计调工作的全过程。

3. 多变性

计调工作的多变性,是由率团人数和旅行计划的多变性决定的。旅游团的人数一旦发生变化,就会影响计调人员的工作。如,要马上更改客房或旅游车的预订等。此外,我国的交通和住宿条件尚不能完全保证满足预订的要求,无形中也给计调工作带来许多不确定的因素。

4. 时效性

旅行社计调人员在获悉旅游者或旅游团队的要求后,需要立即进行操作,包括制定线路、安排行程、采购各项服务、安排接待人员、与组团社或接待社联系等工作。计调工作对时效性要求很高,稍有延误就会影响与合作伙伴的关系和旅游团队的正常运行。

【小思考1-2】

"计调三宝"指的是什么?

答:"计调三宝",是指地图、交通时刻查询表和计算器。每个计调人员,无论是刚入门的初级计调人员还是从业多年的资深计调人员,都必须掌握和运用好"计调三宝"。

【案例1-2】

### "准"二星级饭店客房

P市某旅行社组织当地居民前往邻省的著名旅游景区观光旅游。该社在与旅游者签订的旅游合同中规定：在旅游景区所在地，旅行社负责安排旅游者下榻在一家二星级饭店。然而，当旅游者到达该旅游景区后，却被安排在一家年久失修的饭店。该饭店客房内散发着一股霉变的气味，洗手间里的抽水马桶因失修漏水，在夜晚发出很大的响声，吵得旅游者难以入睡，且客房内的灯光昏暗，甚至，旅游者在墙角处发现了蜘蛛网。

次日清晨，旅游者来到饭店前厅，没有发现二星级饭店的标牌，便向总服务台工作人员了解。工作人员解释说，该饭店已经向当地旅游局提出了评定二星级饭店的申请，但是旅游局尚未予以批准。为此，旅游者向导游员提出质疑，而导游员却回答说，该饭店属于"准"二星级饭店，旅行社的安排并无不当。

旅游者对此十分不满，回来后立即向P市旅游质监所提出投诉。经调查，该市旅游质监所认定，该旅行社的行为违反了国家法规规定的相关要求，对其进行了处罚。

**【分析提示】**

旅行社在经营中应遵循诚实守信的原则，尊重旅游者的知情权，将其提供的旅游服务内容如实告知旅游者，而不是通过欺骗手段，瞒天过海、以次充好，损害旅游者的合法权益。本案例中的旅行社在旅游合同中明确承诺提供二星级饭店住宿于先，安排旅游者下榻在非星级饭店于后。当旅游者提出质疑时，又用含混不清的"准"字搪塞。其行为已构成违约，理应受到处罚。

## 第3节　计调业务的地位与作用

### 一、计调业务的地位

**1. 旅游接待的调度中心**

(1)组团业务的调度中心。在组团社，计调业务部门从本社市场部接到该部门与旅游者或旅游中间商所签订的旅游合同或协议，并根据这些合同或协议制订相应的旅游接待计划及活动日程。然后，计调部门将这些旅游接待计划转交给本社的接待部门，由其派遣相应的领队人员或全程导游员。计调部门还将旅游接待计划发送给旅游目的地的接待旅行社，使其能够及时做好接待准备工作。当旅游活动发生任何变化，计调部门都应及时调整旅游活动日程，以保证旅游接待工作的顺利进行。

(2)接待业务的调度中心。在接待社，计调业务部门从组团社接到旅游接待计划后，制订相应的活动日程，并将其发送给本社的接待部门，使其能够及时做好接待准备工作。如果在接待过程中发生事先未曾预料的变化，计调部门应及时与组团社联系，并在征得组团社同意的前提下，对地接社的旅游活动日程及其他安排作出适当调整。

2. 旅游信息的统计中心

信息是旅行社经营和管理的重要资源。旅行社各个部门每天都会产生大量的信息，同时它们也需要来自其他部门乃至外部的大量信息。作为旅行社计调业务部门，不仅是联结企业内部各个部门的枢纽，同时也是旅行社与外部联系的重要渠道。因此，计调部门是旅行社的信息统计中心。计调部门不仅每天收集来自旅行社内部各个部门和外部的信息并加以统计、分析和整理，而且还将这些信息及时发送给旅行社的领导层及各个相关部门，为领导层的决策和相关部门的经营管理提供参考。

3. 旅游服务的采购中心

计调业务部门担负着旅行社对外的服务采购任务，是旅游服务的采购中心。旅行社的不同业务部门将其为招徕和接待旅游者所需要的各种旅游服务信息传送给计调部门，由计调部统一向旅游服务企业或部门进行采购。由于长期专门从事旅游服务的采购工作，所以，计调业务部门十分熟悉各种旅游服务产品的规格、供应渠道及价格等情况，能够在保证旅游服务产品供给的前提下，以最优惠的价格和最低的采购成本获得所需的各种旅游服务产品，从而保证旅行社接待计划的顺利实施，并为旅行社节省大量的资金，提高旅行社的经营效益。

4. 合作网络的协调中心

计调业务部门代表旅行社对其他旅游服务企业及相关部门进行联系与交涉，并建立起合作网络。这个合作网络，由来自不同行业的企业所组成，各自有其自身的利益。它们之间没有或很少直接联系，难以在旅游接待中做到紧密配合，步调一致。然而，旅游接待是一项完整的系统工程，必须在各个相关部门或企业的密切合作下才能顺利完成。因此，作为合作网络中心的旅行分社，必须经常同各方进行联系，根据旅游接待计划和旅游活动的进程，对网络中各个构成企业或部门的活动进行协调。由于计调业务部门代表旅行社与这些部门和企业进行联系，因此，它当仁不让地成为这个网络的协调中心。

【案例 1 –3】

### 预订雅间被人占，饭店道歉获谅解

某饭店迎宾员赵某在餐厅门口迎候客人，为客人安排餐位。这时有几位客人要求到雅间用餐，赵某见有一雅间正好空着，便把他们安排进去。

半个小时后，又有几位客人找到赵某说："我们已经预订好了雅间，怎么被别人占了！你们这是什么服务，简直太不像话了。把你们餐厅的经理叫来，我们要问问，这里还讲不讲先来后到的规矩。"赵某不敢怠慢，马上找来餐厅经理。餐厅经理首先向几位客人表示了歉意，承认餐厅安排有误，并表示马上为他们重新安排一个相同档次的雅间。客人们听了餐厅经理的建议后，也就消了气，不再争执了。

【分析提示】

饭店为客人预订于就餐的雅间后，应视为双方口头合同的成立。饭店有义务按约定向客人提供预订的雅间及相应的服务，否则，饭店应承担违约责任。一般情况下，饭店应告知客人预订雅间的保留时限，逾期不来用餐的，则被视为预订合同终止。对于未预订雅间直接前来用餐的客人，只要有条件接待，饭店应尽量满足客人的用餐要求。本案例中，由于迎宾员的工作失误，造成预订雅间被他人占用。该饭店在征得客人同意后，另予安排标准相同或相近的雅间，是符合饭店服务规范要求的。

## 二、计调业务的意义

### 1. 形成或增强旅行社的核心竞争力

旅行社核心竞争力，是指旅行社所特有的、能为旅游者带来特殊效用，使企业在某一市场领域长期具有竞争优势的内在能力资源，是以一项或几项突出优势为主体的所有能力的有机结合。旅行社的核心竞争力体现为根植于企业内部组织运营中的知识、技能和经验，包括企业内部组织学习的能力、企业整合资源的能力、为顾客创造价值的能力和提高顾客忠诚度的能力。

计调业务作为旅行社的核心业务之一，对于旅行社经营的成败具有重要意义。如果一个旅行社的计调业务十分出色，能够以低于同行的价格获得同等质量的旅游服务供给，它便具有了采取总成本领先战略的优势，在激烈的旅游市场竞争中便能占得先机。由于出色的计调业务能力不易被其他旅行社所模仿，因此能够形成该旅行社的核心竞争力。由此可见，出色的计调业务能力能够形成或增强旅行社的核心竞争力。

【小思考 1 -3】

旅行社运作体系由哪些部门所构成？计调部门在其中起着什么作用？

答：旅行社的运作体系由销售部门、计调部门、接待部门、财务部门、人事部门等构成。计调部门在其中起着联系各方的作用。

2. 提升旅行社的企业品牌

(1)保证旅行社的诚信经营。诚信经营是旅行社创建和维护企业品牌的重要途径之一。在激烈竞争的旅游市场上,旅游者作为旅行社产品的最终消费者和旅行社产品质量的最高评判者,十分重视旅行社履行承诺的能力。如果旅行社与旅游者签订了旅游合同,且能够忠实地履行合同,则旅游者往往会对旅行社产生好感,给予较高的评价。这种好感和评价往往会转化为旅游者对旅行社企业品牌的认可和推崇,并增强对该旅行社及其产品的忠诚度。

(2)促进旅行社的产品销售。旅行社产品属于组合型产品。其主要构成要素,是采购自其他企业的产品或服务。因此,旅行社的质量在很大程度上取决于其计调部门所采购的旅游服务质量。旅行社计调部门通过其所采购的优质服务产品,使旅行社的市场开发部门能够开发出更多的优质旅游产品。这些优质旅游产品不仅能够扩大其销售量,为旅行社扩大市场份额,而且还能为旅行社在旅游市场上赢得更多旅游消费者的好评和偏爱,从而提升其品牌在旅游市场中的地位和影响。

3. 赢得市场竞争优势

旅行社作为面向旅游市场的服务型企业,能否按照其与旅游者或旅游中间商所签订的旅游合同或协议上所约定的时间和地点,提供数量充足和质量上乘的旅游产品,是其能否在激烈的市场竞争中脱颖而出、力挫群雄,赢得竞争优势的关键。然而,旅行社能否从旅游服务供应企业或部门那里采购到足够数量的优质服务项目,主要取决于其计调业务部门的工作。所以,做好计调工作有利于旅行社赢得市场竞争优势。

4. 提高旅行社的经营效益

在旅行社的产品价格里,营业成本所占比重很大,通常达到60%～90%,有时甚至高达95%以上。所谓营业成本,是指旅行社为组织和接待旅游团队或旅游者而向交通、住宿、餐饮、景点、娱乐等部门或企业所采购的各项服务产品。旅行社计调部门通过批量采购等策略,往往能够以优惠的价格从这些部门或企业获得旅游服务产品,从而降低旅游产品价格里的营业成本比重,提升旅行社的营利空间,提高旅行社的经营效益。

【补充阅读材料1－3】

**包销制**

包销制,是国外旅游经营商采购饭店客房的一种签约形式。在包销制的形式下,旅游经营商不管其实际所能销售的客房数量如何,都必须承诺在旅游季节向饭店订购一定数量的客房。旅游经营商所承诺订购的客房数量越多,饭店业主所能够接受的客房价位就有可能越低。在效益不错的年份,采用包销制的客户可以获得很高的利润,但年景不好时,这样做,便意味着旅游经营商所订购的大量客房最终将无力销售出去。

(资料来源:Pat Yale 著.程尽能等译.旅行社经营业务.<第 1 版>.北京:旅游教育出版社,2004.)

## 三、计调业务的作用

### 1. 计划安排

计调部门是旅行社接待任务的计划部门,是旅游团接待工作开展的第一站。计调人员根据组团社发来的接团要约,收集关于旅游团情况的各种资料并进行分析,按照本旅行社在一定时期内的客源数量,所需人、财、物及旅游团的接待要求等编制科学的接待计划,然后下发至接待部门,作为做好接待工作的依据。

### 2. 组织联络

计调部门是旅行社与当地单项旅游产品供应商进行联络的中枢。当收到组团社发来的要约后,接待社的计调部门就要预订当地的食、宿、交通,将本地松散的旅游企业统一协调起来,围绕旅游团队的需求运转,从而形成综合接待能力。可见,计调部门是旅游团队整个行程的组织联络中枢。它对旅游团队行程中上下站之间的顺利衔接具有保证作用,避免发生延误和脱节事故。

### 3. 参谋咨询

计调部门是协助旅行社决策层搞好计划管理的参谋部门。旅行社决策层要编制好行程计划,就要掌握全面而科学的统计资料,而这些资料大部分来自计调部门。计调部门不仅掌管旅行社接待旅游者的档案资料,而且还有与其他旅游企业业务往来的资料。对这些资料的分析和统计,有利于旅行社决策层有针对性地进行业务拓展和计划管理。

### 4. 费用结算

旅行社和饭店、餐馆、旅游汽车公司等旅游接待单位的经济结算,是以接待计划和合同为依据完成的,而这些接待计划,往往会因为导游员的疏忽或其他人为因素而产生差错,或由于交通、气候等因素的影响而发生变化。这就会给旅行社的财务结算带来麻烦。在这种情况下,计调部门保存的旅游团队原始资料便可成为旅游团队财务结算的凭证。

## [典型案例]

2001年初，天津观光旅行社总经理周某根据对当年旅游市场的预测，认为红色旅游将被旅游者看好，成为吸引旅游者的新产品。为此，周总未雨绸缪，决定在旅游旺季到来之前，抢先采购足够的客房服务，以迎接即将到来的红色旅游热潮。

周总经理于2001年2月来到河北省平山县西柏坡村，拜访村委会主任。在交谈中，他表示要为革命老区尽一点绵薄之力，组织天津的旅游者到西柏坡参观、学习。村委会主任对周总的建议表示十分感谢，并提出愿意为天津观光旅行社组织的游客到西柏坡村参观、学习提供方便。

于是，周总提出包租西柏坡村接待旅游者的全部住宿设施，租期为当年3~10月底。村委会主任认为，往年在旅游旺季时，村里的旅游接待设施基本上能够住满游客，但是，在其他时间里，这些设施往往空闲。现在周总能够包租这些设施，使村委会免去了招徕游客之忧，而且能够得到稳定的收入。这对于村里来说，无疑是一件大好事。因此，村委会主任爽快地答应了周总的要求，并以较低的价格成交。

周总充分利用这一有利条件，在天津市大力招徕和组织游客前往西柏坡参观、学习。由于事先包租了充足的客房，所以，天津观光旅行社组织的游客在西柏坡参观、学习期间，从未在住宿方面遇到任何困难。相反，当天津观光旅行社组织的游客得知其他旅行社因迫于无法在当地解决住宿设施而被安排到平山县城，甚至石家庄市的旅馆下榻，每天需要驱车数十分钟甚至一两个小时往返于住宿地与西柏坡之间后，对天津观光旅行社工作人员的工作给予了高度评价，产生了更多的好感。

有时，天津观光旅行社未能组织到足够的客源，便将多余的客房转租给其他旅行社。这样，天津观光旅行社既帮助了同行，又获得了更多的收益。

**【分析提示】**

天津观光旅行社在采购西柏坡旅游住宿服务方面的成功，使其当年开发的红色旅游产品得以畅销。该旅行社的成功，首先得益于其总经理对旅游市场机会的把握。由于周总能够及早地察觉旅游市场对于红色旅游产品的潜在需求，所以，他才能够在其他旅行社尚未采取行动之前，抢先包租了西柏坡的全部旅游住宿设施，从而使其能够在旅游旺季参加该旅行社红色旅游活动的游客们提供充足的住宿服务。其次，周总等人通过对红色旅游产品需求量的预测，发现旅游市场上将会出现对红色旅游产品的较大需求，而当时的旅游住宿部门和红色旅游景区尚不了解旅游市场上将会出现这一变化。换言之，在天津观光旅行社和周总已经洞悉旅游市场上即将到来的对红色旅游产品的大量需求时，旅游目的地的旅游住宿部门却尚未觉察到这一市场变化迹象。也就是说，在旅行社和住宿部门之间，存在着关于旅游需求信息不对称的现象。天津观光旅行社正是利用了这种信息的不对称,使其在旅游住宿服务的采购中抢占了一定的强势地位,以较低的价格采购到理想的住宿服务产品。最后,天津观光旅行社在保障供给和降低采购价格和成本的前提下,还充分挖掘潜力,将暂时空置的客房转租给其他旅行社,使其采购到的住宿设施资源利用率达到最大化,并为旅行社赢得了更多的经营收入。总之,天津观光旅行社在采购旅游住宿服务方面的成功经验,的确值得同行们学习和借鉴。

## [本章小结]

本章介绍了旅行社计调业务产生的背景及其发展进程、计调业务的类型与特点、计调业务的地位与作用。

以欧美国家为代表的旅行社计调业务产生于19世纪40年代,并在一个多世纪里经历了综合性时期、专业化时期、网络化时期等三个阶段。我国的旅行社计调业务产生于20世纪20年代,先后经历了附属时期、业务独立时期、职能多元化时期、服务专业化时期等四个阶段。

旅行社的计调业务分为组团型计调、接待型计调、批发型计调、专项型计调等四大类型,具有具体性、复杂性、多变性、时效性等特点。

计调业务部门是旅行社旅游接待的调度中心、旅游信息的统计中心、旅游服务的采购中心和合作网络的协调中心。计调业务在旅行社经营中的意义,包括形成或增强旅行社的核心竞争力、提升旅行社的企业品牌、赢得市场竞争优势和提高旅行社的经营效益。计调业务在旅行社的经营管理中具有计划安排、组织联络、参谋咨询、费用结算等作用。

## [复习思考]

(1)关键概念。计调业务、旅游采购、旅游计划。

(2)课堂讨论题:

- 旅行社计调业务产生的背景是什么?
- 旅行社计调业务的定义是什么?
- 旅行社计调业务的内涵是什么?

(3)思考题:

- 计调业务对于旅行社经营管理具有什么意义?
- 计调业务在旅行社经营管理中具有哪些作用?
- 计调业务在旅行社经营体系中处于什么地位?

(4)实训题。到一家旅行社计调部门观察其计调业务的运作过程,从中发现一些合理的地方和需要改进的地方。

(5)自测题:

• 组团类计调分为(　　)等类型。

A. 国内旅游计调业务　　B. 入境旅游计调业务

C. 出境旅游计调业务　　D. 综合旅游计调业务

• 在下列计调业务中,属于专项计调业务范畴的是(　　)。

A. 国内游计调　　B. 特种游计调

C. 出境游计调　　D. 入境游计调

• 简述我国与欧美国家旅行社计调业务之间在发展进程方面的差异。

• 名词解释:批发类计调

• 根据所学习知识对如下案例进行分析:

**计调部的设立**

某旅行社是一家大型旅游企业。该旅行社按照客源市场划分部门并在每个部门下设一个负责计调业务的小组,而未在旅行社设立一个统一的计调部。然而,该旅行社的计调业务仍然开展得很顺利,为什么?

# 第二章

# 计调部门与计调人员

## [学习目标]

通过本章学习应该达到以下目标：

● 知识目标。掌握旅行社计调部岗位设置的模式；熟悉计调部经理及工作人员的岗位职责；掌握计调人员的素质、知识和能力要求。

● 技能目标。能熟练从事计调业务各个流程的工作。

● 能力目标。具有从事计调工作所需的各项能力；具有为旅游者、旅行社接待部、市场部服务的能力。

● 敬业目标。对本职工作认真负责，一丝不苟。

## [引例]

### 计划安排不周，影响游客利益

某年 8 月，西安导游员李小姐接待一个 20 多人入住喜来登大饭店的旅游团。该团原计划在西安的活动为：第一天下午看城墙、大雁塔、小雁塔；第二天去乾陵、昭陵、华清池；第三天上午参观兵马俑，下午乘飞机去桂林。第二天晚上 11 点，李小姐突然接到全陪打来的电话，说该团次日去桂林的飞机航班有变，起飞时间改在第三天上午 7 点多。李小姐听到此消息后非常焦急，因为航班一改，将牵扯到游览、用餐、行李、送机和通知游客等一系列问题。而这时大部分游客已经入睡，司机也早回家了。这 变更究竟该如何处理呢？她马上与旅行社联系，得知情况属实，并让她到社里取机票。李小姐质问内勤人员为什么不及早通知。内勤人员说，已经通过 BP 机传呼过她，也给她的手机打过电话，但没联系上。李小姐没有继续与其争辩，忙请他帮助联系第二天的旅游车、行李车、退餐等事宜，又请全陪将第二天早晨出运行李和出发的时间通知客人。在与饭店联系有关早餐、出行李、退房等事宜后,又赶去旅行社取机票,夜里12点多才赶回饭店。那时,旅游团的随员和全陪正在等着她,待一切都落实后,已经是凌晨1点了。

(资料来源:程新造.导游接待案例选析.北京:旅游教育出版社,2004.)

上述案例告诉我们,旅行社计调人员在旅游接待计划中具有至关重要的作用。如果没有计调人员认真细致的工作及耐心的协调配合,直接面向游客服务的导游员就不可能顺利地完成接待任务。因此,计调人员一定要精心安排计划中的所有细节并监督其落实情况,遇到变更及时通知导游员,同时,为其安排好辅助或补救措施。该案例中的计调人员未能把航班变动的消息及时告知导游员,使得该团的接待工作出了问题。他在BP机和手机联系不上导游员的情况下,应该通过饭店、全陪等多种渠道继续不断地联系,直到联系成功,从而为导游员赢得充足的准备时间。这才是计调人员所应具备的职业素质。

## 第1节　计调部门的设置与职责

### 一、计调部的岗位设置

计调部是旅行社完成接待业务、落实发团及出团计划的总调度、总指挥。计调部的具体工作包括采购业务、客流调度平衡和统计等工作。然而,不同规模、不同业务量及业务范围的旅行社,其计调部的岗位设置是有很大差别的。

在新中国成立之后的很长一段时间内,旅行社除为旅游者安排旅行游览外,主要是替社会团体和散客代订机、车(船)票,安排食宿,即承接与旅游有关的各单项委托业务。当时,还没有明确的计调概念,因此也就谈不到计调部的成立。但是随着业务范围的扩大,旅行社开始意识到计调工作的重要性,于是纷纷设立专职的计调岗位或计调部门,并代表旅行社同旅游供应商建立协作关系、签订相关协议,监督检查游客所需各项委托事宜的落实情况,并负责处理有关计划变更和突发事件的任务等。至此,计调部作为旅行社主要业务部门的地位得以确立。

目前,在规模较小的旅行社或承包挂靠的门市部,通常是经理下设几名计调人员(见图2-1)。但是因为管理的不正规,其计调业务的岗位设置及岗位职能都非常模糊。在这种情况下,除本职工作的计调业务外,他们还要拉客源、做导游,甚至做门市接待。这主要是由于小旅行社或承包挂靠的门市部管理机制不健全造成的。不过,针对这一混乱局面,目前很多省市都出台了相应的法律法规进行规范。

如,《湖北省旅行社门市部管理办法》中就规定,门市部不得设置计调、导游、领队岗位。

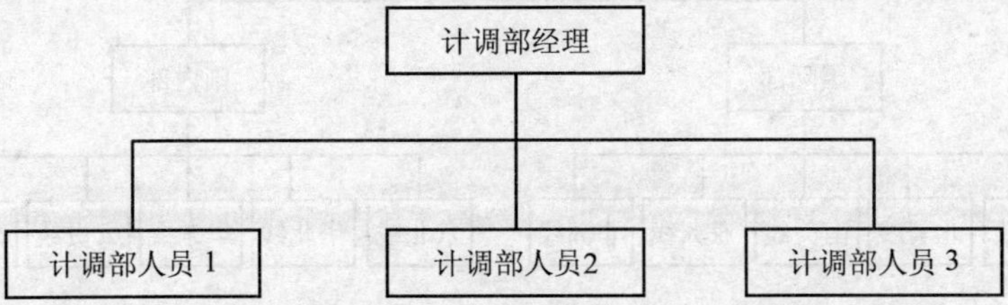


**图 2－1 小型旅行社计调部岗位机构设置**

相对而言,大型旅行社由于历史悠久、管理经验丰富,计调部的岗位设置较为科学合理,分工明确,各司其职。例如,有的旅行社根据业务模块设立计调部的岗位结构,由计调部经理下辖信息资料员、订票业务员、订房业务员、外勤业务员、内勤业务员、调度变更员、计划统计员等,不同岗位负责不同的业务模块(见图 2－2)。

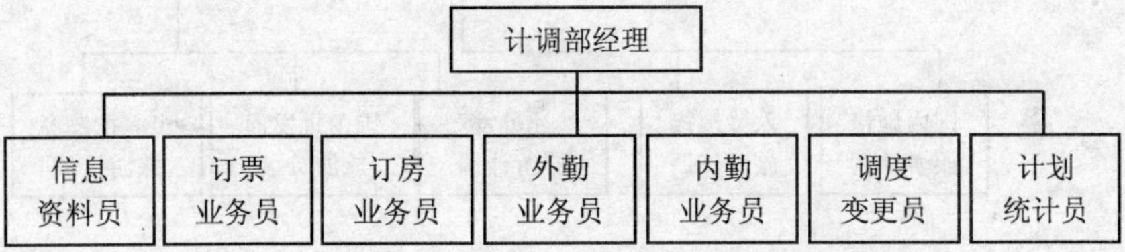


**图 2－2 大型旅行社计调部岗位机构设置(1)**

也有一些大型旅行社按照业务范围设置计调部的岗位结构,分为国际部与国内部,其部门的职能,基本上等同于小型的旅行社。其中,国际部可以分为欧洲线、北美线、南美线、亚洲线、非洲线等;国内部则可分为东北线、华北线、华东线、云贵线、青藏线等。在这种类型的组织机构中,通常由一个计调人员管理几条线路,负责对外联络、咨询、报价、签约等(见图 2－3)。

此外,还有一些旅行社根据客源市场的差异设置计调部的岗位结构,分为直客计调和同业旅游计调。其中直客计调又可分为散客计调、团队计调、商务会展计调等。直客计调,应具备相当高的综合业务水平,同时,熟知并掌握电话营销的各种方法、策略;同业旅游计调,可分为地接旅游计调和批发商旅游计调等(见图 2－4)。

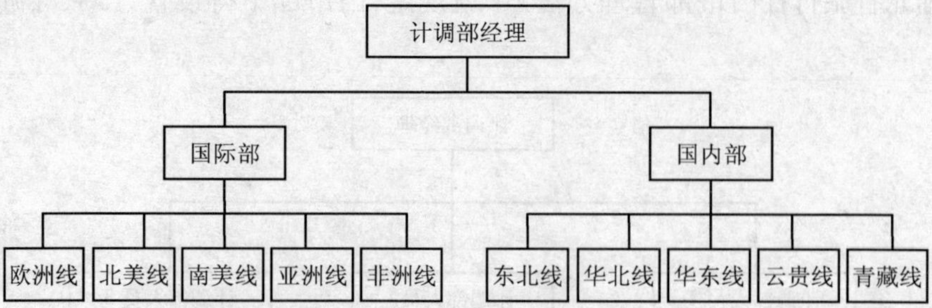


**图 2－3　大型旅行社计调部岗位机构设置(2)**

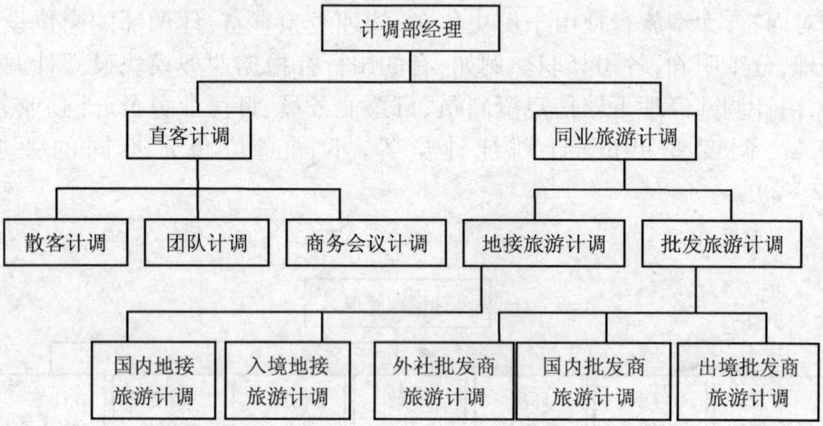


**图 2－4　大型旅行社计调部岗位机构设置(3)**

通过比较可以发现,大型旅行社计调部的岗位结构比中小旅行社更为科学合理,专人负责,各司其职,岗位职责清晰。但另一方面,其过度强调“分工”,有时又会造成机构臃肿、效率低下,采购内容难以统一等问题。于是一些旅行社开始采取措施,如扩大外联人员的权限,拓展其工作范围,外联人员兼任计调和接待工作。其他部门也有类似现象发生。这种情况的出现,打破了旅行社传统部门设置的格局。很多旅行社利用采购部代替了计调部,也有的旅行社将新部门命名为“计调采购部”。此外,还有一些旅行社的组织机构中,计调部和采购部并存,它们的职能相同,主要负责统一调控、统一谈价,以争取批量优惠并以此约束外联人员和导游人员的行为。同时,一些大型旅行社还把票务业务从计调部或采购部中独立出来,成立了票务部或票务中心,既能保证团队的票务,又能扩大对外的服务范围。

## 二、计调部的岗位职责

### 1. 计调部经理的岗位职责

计调部经理直接隶属于旅行社总经理领导，负责全社的业务流程及操作，其岗位职责非常重要。

著名管理学及组织行为学大师斯蒂芬·P.罗宾斯在其经典著作《管理学》中研究了管理的四大职能：计划、组织、领导、控制。本书也将从这四个方面分析计调部经理的岗位职责。

(1)计划职责。计划职责，是指为实现组织既定目标而对未来的行动进行规划和安排的工作过程。它包括组织目标的选择和确立、实现组织目标方法的确定和抉择、计划原则的确立、计划的编制及计划的实施。计划是全部管理职能中最基本的职能，也是实施其他管理职能的条件。计划是一项科学性极强的管理活动。对于计调部经理这一部门最高管理职务而言，计划也是其最基本、最重要的岗位职责。

计调部经理应在总经理的领导下，依据旅行社经营计划及总体目标，拟订本部门的目标与工作计划。其中，既包括特色产品、优势产品的规划等宏观内容，也包括具体团队运作的计划。例如，对现有各条旅游线路或其行程安排的修订、完善，根据市场需求推出新的旅游线路及适当的旅游价位等。为了更好地完成计划工作，计调部经理还应定期组织市场调研，收集市场信息，分析市场动向、特点和发展趋势。这样，不仅有利于本部门的决策，同时也可以给总经理提供全方位的资料，有助于总经理作出正确决策。如，广泛收集同行相关动态，分析其他旅行社的常规、特色线路及各种媒体广告，为本社的旅游产品提供借鉴。

财务计划也是计调部经理应该慎重考虑的内容。计调部经理通常有一定的财权，可以审核、开支本部门的业务费用，奖惩员工等。周密的财务计划能够促进计调部的经营管理，有利于旅行社的长期发展。因此，计调部经理应根据本部门的工作计划，估算所需的款项支出、编制本部门的年度预算并逐月加以控制。此外，为了更好地制订计划并保证其顺利实施，对环境的分析及评估就显得尤为重要。当今旅游市场比较混乱、复杂，计调部经理可以利用环境扫描、定性预测或定量预测、标杆比较等技术评估环境，进而分配资源。

【补充阅读材料2-1】

**标杆比较(benchmarking)**

标杆比较的基本思想，是管理者可以通过分析，然后复制领先者的方法来改进自身的质量,即使是小型的旅行社,也可以通过标杆比较技术获得巨大的利益。

标杆比较,通常包括以下4个部分:

①建立标杆化计划团队。团队最初的任务,是识别什么应当被列为标杆比较的对象,识别可资比较的组织及决定数据收集的方法。

②首先从团队内部收集相关数据,然后从外部收集其他组织的相应数据。

③通过数据分析,确认绩效的差异和造成差异的原因。

④制订和实施行动计划,最终达到或超过其他组织的标准。

(资料来源:斯蒂芬·P. 罗宾斯,玛丽·库尔特著. 孙健敏,黄卫伟,王凤彬,焦叔斌,杨军译. 管理学<第7版>. 北京:中国人民大学出版社,2004.)

(2)组织职责。为实现目标和计划,必须设计和维持一种职务结构。在这一结构里,将为实现目标所必需的各种业务活动进行组合分类,把管理每一类业务活动所必需的职权授予员工并规定上下左右的协调关系;为有效实现目标,还必须不断地对这个结构进行调整。这一调整过程就是组织。为了履行组织工作职责,计调部经理应该制定并实施本部门的各种规章制度,建立健全岗位责任制,把所有的工作都落实到人;同时还应科学而合理地编制计调部的各种工作流程。流程要具体规定工作过程中有哪些环节,每个环节又有哪些内容及每项内容中的语言、手续和与其他部门的联系等。

为了实现部门利益最大化的目标并与旅行社目标相契合,计调部经理应该特别重视对于流程的管理。他可以通过界定流程各环节内容及各环节间的交接关系,形成业务的无缝衔接;通过绩效表现——重要性矩阵、鱼骨图、ECRS 技巧等工具实现流程优化;当内外部环境发生变化时,还可通过重新审视和再设计实现流程的再造。此外,大型旅行社可以成立具有交叉职能的小组专门管理核心流程。

在组织职责中,人力资源管理也是一个非常重要的方面。计调部经理负责本部门员工的考核工作,可使用关键事件法、三百六十度反馈法等多种方法对员工进行绩效评估,力求公平合理;与旅行社配合,有计划地培训所属人员,以提高其工作能力与素质。此外,计调部经理还应做好员工的奖惩工作,如,升迁、奖励、处罚等,并报总经理批准。

(3)领导职责。领导职责,是对组织内部全体成员的行为进行引导和施加影响的活动过程。其目的,在于使个体和群体能够自觉自愿而有信心地为实现组织既定目标而努力。领导所涉及的,是主管人员与下属之间的相互关系。计调部经理要提高领导能力,就必须要有建设运作高效团队的工作能力,要有吸引下属主动跟随的人格魅力。首先,他必须要对下属平等对待,充分信任,积极与其合作,才能实现最大的管理效能。其次,计调部经理应该精通计调业务,熟悉每一个环节,这样才能正确指导下属开展工作。第三,他应该具有用人能力,充分了解下属的性格、特点，知人善任。第四，他应该善于和下属沟通，争取在思想上、认识上取得下属的理解和支持，形成共鸣，围绕共同目标而努力。最后，真正的领导能力不在于机械的命令下属，而要让员工对其敬佩、信服，在员工心中形成向心力。这种向心力，就是领导独特的人格魅力。只要以能力带动人，以情感凝聚人，员工就会认可你的领导能力。例如，计调部经理可以在每次具体团队运作时，将该团队操作过程中的重点问题及注意事项及时提醒本部门工作人员，并对团队在外旅游过程中有可能出现的问题作全方位的考虑，以防出现差错。这样的做法，会让员工感到你的真诚、关心和帮助，会激励他们奋发图强，创造佳绩。

(4)控制职责。控制职责，是指按既定目标和标准对组织的活动进行监督、检查，发现偏差，采取纠正措施，使工作能按原订计划进行，或适当调整计划以达到预期目的过程。控制是一个延续不断、反复发生的过程。其目的在于保证组织实际的活动及其成果同预期目标相一致。控制职责贯穿于计调部经理管理工作的每个环节。他应该监督下属员工团队操作的全过程：出团前的服务；团队旅游过程中的质量跟踪监控；团队行程结束后的回访、建立档案、核对司机或导游员所报账目等。在控制过程中，计调部经理应首先根据计划阶段所形成的目标来制定标准，然后利用这个标准衡量实际工作表现。如果标准与实际工作之间存在偏差，那么他必须根据客观情况采取措施，调整标准、调整实际工作或顺其自然，不改变现状。

2. 计调部员工的岗位职责

(1)计调部员工的主要职责。计调部是旅行社的核心部门。计调工作具有较强的专业性、自主性、灵活性，而非简单的重复劳动。计调人员应履行如下岗位职责：

① 发布和落实旅游团的接待计划和变更通知。

② 根据客户要求协调、安排旅游团，配备团队所需要的各种服务。

③ 按季节及时掌握各条线路的成本与报价，如，各景点门票及折扣价、各类酒店的挂牌价和淡、旺、平季团队报价、各餐厅的餐费折扣价、各类旅游车的客运价格等，以确保对外报价的可行性及准确性。

④ 广泛搜集旅游市场及同行的相关信息，为本社常规线路的行程及具体安排的修改、完善提供借鉴。

⑤ 完成与导游员和司机的报账，与财务部仔细核对所有账目。

⑥ 操作完团队之后，将资料整理、归档(包括团队确认单、派单、导游员的交账单、日常业务中的传真件、地接社或组团社的宣传资料等)，并在适当的时候进行回访。

⑦ 完成上级交代的其他工作任务。

(2)计调部员工的具体职责。具体而言，由于分工不同，计调部员工每个岗位负责不同的职责范围。

① 信息资料员。收集整理各种旅游市场信息、其他旅行社的相关信息及旅游团队的反馈信息,建立数据库,对资料进行整理分析。

② 订票业务员。负责落实旅游团(者)、本社导游员、组团社全陪的飞机、车、船等交通票据;当旅游团(者)人数、航班或车次发生变更时,及时与有关合作单位联系,处理好善后事宜;负责计划外旅游团(者)的飞机、车、船票代订业务;与合作单位进行旅游团(者)票务方面的财务结算工作。

③ 订房业务员。根据接待计划为旅游团(者)、本社导游员、组团社全陪预订酒店住房;负责住房预订的变更、取消等事宜;制作旅游团住房流量表及其单项统计;协助财务部门进行旅游团(者)住房的财务核算工作。

④ 外勤业务员。对外报价或接受报价;有效地收集并传递各类信息;熟悉全社的接待计划,当计划有所变更时,及时通知相关部门或人员处理善后事宜。

⑤ 内勤业务员。根据接待计划为旅游团(者)预订餐、车;负责餐、车预订的变更、取消等事宜;为旅游团安排宴会、招待会、文艺活动或特殊要求的活动。

⑥ 调度变更员。调度各种交通工具,并处理由于旅游团情况变化而带来的协调工作。

⑦ 计划统计员。承接各地旅行社发来的接待计划并向有关部门和人员分发,负责落实;编写全社年度业务计划;按月、季编写业务报表及旅游团流量、住房等方面的统计分析报告。

## 三、计调部的工作流程

### 1. 组团计调的工作流程

(1)收集信息。及时准确的信息是计调人员顺利开展工作的基础和前提。为了把握旅游者需求、监控供应商提供的产品质量、了解竞争对手的市场策略和合作伙伴的要求,计调人员必须及时收集到大量有用的信息,并对信息进行整理、加工、统计、分析,以满足决策的需要。

(2)设计产品。根据收集到的信息设计旅游线路并深度分析线路的可行性。当然也有大客户或关系客户会直接指定线路,此时计调人员只需根据客户要求进行详细策划即可。

(3)向协作单位询价。对旅游线路中涉及协作单位的,向对方询价。对组团社而言,主要协作单位包括地接社和交通运输部门。计调人员应把线路行程发给地接社以询问对方接待价格。另外,应向交通运输部门询问近期的票价、政策、航班(车次)、时间等。

(4)制定价格。询价之后计调人员可以核算出线路成本并选择适当的定价方法,会同市场部或外联部人员制定线路的销售价格。

(5)编制计划。编制出团计划——团队接待通知书,然后向行程中的各地接社发出通知。

(6)落实交通。向订票业务员下达团队订票单,注明团号、人数、航班(车次)、用票时间、票别、票量。

(7)向地接社发送最终确认的行程。向地接社发送最终确认的行程、住宿、餐饮、标准、价格、游客人数、名单、联系人姓名及电话等,双方约定结算方式。发给对方的最终计划一般要求正式打印,加盖计划专用章,一式两份(发出、留存各1份),敦促回执。

(8)等待地接社书面确认最终行程。督促地接社在最短的时间内(通常要求8~24小时)书面确认组团社发送的最终行程。

(9)选派导游员。向导游员交代接待计划,确定团队接待及服务重点。

(10)发放出团通知书。根据最终确认的内容向旅游团发放出团通知书,通知书上应写明团队的行程及出发时间、地点、联系人姓名、电话等。

(11)向地接社最终确认计划。旅游团出发前24小时与地接社再次核对计划,要求对方最终确认。

(12)跟踪监控团队。在团队出发后,计调人员应同地接社、全陪、领队及游客保持联系,掌握接待状况及团队行程,以便预防及解决问题。

(13)审核单据并交财务报账。团队行程结束后,组团社计调人员应根据地接社发送的团队催款账单审核单据和费用,审核时应注意结合该团实际运作情况,如果审核无误,将决算单连同概算单(一式两份)、组团合同、地接社确认件、地接社结算单、团队接待通知书原始凭证等,交公司财务部报账。

(14)登账及归档。计调人员将涉及该团协作单位的相关款项及时登录到"团队费用往来明细表"中,以便核对。另外,整理该团的原始资料登记存档,以备查询。

(15)跟踪回访。对团队客人进行跟踪回访,收集反馈意见、建立客户档案。根据回访结果调整线路或斟酌、磨合、再选择协作单位。跟踪回访是维护客户和拓展市场的重要策略,计调人员只有做好这一工作,才能巩固与扩大客源,从而实现旅行社的可持续发展。

**2. 地接计调的工作流程**

(1)接受询价。地接社的计调人员在接受询价时,一定要问清客户的身份、联系方式、人数、出行时间、具体行程线路、往返交通、接待标准及客人有无特殊要求等(如,风味餐、宗教禁忌等)问题,并注意在台账上做好详细记录。

另外,客户询价一般是通过电话咨询的方式进行,因此计调人员在接电话时要使用普通话,吐字清晰、声音洪亮,注意使用礼貌用语。这样有利于给对方留下良好印象。回答客户问题要有耐心,实事求是,不弄虚作假。

(2)报价。对已有线路,根据本社制作的标准报价模板进行报价,如果该线路在报价模板中不存在,那么根据客户要求为其设计线路并报价。同时,应注意按模板的格式重新制作并及时把其补充到资料库中。报价应把握两个原则:

①迅速准确。报价要迅速准确,一定要在客户要求的时限之前完成。如果客户对于报价时限没有明确要求,通常应在一小时之内给予报价回复。

②科学合理。报价应科学合理,既能够保证本社的预期利润,也可避免因报价虚高造成客户流失。

需要注意的是,在向客户报价之后,也可根据实际情况(客户对报价的反应、竞争对手的行动等)灵活调整价格或供应标准,以提高报价成功率。如果有较大成功把握或时值旅游旺季,则可在此时进行控票预订、控房预订等工作。

(3)确认团队。当组团社发来团队确认传真后,地接社计调人员应同组团社协商接团的地点、方式、导游员、特殊要求、结算问题、购物安排等,然后打印确认计划书并传真给组团社确认,同时将已确认的团队在本社团队公告板上公布。另外,应催促组团社尽早回传签字盖章的书面确认件。

(4)做好接团准备。地接社计调部应与协作单位一一确认,做好接团准备。如,根据团队人数、要求以传真方式向协作酒店、车队、餐厅、交通运输部门发送计划单并要求对方书面确认。

(5)选派导游人员。选择适当的导游员接团并制作导游出团通知书,将团队的抵离时间、地点、行程、成员资料、结算问题、注意事项等写清楚,同时将签单、团队质量反馈单等交给导游员保管。

(7)再次确认接团准备。在团队抵达前,地接社计调部须再次向协作单位确认车、房、餐、交通等预订情况,以防止意外发生。

(8)跟踪监控。地接社计调部在团队运行过程中,要对该团进行全程跟踪监控,同导游员和组团社计调部保持密切联系。若发生问题或投诉,应及时与相关人员沟通,以最快的速度解决问题,尽量做到“哪里发生,哪里解决”,不要将问题带给组团社。解决问题要有规范的处理意见书,须经领队及全陪签字确认。

(9)结清账目、资料归档。团队行程结束后,要与组团社按合同协议结清账目并将该团所有资料整理、归类、存档,填好团队统计单。

(10)跟踪回访。团队返程后,应积极主动地与组团社沟通,了解团队情况及组团社意见。根据回访结果调整线路或斟酌、磨合,再选择协作单位。

# 第2节 计调人员的素质与能力

## 一、计调人员的素质要求

### 1. 注重对客户需求的把握

现在已经进入信息时代，各种旅游信息充斥于各种媒体，大大超过了旅游者所能接受的信息量，可供其选择的机会也随之加大。旅游者面对众多令人眼花缭乱的选择，其需求发生了前所未有的变化。另外，生活水平的提高使得越来越多的旅游者更加注重精神层次的消费，对旅游产品的需求不断升级。

在这一背景之下，肩负着设计、开拓旅游产品重任的计调人员，就必须更加重视对于客户需求的把握。为此，他应该广泛收集旅游市场信息，深度分析客户的需求及潜在需求，主动为客户介绍能够满足其需求的旅行社产品、服务及其他有用的资料和信息。另外，如有可能，计调人员可以主动参与客户决策过程，从客户的利益出发，为他们提供专业化的建议。

### 2. 业务熟练

计调人员必须对旅游目的地情况、接待单位的实力及票务运作等业务胸有成竹。报价准确、回执快速。过去的国际惯例是24小时回执，但随着竞争的日益加剧，今天的回馈速度从8小时缩短到2小时，甚至10分钟。因为客户通常会从回执速度上判断报价方的业务熟练程度，从中掌握交付团队的分寸。

### 3. 忠诚敬业

计调人员应该热爱本职工作，优先考虑组织利益。根据组织的使命和目标决定自己的工作目标，个人利益服从组织利益，支持和执行对全局有利的决定。

### 4. 具有团队意识

计调人员应该具有团队意识，善于借助团队力量，发挥团队作用，共同做好计调工作。为此，计调人员应该在做好本职工作的同时，积极帮助同事；乐于与同事分享工作经验和信息资源；虚心向同事学习，征求他们的意见和建议；营造和谐的团队氛围，对于已有矛盾、问题或潜在矛盾、问题的解决持积极态度。

### 5. 工作认真细致

计调工作较为琐碎，且环节众多，这就需要工作人员具有认真细致的态度、严谨负责的精神，才能胜任这一岗位。计调要仔细研究接待计划，对于旅游团（者）的特别要求一定要格外留意，要养成重复检查及细节检查的习惯。最好能把需要向接待人员交代的注意事项都落实到书面上，以防止疏忽遗漏。再有，要严格规范文档管理，需要时能够迅速找到所需的材料。

【案例2-1】

### 为什么找不到计调

北京某地接社的计调人员在安排好当天的工作项目后外出。当晚，原计划应于第二天到达的广东某团队由于事故原因提前一天抵达北京，但由于手机故障，负责本项工作安排的地接社计调人员电话始终无法接通。最后，组团社迫于无奈，只得选择了其他地接社作为合作伙伴，从而造成了该地接社客户的流失及巨大的经济损失。

【分析提示】

现在，大多数旅行社都要求计调人员必须保证24小时开机，不分上班时间还是下班时间，都必须保证自己的联系方式畅通，除非重大事项，不能无故关机。那么，在本案例中，为什么团队提前抵达却联系不上地接社的计调人员呢？

计调工作对从事这一职业的人员素质要求极高，没有认真细致的态度、严谨负责的精神是无法胜任计调工作的。在本案例中，地接社的计调人员也许已经做好了接团的全部准备，但是一次看似偶然的意外却给旅行社造成了严重的经济损失、信誉损失、形象损失。任何偶然之中都蕴涵着必然。如果该计调人员热爱自己的职业，具有一丝不苟、严谨认真的工作作风，严格遵守旅行社的规章制度，时刻注意通信方式的畅通，那么这一“意外”是完全可以避免的。

#### 6. 条理清晰，计划性强

计调工作每天都需要处理各种各样的日常事务或突发事件，与各种各样的人打交道，这就要求计调人员做事要条理清晰、计划性强，能够分清事情的轻重缓急和先后顺序，更要预先准备好各种情况下的处理预案。例如，有经验的计调人员一般都对地接线路准备几套不同的价格方案，以满足不同游客的需求，同时，留下取得合理利润的空间。多套价格方案及促销手段有助于计调在“变化”中获得成功。

#### 7. 具有乐观自信的精神

计调工作非常繁杂琐碎，很难保证不出任何问题或差错。计调人员面对工作一定要充满信心，遇到困难时要善于控制自己的情绪，冷静思考，具有乐观向上的精神，始终保持饱满的工作热情。

#### 8. 具有法律意识

计调人员必须严格遵守国家颁布的各项法律法规，严格遵守本社财务制度及协作单位的各项规定，绝不谋取私利。

## 二、计调人员的知识结构

### 1. 旅行社业务及计调工作基本知识

计调人员应该掌握旅行社业务及计调工作的基本知识。这是顺利开展工作的基础和前提。例如,景点线路信息、旅游质量管理、计调相关表单的制作等。如果计调人员连旅行社业务及计调工作基本知识都不了解,就不可能获得客户的信任。

### 2. 市场营销知识

为了更好地把握客户需求,提供令客户满意的产品,计调人员应该具备一定的市场营销知识,对营销的理论要有深入的研究和具体的了解,熟练掌握营销中的技巧。

(1)产品。计调人员应该掌握旅游产品的设计原则与方法;谙达交通、餐饮、住宿、娱乐、购物产品的基本知识及其与旅游产品的关系等。

(2)价格。计调人员应该掌握旅游产品的定价方法和策略,以及交通、餐饮、住宿、娱乐、购物产品的价格构成、定价方法、价格政策等。

**【补充阅读材料2-2】**

#### 一般的定价方法

①以成本为基础的定价。最简单的定价方法,是“成本加成定价法”,即在产品成本基础上增加一个标准加价百分比。另一种成本导向的定价方法是“盈亏平衡定价法”。采用这种方法,企业要设法找到一个使企业盈亏得以平衡的价格水平。有些企业运用一种盈亏平衡定价的变通方法,称之为“目标利润定价法”,旨在获取一定的投资回报。

②以产品价值为基础的定价。越来越多的企业根据顾客对产品价值的感知来定价。“感知价值定价法”将购买者对产品价值的认知而不是售卖者的成本作为定价的关键因素。企业利用营销组合中的非价格变量,来建立购买者头脑中的感知价值并确定适当的价格,来与这种价值相匹配。

③以竞争为基础的定价。“现行费率定价法”(going-rate pricing),从策略上讲是一种主要根据竞争对手的价格来定价的方法,对成本和需求很少注意。有些企业的价格可能比竞争对手高一点或低一点,但高低价差却保持不变。

(资料来源:菲利普·科特勒,约翰·T. 保文,詹姆斯·C. 迈肯斯. 谢彦君主译. 旅游市场营销<第4版>. 大连:东北财经大学出版社,2006.)

(3)分销。计调人员应熟悉旅游产品的分销渠道策略,即如何通过媒体、外联、门市等渠道销售旅游产品和出团计划，做到计划的落实。

(4)促销。计调人员应该掌握通过广告、公共关系、人员推销、营业推广等方式宣传、促销旅游产品，掌握销售方法。

(5)市场调研。计调人员应该掌握市场调研的方法，以便更好地收集所需要的信息。例如，目标市场的购买力、人口统计特征、重要竞争对手的价格体系、促销手段及与协作单位的关系等。

3. 法律法规知识

计调人员应该熟悉国家及地方政府颁布的与旅游行业相关的法律、法规，例如，《旅行社条例》、《导游人员管理条例》、《旅行社质量保证金赔偿暂行办法》、《旅行社质量保证金赔偿试行标准》，以及对酒店业、交通运输业、餐饮业等旅游相关行业的法律、法规。另外，还要熟悉合同方面的法律法规及民事诉讼程序、保险申报程序等。同时，计调人员还应对合法规避法律风险的途径和方式有所了解。

4. 史地、文化、民俗知识

计调人员应该具备一定的历史、地理、文化和民俗知识。因为由于历史传承的缘故，人文景观通常都蕴涵着深厚的文化底蕴；而自然景观一般与地理因素、当地风土人情有一定关联。计调人员只有掌握这些知识，才能更好地设计旅游线路，满足客户需求。

5. 社交礼仪知识

旅游业是需要时时刻刻与人交往的行业。良好的沟通能力，是以丰富的社交礼仪知识为基础的。因此，旅行社应为计调人员开展社交礼仪方面的针对性培训，使计调人员从接听电话到带团完毕后的回访，都能按照标准程序严格执行。

6. 心理学知识

计调人员应该掌握一定的心理学方面的知识。因为旅游接待服务的质量取决于游客的感知，只有了解游客的心理，才能设计出符合他们需要的旅游产品，才能采购到令他们满意的食、宿、行、游、娱、购等服务。

【案例2-2】

## 游客为什么会抱怨

某旅行社接待了一个由16人组成的入境旅游团。团队行程中，有一天的安排是：上午去某天然海滨浴场游泳，下午到附近爬山。但是行程结束后，很多游客都抱怨海滨浴场的水太冷，根本无法下水游泳；而下午爬山时又热又累，连年轻人都无法爬到山顶。游客纷纷抱怨旅行社的安排不当，影响了他们旅游的心情，表示要向旅行社的领导投诉。

【分析提示】

计调人员必须具备食、宿、行、游、娱、购及历史、地理、文化等方面的相关知识,才能设计出真正符合客人要求的旅游线路,也才能提供令游客满意的服务。在本案例中,由于计调人员相关知识的欠缺造成了线路设计的不合理,从而引发了游客的抱怨。

江河湖海等天然浴场的最佳游泳时间是在午后水温升高之后。因此,线路上如果有这类景点,计调人员在做线路设计时就应当尽量将该旅游点的行程时间安排在下午。而登山攀岩类参与性活动,由于运动量比较大,最好安排在上午进行。因为经过一夜的休息,上午游客的体力较好,而且上午比较凉爽,适于运动量大的活动。

## 三、计调人员的能力要求

### 1. 学习能力

在旅游市场环境不断变化的今天,计调人员要更快地成长,就必须具备学习能力。除了学习管理学、营销学、心理学、公关学等行业相关知识外,更要学习国家宏观、微观的经济政策和相关经济法规,从战略方面进行知识储备。很多时候,一笔业务成功的关键并非仅靠专业知识,而是依赖于各种知识的综合运用。这些知识都是靠不断学习得来的。

### 2. 创新能力

市场形势千变万化,要想在市场上立于不败之地,计调人员就必须具有创新能力,使自己的产品、渠道、促销策略等能够个性鲜明,脱颖而出。但是目前,旅行社线路产品同质化现象严重,很多旅行社复制其他旅行社的线路产品,或者只是进行简单的景点串联。这一情况的直接后果,就是企业间的恶性低价竞争。因此,无论是为了本企业的长远发展,还是为了旅游市场的繁荣稳定,计调人员都必须注重培养自己的创新能力。

### 3. 市场调研能力

西方国家的旅行社非常重视对旅游市场的调研。任何旅游线路的设计都是始于市场调研的。因为,市场调研可在很大程度上减少环境因素的不确定性对旅行社的影响。例如,有的国外旅行社设计一条精品线路的时间可以长达 20 个月,其中仅市场调研所花费的时间就有半年之久。但我们国内的旅行社一般都轻调研、重市场。然而,未经充分调查研究而草率设计的旅游产品是很难得到市场认同的。因此,作为旅游线路设计者的计调人员,必须具备熟练的市场调研能力。

计调人员应该具有系统、科学地收集目标市场相关信息的能力,通过对信息的整理、研究，识别目标顾客，分析他们的需求，形成目标市场客户档案；通过市场调研了解主要竞争对手的营销策略，比较本社与竞争对手的优势、劣势、机会、威胁，然后再结合顾客的关键需求制定本企业的营销策略。

4. 人际交往能力

计调人员需要经常与旅游者、本社其他部门人员及协作单位工作人员进行交往。良好的人际交往能力是做好这一工作的关键。人际交往有两个核心：一是合作；二是沟通。培养人际交往能力，首先，要有积极的心态，关心理解他人，主动与他人交往。其次，要善于利用人际交往中的各种方法和技巧。最后，与他人交往一定要真诚，以诚交友、以诚办事。真诚是与人合作和沟通的前提。

5. 语言表达能力

语言表达能力是人际交往能力的基础。计调工作离不开与他人进行信息交流和沟通，而信息交流、沟通则是通过语言来实现的，只有具备了良好的语言表达能力，才能恰当地展示和介绍自己的产品，才能接近顾客，成功地说服顾客，达成交易。

6. 应变能力

计调人员应该具备应变能力，能够独立、及时、灵活、妥善地处理团队运作过程中出现的突发事件，熟悉旅游投诉和事故处理程序，在突发事件或重大事故发生后，能够搜集相关证据资料，主动有效地进行先期处理。

7. 时间管理能力

计调部的工作琐碎繁杂、环节很多。为了充分利用时间，提高工作效率，计调人员应该具有时间管理能力。时间管理，是指有效运用时间，降低变动性。美国管理学家彼得·德鲁克认为，有效的时间管理主要是记录自己的时间，以认清时间耗在什么地方；管理自己的时间，设法减少非生产性工作的时间；集中自己的时间，由零星而集中，成为连续性的时间段。计调人员可以利用计划管理、时间四象限法等方法进行有效的时间管理。

8. 跟踪监控能力

企业及部门目标的实现，始于周密、完善的计划制订，终止于对计划落实的有效跟踪监控。计调人员应能清晰地理解并严格执行旅行社的相关标准要求，对团队运作过程进行有效的监督，保证车、房、餐、导、票按照标准执行；能发现团队中潜在的质量隐患并提出改进意见或建议。

9. 观察能力

优秀的计调人员应该具有敏锐的观察能力。要想在市场变化中总结出有用的信息，要想从客户的表面反应中发现其真实意图和想法，没有敏锐的观察能力是不可能做到的。因此，计调人员须注重自己洞察细节、逆向思维能力的培养。

10. 计算机应用能力

随着网络技术的发展和普及,计调人员应该能够熟练使用电脑办公自动化软件、简单的图形处理软件和旅行社经营管理软件,具有一定的网页制作能力及数据库操作能力。

## 第3节　计调工作的服务对象

### 一、旅游者

旅行社计调部的主要工作包含对外进行旅游采购、处理计划变更及突发事件;对内设计旅游产品、与本社其他部门分工协作及统计分析等。可以说计调人员虽然大多数时候并不直接面对旅游者,但其所有工作都是围绕旅游者而进行的。计调人员全部工作的核心就是满足旅游者需求,提供令旅游者满意的旅游产品及服务。因此,计调工作的最终服务对象是旅游者。计调人员必须熟悉并掌握游客的旅游需要、旅游动机和旅游行为。

1. 旅游需求

旅游需求属于消费需求的范畴。它的产生是内外部环境因素综合作用的结果。

(1)内部因素。当人的欲望未被满足时,会引起心理上的一种紧张状态。这种紧张状态会产生内在的驱动力,促使人们产生满足这一欲望的需求。当某种需求得到满足之后,又会产生新的需求。旅游需求就是人们在衣、食、住、行等基本生活需求得到满足之后产生的更高层次的消费需求。旅游需求的内部因素是随着社会生产力的发展,人们在社会实践中学习得来的,是一定社会环境下人们主观心理状态的一种反应。

(2)外部因素:

①经济因素。经济因素对旅游需求的影响主要体现在两个方面:一是随着社会生产力的发展人们收入水平不断提高,这势必会引发消费欲望,提高旅游消费的支付能力。可见,收入的提高是旅游消费产生的物质基础;二是社会劳动生产率的提高会引起人们闲暇时间的增多,这就为旅游需求的产生提供了时间上的保障。

②社会因素。个人的生活离不开社会群体,群体成员之间的言行举止会彼此影响而产生群体意识。对旅游需求而言,群体意识的作用是巨大的。一个人的亲戚、朋友、同学或同事如果热爱旅游,往往会对其产生重大影响,促使其产生旅游需求的动机。另外,社会阶层也是影响旅游需求的社会性因素之一。社会阶层是一

个社会中相对稳定且有序的分类体系。每一个社会阶层的成员都具有相似的价值观、兴趣和行为。就旅游消费而言,社会阶层较高的人对新事物接受快,产生旅游需求的动机也较为强烈;社会阶层较低的人则封闭保守,不太愿意外出旅游。

③文化因素。广义的文化,是指人类在社会历史实践中所创造的物质财富和精神财富的总和;狭义的文化,是指社会的意识形态及其与之相适应的制度和组织机构。作为意识形态的文化,是一定社会政治和经济的反映,又作用于一定社会的政治和经济。每一种社会形态都有与其相适应的文化,每一种文化都随着社会物质生产的发展而发展。文化的传播存在于社会的各个方面,人们无时无刻不在受着文化的影响。

在旧的文化价值观作用下,人们认为旅游是不务正业的行为;而现代文化价值观则认为旅游是一种高尚、文明、健康的活动,旅游业已经成为国民经济发展新的增长点。这种观念极大地促进了旅游需求的产生,使得旅游活动正逐步成为人们生活的组成部分之一。

2. *旅游动机*

需要是与动机密切相连的。一个人有什么样的需要,为了满足这种需要,就会产生相应的欲求——动机。动机是激发和维持个体进行活动并导致该活动朝向某一目标的心理倾向或动力。旅游动机就是由旅游需要推动的、一个人进行旅游活动的内在动因或动力。美国著名旅游学教授罗伯特·W. 麦金托什认为,人类的旅游动机可分为以下四种不同的类型:

(1)生理动机。生理动机,表现为为了调节生活规律,促进健康而进行的度假休息、体育活动、海滩消遣、娱乐活动及其他直接与保健有关的活动。生理动机通过与身体有关的活动来消除紧张。

(2)文化动机。文化动机,是为了了解自身生活环境和知识范围之外的事物而产生的动机。这一动机表现的是人们求知的欲望。

(3)交际动机。这一动机表现为人们通过各种形式的社会交往,保持与社会的接触,包括希望接触异地的人民、探亲访友、逃避日常的琐事及惯常的社会环境、结交新朋友等。

(4)地位和声望的动机。这一动机表现为会议、考察研究、求学等,主要与个人成就和个人发展的需求相关。即旅游者希望通过旅游实现自己受人尊重、引人注意、被人赏识、获得好名声的愿望。

3. *旅游行为*

旅游行为,是在旅游需要和旅游动机的共同作用下作出的。旅游者的行为千差万别,不同特征的游客不仅旅游需要和旅游动机存在差异,而且旅游行为也不尽相同。

(1)不同性格的游客。心理学上经常将人的性格分为内倾性格和外倾性格两种。不同性格倾向的人在旅游行为上存在明显的区别。内倾性格的人,一般比较喜欢自己熟悉的旅游目的地、熟悉的娱乐活动项目,全部日程最好事先做好安排。外倾性格的人,则喜欢新鲜的旅游目的地、不同寻常的旅游活动,日程方面只要求有基本的安排即可。这样,游客就可以拥有较大的自主性和灵活性。

(2)不同性别的游客。男性游客通常比较理性,关注旅游产品质量;女性游客则感情丰富,易受他人影响,对旅游活动中的购物安排较为注重。

(3)不同年龄的游客。青年游客精力旺盛,追求新鲜感,喜欢娱乐和运动;中年游客经验丰富,注重实际,对旅游产品质量要求较高;老年游客则由于年龄和身体的原因,喜欢节奏较慢的旅游活动安排。

(4)不同文化程度的游客。受过高等教育的游客一般对陌生环境的适应能力强,满足求知欲是他们旅游的重要目的之一;未受过高等教育的游客则对陌生环境的适应能力差,旅游的目的以游乐为主。

## 二、旅行社接待部

接待部(导游部)是旅行社的重要部门之一。它与计调部、市场部共同构成旅行社具体业务运作的三大板块。接待部主要负责具体接待计划的制订与落实,为旅游者提供导游员及陪同服务。旅行社的接待管理工作包含如下内容:

### 1. 计划管理

由于旅游市场淡旺季差别明显,客流量又经常发生变化,这就要求接待部一定要加强计划管理,做好编制、执行和控制计划三个环节的工作。这样,才有利于实现旅行社的经营目标,提高旅行社的经济效益。

### 2. 导游管理

接待部主要以不同语种的导游人员为主体组成。导游员处于接待工作的最前沿。其言行举止直接关系到旅行社的形象。导游服务具有工作量大、独立性强、工作难度高等特点。为了保证接待业务的顺利完成,接待部应该从导游员的基本素质、所具备的知识和能力三方面对其进行考察和聘用。此外,为了保证对导游人员的有效管理,接待部还必须注重培训考核、合同管理、等级评定等项工作。

### 3. 接待过程管理

接待过程可以分为三个阶段,即接待前的准备阶段、实际接待和接待后的总结阶段。在接待过程的不同阶段,接待部应该采取不同的措施,以达到有效管理的目的。在接待前的准备阶段,接待部应选派适当的接待人员,制订完善的接待计划并监督检查计划的落实情况;在接待阶段,应严格请示汇报制度,防患于未然,同时,建立通畅的信息系统,减少或弥补服务缺陷;在总结阶段,接待部应建立起健全的接待总结制度，抽查陪同日志和接待记录，处理旅游者的表扬或投诉事宜。

4. **接待质量管理**

优质服务是旅行社获得经济效益和长远发展的基础。服务质量的好坏决定了旅行社的竞争能力。接待质量是旅行社服务质量的重要组成部分。接待部承担着旅行社接待工作质量管理的职能。接待质量管理应从端正接待人员的态度入手，同时，注重提高其业务能力，如讲解能力、处理突发事件的能力等。另外，接待部还应建立完善的质量管理制度，综合应用一整套质量管理体系、思想、手段和方法进行系统的管理活动。

5. **安全管理**

在接待工作中，经常会发生一些意外事件或突发事故。如，旅游计划变更、漏接、错接、误机（车、船）或游客丢失证件、钱物、走失、患病及死亡等。这些事故的处理，是对接待人员随机应变能力和专业素质的考验。安全管理是接待部的重要职能之一。

【案例2-3】

**为什么游客差点没吃上晚饭**

北京某旅行社导游员张先生晚上8点在机场接到了一个由南京过来的旅游团。张先生把游客送到喜来登酒店后，游客突然对他说大家还没吃晚饭，让张先生尽快安排。张先生听后非常吃惊，因为按照他手中的接待计划，游客的晚餐应该在南京吃。张先生马上和计调部联系并说明情况，为游客安排用餐，得到了游客的谅解。事后查明，地接社计调部将接待计划变更的信息已经发给了接待部，但接待部工作人员没有催促对方确认，且一时疏忽，忘记了通知导游员，所以才险些造成事故。

【分析提示】

旅行社业务的正常运转及旅游接待工作的顺利进行都离不开各部门的配合协作。尤其计调部和接待部的配合更是重中之重。在本案例中，接待计划变更的信息之所以没有及时下达给导游员，就是由于计调部和接待部配合失误造成的。只有计调部和接待部密切合作，才能保证旅游接待计划的顺利落实。

## 三、旅行社市场部

市场部是旅行社的重要职能部门之一。其前身是“外联部”或“地联部”。改革开放前，我国旅行社是不设外联部的。因为在当时计划经济体制背景下，旅行社主要从事政治性的接待工作,不以营利为目标。改革开放之后,很多经营国际旅游业务的旅行社纷纷设立外联部,向海外销售中国的旅游产品;而从事国内业务的旅行社也设置了"地联部",在全国范围内联络及销售旅游产品。20 世纪 90 年代中期以来,随着我国旅游业的迅速发展,旅行社业竞争日益激烈。很多旅行社将外联部和地联部合并为"外联部",或者将其改名为"市场部"、"营销部"、"组团中心"等。尽管名称不同,但基本上都是从事市场分析、线路设计和对外联络销售等工作。市场部是接待业务的重要协调部门,其主要业务内容包括:

1. 收集信息

旅行社市场部应该广泛收集各种信息,如政治、经济、文化、法律等方面的信息,旅游产品、竞争对手方面的信息,以及旅游需求信息等。只有掌握了大量的信息资料,才能把握市场,有的放矢地开展各种营销活动。要做好这一工作,就必须制订完善的信息收集计划,掌握市场信息的特点和收集信息的规律,确保市场信息的时效性、可行性和价值性。

2. 制订计划

面对日趋成熟的旅游市场,制定有效的经营战略,实施计划管理,是旅行社立于不败之地的有效法宝。市场部应该根据旅游市场客观规律的发展要求,通过编制计划、组织计划的执行和控制,完成旅行社预先确定的发展任务,不断提高企业的经营效益。

3. 线路设计

市场部应该根据所掌握的大量市场信息,为客户设计符合他们需求的旅游线路。线路设计应该尽量做到科学、合理,富有特色,具有市场竞争力及发展潜力。

4. 销售产品

市场部负责各种旅游产品和服务项目的销售。在旅游需求日趋个性化和多元化的今天,市场部要想成功地完成产品销售工作,就必须首先对市场进行有效细分,然后根据本企业的资源状况,扬长避短,选择恰当的目标市场;同时,根据目标市场的需求特点,将各种可能的营销战略和策略有机结合起来,形成旅行社的经营特色,达到旅行社的营销目标。

5. 对外联络

市场部又名外联部,对外联络是市场部的一项重要职能。市场部应建立起一个范围广阔,能够有效地为旅行社招徕客源的业务网络,然后对这一业务网络进行妥善管理,以保证各项市场营销活动的顺利进行。

## [典型案例]

某天深夜,武汉某组团社计调人员突然接到导游员从青岛打来的电话。原来团里的一位客人突发疾病,经医院诊断,必须马上手术,否则会有生命危险。计调人员马上要求导游员在医院陪伴、照顾客人,及时接受治疗。由于游客已经昏迷不醒,无法提供家属联系方式,计调部立刻赶回社里查找游客报名时的资料。与其家属联系上后,又为对方连夜订票赶往青岛。最后,计调部又与地接社联系说明情况,请他们配合工作,保证团里其他游客的正常行程不受影响。

【分析提示】

在团队运作过程中,有时会发生一些意外事件或突发事故。这就要求计调人员一定要具备很强的应变能力,遇事不慌,沉着冷静,能够及时、妥善、合理地处理各种突发事件,保证团队的正常运转,维护旅行社的经济效益和社会效益。

## [本章小结]

本章介绍了计调部门的设置与职责、计调人员的素质与能力,以及计调工作的服务对象。计调部的岗位设置随旅行社规模、业务量及业务范围不同而有所差别。计调部经理和其下属工作人员的岗位职责不尽相同,但都是围绕计划编制、对外采购、安排落实、跟踪监控等几个业务模块展开的。另外,本书分别从组团计调和地接计调的角度阐述了计调部的工作流程。为了顺利开展本部门工作,计调部工作人员应该具备相应的素质、知识和能力。计调工作的服务对象包括旅游者、旅行社接待部和旅行社市场部。

## [复习思考]

(1)关键概念。订票业务员、自联团。

(2)课堂讨论题:

- 计调部经理的岗位职责是什么?
- 组团计调的工作流程是怎样的?
- 计调部应该如何为接待部提供服务?

(3)思考题:

- 计调部工作人员的具体岗位职责有哪些?
- 地接计调的工作流程是怎样的?
- 为了胜任计调部工作,员工应该具有什么样的素质?
- 计调部应该如何为市场部提供服务?

(4)实训题。在一家旅行社进行实地考察,观察那里的计调部工作人员在做地接计调时的工作流程。

(5)自测题：

- 计调部工作人员应该具备的知识包括(　　　)。

  A. 市场营销知识　　　　　　B. 旅行社业务知识

  C. 法律法规知识　　　　　　D. 社交礼仪知识

- 简述计调部工作人员应该具备的能力。
- 根据所学习的知识，对下面的案例进行分析：

山东某市的一个旅行社接待了一个甘肃旅游团，因为这是一个很重要的团队，所以计调人员为该团安排了位于市中心繁华地段的一个五星级酒店住宿。没想到客人入住之后却非常不满意，纷纷表示希望住在海边的酒店，哪怕是条件差些也没有关系。请分析该案例中计调人员犯了什么错误？为什么会犯这样的错误？

# 第三章

# 计调业务的采购内容

## [学习目标]

通过本章学习应该达到以下目标：

● 知识目标。熟悉各种旅游服务项目的类型；了解不同旅游服务项目的特点。

● 技能目标。能运用计调业务理论和相关等级标准，为不同旅行社采购适当的旅游服务产品。

● 能力目标。具有判断不同旅游服务项目质量的能力；具有熟练选择和采购适当旅游服务产品的能力；具有分辨不同等级旅游服务产品内涵的能力。

## [引例]

### “黄金周”出游团队入住成问题

2006年5月2日晚7时许，当40名前往H省W旅游景区游玩的B市游客赶到预订的旅馆时，却被告知所有房间都已住满，他们不得不临时寻找住处，最终不得不分散居住。

原来，这批游客参加的是B市A旅行社组织的W风景区2日游。5月2日晚上7时左右，他们到达W旅游景区。导游员小魏在路上称他们将住在迎客旅馆。但是，当旅游车到达迎客旅馆后，只停留了两分钟，小魏就再次上车，称要继续赶路。此间，小魏没有向游客解释原因，只说要改住另一家旅馆。经过一个小时左右的颠簸，旅游车终于在一个地处荒郊的“野火人家”门口停了车。然而，游客们发现此处并非正式旅馆，更像是农家院，住宿环境与旅馆相差很多，而且房间有限，住不下40人。游客们纷纷回到车内，强烈要求返回迎宾旅馆。在僵持了近两个小时后，小魏再次与旅行社负责人联系，终于开车把游客带回了旅游景区所在地的大街上。游客们返回迎宾旅馆后，导游员小魏说，旅行社领导指示，让游客们自己找旅馆住宿，待返回B市后，旅行社将酌情退还住宿费用。可是，对于人生地不熟的游客来说，在“黄金周”找旅馆并不是一件易事，因此，大家更加不满。直到晚上10点50分左右，导游员小魏才将游客分散安排到了几个不同的旅馆住宿。

A旅行社一直不重视与旅游服务供应部门之间签订采购合同，只以口头协议作为采购的承诺。过去，该旅行社曾经出现过因组团人数不足，临时取消住宿预订，且未及时通知旅馆，导致旅馆方面蒙受经济损失的情况。所以，该旅行社在一些旅游景区和旅游城市的住宿业中口碑较差。此次，迎宾旅馆将该旅行社口头预订的房间全部包租给了散客，导致该社旅游团在黄金周期间出现了游客无房入住的窘境。

（资料来源：梁智等. 旅行社经营管理精选案例解析 <第1版>. 北京：旅游教育出版社，2007.）

上述案例告诉我们，旅行社的产品质量在很大程度上取决于其所采购的旅游服务项目质量。能否采购到充足的优质旅游服务项目，对于确保旅行社的整体旅游接待服务质量，提升旅行社及其产品在旅游市场上的知名度和美誉度，提高旅游者对旅行社及其产品的忠诚度具有十分重要的意义。因此，旅行社计调人员必须熟悉各种旅游服务项目，掌握各种旅游服务内容的特点，以便做好旅游服务的采购工作。

## 第1节 旅游交通、住宿、景点服务

### 一、旅游交通服务

#### 1. 航空旅游交通服务

（1）定期航班服务。定期航班服务，是指民航公司按照对外公布的航班时刻表飞行的民航服务。飞机严格按照航班时刻表中规定的时间起飞、飞行和降落。定期航班服务又可分为单程旅行服务、往返旅行服务、环游旅行服务、不完全来回程旅行服务等四个类型。

①单程旅行服务。是指民航公司提供的从旅游出发地开始，至旅游目的地为止的一种定期航班服务。有时，单程旅行还可在途中某个或某几个地方作短暂停留。

②往返旅行服务。是指航空公司提供的从旅游始发地出发，前往旅游目的地，

然后返回旅游始发地的定期航班服务。旅行的往返路线必须相同,不得随意改变。

许多航空公司给予乘坐该公司班机往返旅行的乘客以一定的价格优惠,从而使旅游者能够节省一些旅行费用,并使他们免去重新订购机票的麻烦。但同时,航空公司一般又对乘坐飞机进行往返旅行的乘客规定一些比较严格的条件,如必须在某一特定时间里乘坐特定航班旅行,或必须在往返旅行过程中乘坐同等级舱位等。

③环游旅行服务。类似往返旅行服务。二者之间的主要区别在于,环游旅行服务的出发路线不同于返回路线,而且乘客可以选择不同的舱位。例如,某旅游者乘坐中国国际航空公司的民航班机从北京出发,途经日本的东京前往美国纽约旅游。回国时,该旅游者乘坐同一航空公司的民航班机从纽约出发,途经香港返回北京。在赴美国时,该旅游者乘坐的是一等舱,而回国时,他改乘普通舱。这种旅行就是环游旅行。

④不完全来回程旅行服务。该项旅行服务,是指旅游者在旅行过程中先乘坐一段飞机,然后改乘火车、汽车或轮船等交通工具,最后又乘坐飞机的旅行方式。例如,一对新婚夫妇到某地去度蜜月。他们先从上海乘飞机前往北京,然后坐汽车从北京到天津,又从天津乘飞机前往广州,再坐火车前往南昌,最后乘飞机从南昌返回上海。

(2)旅游包机。旅游包机,是指由一家或几家航空公司经营的,以时间、里程或航程计价的旅游航空运输行为。旅行社向可能提供包机服务的航空公司提出申请,经后者同意,双方签订合同,包用航空公司的飞机,按约定的起飞时间、航程、载运旅客及行李等在固定和非固定的航线上飞行。

在旅游旺季时,旅行社常因无法订购到足够的定期航班飞机票而引起旅游者的不满。另外,一些旅游温、冷地区往往只有少量的正常航班,在旅游者行程之日没有正常航班,使旅游者难以乘坐定期航班前往旅游目的地。这些情况有时会影响旅行社的接待质量,并可能限制旅行社向旅游客源市场推销其产品的能力。因此,采购旅游包机服务,是旅行社解决因航空交通运力不足影响其正常旅游业务开展的一条有效途径。

2. 铁路旅游交通服务

(1)以数字开头的旅客列车。以数字开头的旅客列车,是指普通旅客列车。这些列车以四位数字表述其车次,包括管内普通列车和直通普通快速旅客列车。

①管内普通列车。是指在一个铁路局管辖线路上运行的普通旅客列车。管内普通列车分为普通旅客列车和普通快速列车。

• 普通旅客列车,简称普客,是指以“6”、“7”、“8”、“9”开头的四位数车次列车,一般经停所有能停的车站。普通客车以22型绿皮车为车底,没有空调设备。

普通客车的运营里程一般不长，属于短途多站的列车。

• 管内普通快速列车，简称"管内普快"，是指以"4"和"5"开头的四位数车次列车。此类列车经停一些主要车站，同时也经停一些小型车站。管内普快的车底主要是22型和25B型绿皮车，还有一些少量的25G型和25B型红皮空调车。管内普快运营的里程一般不长，属于短途列车。

②直通普通快速旅客列车。简称"普快"或"直快"，是指以"1"或"2"开头的四位数车次列车。

• 以"1"开头的车次列车。是跨三个或以上铁路局管辖区域的直通普通快速旅客列车，一般经停一些主要车站。列车车底配置多为25G型、25B型（红皮车和绿皮车）、22型绿皮车，空调列车较多。

• 以"2"开头的车次列车。是跨两个铁路局的直通普通快速旅客列车。其经停车站和车底配置与以"1"开头的车次列车相似，但空调列车的数量明显减少。以"1"开头的车次列车运营距离一般很长，以长途旅行的旅客为主要服务对象，而以"2"开头的车次列车运营距离属于中等，以中途旅行的旅客为主要服务对象。由于途中经停的车站较多，所以，无论是前者还是后者，其车速一般不是很快。

（2）以字母开头的旅客列车。我国目前运营的列车中，有相当一部分是用火车车次的首字代码即字母开头表示其车次的。常见的字母有Z、T、K、N、L、A、Y等。其中，以字母"Z"、"T"、"K"和"N"开头的旅客列车都属于快速旅客列车，以字母"L"和"A"开头的属于临时旅客列车，以字母"Y"开头的为旅游列车，以字母"C"开头的是城际列车。

①快速旅客列车。以字母开头的快速旅客列车包括直达快速旅客列车、特别快速旅客列车、快速旅客列车和管内快速旅客列车。这些列车的配置较好，车内环境优越，运行速度也快于以数字开头的旅客列车。

• 以字母"Z"字开头的旅客列车。是指直达快速旅客列车，简称直特。其车底都是25T型的空调列车。此类车次列车都是跨两个以上（含两个）铁路局的管辖线路运行，在行程中一站不停或者经停必须站，但不办理客运业务。

• 以字母"T"字开头的旅客列车。是指特别快速旅客列车，简称特快，多为25K型车底（蓝皮车），还有部分列车的车底是25T、25Z、S25T、S25K、S25Z等型号。此类车次的列车全部为空调车。其在行程中一般只经停省会城市或当地的大型城市。T300次以前的列车车次，为跨不同铁路局管辖线路运营列车；T300以后的列车车次，为管内（只由一个铁路局管辖的线路）运营的列车。

• 以字母"K"字开头的旅客列车。是指快速旅客列车，简称快速列车。其车底一般是25G型（红皮车），也有少量的22型和25B型绿皮车。此系列车次的列车基本都是空调列车。其在行程中，一般只经停地级行政中心或重要的县级行政中心。该系列车次的列车都是跨不同铁路局管辖线路运营的列车。

• 以字母“N”字开头的旅客列车。是指管内快速旅客列车(只由一个铁路局管辖线路运营),简称管内快速。其车底有25G、25B、22型等,空调列车较多。此系列车次的列车一般经停一些重要车站。

②临时旅客列车。临时旅客列车,是指在需要时才运营的旅客列车。《全国铁路旅客列车时刻表》不提供临时旅客列车的信息。临时旅客列车分为以字母“L”开头的旅客列车和以字母“A”开头的旅客列车。

• 以字母“L”字开头的旅客列车。是指临时旅客列车,简称临客,是在需要时才运营的系列车次。

• 以字母“A”字开头的旅客列车。是指按需临时加开的旅客列车,简称按需临客。其特征大多与以字母“L”字开头的系列车次相似。

③旅游列车与城际列车。旅游列车和城际列车,是近年来出现的新车种。其中,旅游列车的车次以字母“Y”开头;城际列车的车次以字母“C”开头。

• 旅游列车。是指以字母“Y”字开头的列车车次。为了给旅游者创造更有利的旅游条件和舒适的旅行环境,铁路部门为旅游列车配备了较好的列车车辆。有些旅游列车甚至配备了豪华型的车底。旅游列车的车厢内环境优雅、乘席舒适。在列车运行时间的安排上,把列车终到站的时间尽可能安排在最合适的钟点上。另外,凡是旅行时间在12个小时左右的车次,在运行时间上尽可能安排为夕发朝至,将列车变成旅馆,使游客既省了钱,又充分利用了时间。

• 城际列车。是指以字母“C”开头的旅客列车。城际列车通常在两处相距不远的重要城市之间多班次开行,是一种趋向公交化的中小编组短途旅客列车。城际列车在中途不停站或停很少的站,且不配置卧铺车厢,只配置硬、软座车厢。城际列车上可以提供旅客商业旅行、观光等多方面的服务。

(3)动车组。动车组是城际和市郊铁路实现小编组、大密度的高效运输工具。在我国,其车次以字母“D”开头。动车组具有编组灵活、方便、快捷、安全、可靠、舒适等特点,备受世界各国铁路运输和城市轨道交通运输的青睐。

国外常见的动车组有日本新干线、德国ICE、法国TGV、欧洲之星、西班牙AVE、瑞典X2000、美国ACELA等。在我国,动车组主要有CRH、和谐号、蓝箭、中原之星、中华之星、新曙光、先锋号、长白山号、春城号等。

(4)磁悬浮列车。磁悬浮列车,是指以超导电磁铁相斥原理建设的铁路运输系统。区别于通常的轮轨黏着式铁路。其最高时速可达350~500公里。

上海磁悬浮列车是世界上第一条磁悬浮列车示范运营线,现已投入商业运营。该线全长30公里,从浦东龙阳路站到浦东国际机场,只需8分钟。另外,日本和德国也已经有了实验路线。

(5)旅游专列。旅游专列,是指由旅行社或其他企业、单位(以下简称包车人)要求,临时开行并往返全部包用的旅客列车。开行旅游专列的编组不少于12辆。其中,载客车辆不得少于10辆,宿营车只能使用1辆,原则上不得使用软卧车。特殊情况必须报铁道部批准。旅游专列的车辆应尽量使用新型空调车。使用新型空调车时,服务设施和服务标准不低于"品牌旅客列车管理办法"规定的标准。使用普通客车时,车辆设备、设施,服务备品、卫生标准应符合《铁路旅客运输服务质量标准》的规定,每3辆车中应有1辆茶炉车。旅游专列的值乘人员应经过培训,合格后持证上岗,不得临时雇用或由其他工种人员顶替。旅游专列的旅行速度不得低于同线路图定普通快车的速度。

旅游专列通常会连接具有代表性的景点,满足游客想一次出行游览众多景点的愿望。另外,相对普通火车团买票难的现象,旅游专列却不必担心。旅游专列具有定时、定点、定线等特点,可以发挥"一线多游"的优势,即一条旅游线路可以提供多种旅游选择。

3. 公路旅游交通服务

(1)拥有汽车旅行社的服务。一些旅行社通过购买等方式拥有一定数量的旅游客运汽车并设立了相关的管理部门。由于这些汽车的产权属于旅行社,所以计调部门可直接将接待计划下达给旅行社的汽车管理部门,由该部门负责派出相应规格和数量的旅游大客车及司机。另外,一些缺少旅游汽车的旅行社也可能向拥有汽车的旅行社租赁旅游汽车及其驾驶员服务。

(2)旅游汽车公司的服务。旅游汽车公司,是指专门经营旅游运输服务或以旅游运输服务为主要经营业务的汽车公司。旅游汽车公司是许多旅行社获得公路旅游交通服务的主要渠道。旅游汽车公司一般只向旅行社提供旅游交通报价服务产品,即旅行社向旅游汽车公司购买的交通服务产品,包含了旅游汽车的使用权及该车司机的驾驶服务。

(3)其他汽车出租企业的服务。其他汽车出租企业,是指那些拥有符合旅游运输质量标准的汽车,但不以旅游交通服务为主要经营业务的企业。由于各地的旅游汽车服务供给状况不同,一些地方的旅行社在旺季时因接待旅游者的人数较多,难以从当地旅游汽车公司获得足够的旅游汽车,也会向其他汽车出租企业提出租赁要求。另外,有些汽车出租企业的服务价格明显低于旅游汽车公司,也是旅行社向其租赁旅游汽车的一个重要原因。

4. 水运旅游交通服务

(1)海上邮轮服务。海上邮轮,是指一种集交通运输、休闲娱乐、旅游住宿、餐饮服务、健身服务等功能于一体的大型海上交通工具。根据活动区域的不同,海上邮轮又分为远洋型邮轮和近岸型邮轮。

①远洋型邮轮。是指用于跨越大洋作洲际或环球航行的大型或超大型海上旅游交通工具。绝大多数远洋型邮轮的吨位较大,且性能优越。平均每条大型邮轮乘载游客2000人左右(超大型邮轮平均载客3500人),相当于6架波音747民航客机的载客量。远洋型邮轮的内部设施豪华。它们大多不再从事单纯的客运业务,而是作为旅游船在各大洋行驶。其航行线路、停泊港口和停泊时间根据旅游项目的变化而调整。

远洋型邮轮的船票价格依船上的不同甲板、不同舱位而有所区别,但远洋型邮轮所提供的服务没有等级差异。每位购买了船票的乘客都能使用邮轮上的所有设施和享受相同等级的服务。乘客购票上船后,船方的所有服务设施、用餐和规定饮料都是免费的。乘客除小费以外,无须交纳任何其他费用。

②近岸型邮轮。是指在某一国家或地区海域航行的海上旅游交通工具。近岸型邮轮的航程一般是从某个港口出发,到达一个或几个旅游港口,再回到出发港口。按照内部设施和装修档次的不同,近岸型邮轮一般分为普通游轮和豪华游轮两大类型。近岸型邮轮的单体规模中等,游弋范围较小,多为中档或高档船舶。近岸型邮轮除具备一般客轮的基本功能外,还提供专门的观景、娱乐设施和服务项目。

(2)内河游轮服务。内河游轮,是指在江河水域中航行,有24小时以上(含24小时)连续航运能力,以经营接待旅游者为主,并为旅游者提供娱乐、食宿和导游服务的客船。由于船舶的类型不同,内河旅游客轮服务分为豪华游轮服务和普通客轮服务两大类型。

①豪华游轮。是指内部装潢精美,外观豪华气派,舱内设施齐全,档次较高的内河客运工具。为了充分体现内河游轮的观光特性,豪华游轮一般设有较为宽敞的甲板和顶层的露天观景台。游客既可尽情观赏沿途风光,也可在停泊地短暂停留,登岸一游。豪华游轮的载客人数在100人~250人之间。一般船票价格为全包价,包含了船费、上岸游览费、餐费等。

②普通游轮。是指吨位相对较小,设施设备档次相对较低的内河客运工具。普通游轮具有以下4个特点:

• 载客人数多。尽管普通游轮的吨位较小,但是其载客量较大。一艘中型内河客船载客量可达几百上千人。如,长江干线上的"东方红"号内河客船可载客1250人。

• 停靠频繁。普通游轮可在江河、湖泊的各个地点停靠,成为名副其实的"水上巴士"。

• 价格低廉。普通游轮的票价远低于豪华游轮,受到许多价格敏感型游客的欢迎。

•选择余地大。普通游轮的客房分为一、二、三等舱。一等舱为双人间、二等舱为4人间、三等舱为6人间,价格各不相同。游客可根据需要进行选择。

(3)定期班轮服务。定期班轮运输,是指在固定的航线上以既定的港口顺序,按照事先公布的船期表航行的水上运输工具。定期班轮的内部装潢和设施设备档次较低,仅提供基本的服务项目,因此,除少数高等级舱位外,多数舱位的票价较低,适合于安排中档以下旅游团队乘坐。常见的定期班轮包括内河班轮和沿海班轮。

【小思考3-1】

在旅行社产品构成中,哪项服务所占的比重最大?

答:在旅行社产品构成中,交通服务所占的比重最大。

## 二、旅游住宿服务

### 1.旅游住宿服务设施类型

(1)饭店。饭店亦称酒店,有些地方也称为宾馆,是接待前来本地的旅游者及其他宾客下榻的基本住宿设施之一。根据经营特色、计价方式和设施规模,饭店可划分为不同的类型。

①根据经营特色划分的饭店类型。根据经营特色,饭店通常划分为商务型饭店、长住型饭店、度假型饭店、会议型饭店、公寓型饭店和经济型饭店。不同类型的饭店提供不同的住宿服务产品,服务于不同的旅游消费群体。

•商务型饭店。亦称暂住型饭店,多位于城区,靠近商业中心,以接待商务旅游者为主,宾客经济条件较好、文化水平较高、注重交往礼节、讲究身份地位,对价格敏感度不强。商务型饭店不但讲求外观,内部设施也必须富丽堂皇,不仅客房、餐厅要有较高水平,各类服务设施,特别是商务所需的设备亦须一应俱全。如,国际直拨电话、电脑、传真、洽谈室、会议室、商务中心、秘书服务等。商务饭店的最大特点,是回头客源较多,服务项目、服务质量和水准都要为商务旅游者提供方便。

•长住型饭店。供宾客长期或永久居住,因而其主要市场是住宿期较长的度假宾客或者家庭。长住型饭店与宾客之间有着一种不同于其他类型饭店与宾客的法律关系。这类饭店与宾客通常需要签订一个租约。其建筑布局与公寓相似但又有区别,客房多采用家庭式布局,以套房为主,配备适合宾客长住的家具和电气设备,通常都有厨房设备供宾客自理饮食。这类饭店一般只提供住宿、饮食等基本服务,主要供长期度假者和短期留学生等租用。

•度假型饭店。以接待游乐、度假的宾客为主,多位于海滨、山区、温泉、海岛、森林等地，环境优美、气候宜人，开辟有各种娱乐体育项目，如滑雪、骑马、狩猎、捕钓、划船、潜水、冲浪、高尔夫球、网球等，以吸引游客。疗养型饭店亦属此类。

• 会议型饭店。主要接待对象是各种会议团体。会议宾客的平均每天消费额一般高于度假客人。会议型饭店一般设在大都市和政治、经济中心，或交通方便的游览胜地，要求每一楼面均设置一个或多个会议厅或大的多功能厅，可根据需要用做会议厅、舞厅或宴会厅，有的饭店还设有展览厅。会议饭店除应具备相应的住宿和餐饮设施外，还必须配备会议设备，如投影仪、录放像设备、扩音设备、先进的通信、视听设备，接待国际会议的饭店还要求具备同声传译装置。

• 公寓型饭店。内部多采用公寓式布局，配有整套的生活设施及公用的娱乐、健身设施，适宜家庭居住。经营采用“时间分享法，即由投资者出资兴建，其他人可任意租用其中若干公寓，租期可为 1 周、1 月、1 年、5 年甚至更长时间，而且允许转租他人。

• 经济型酒店。是指将客户锁定在中小企业商务人士、休闲及自助游客等，房价适中的中小规模酒店。经济型酒店的高性价比，是其与高星级酒店对抗的最大优势。经济型酒店通常适合于自助游客、家庭游客和普通商务游客。

②根据计价方式划分的饭店类型。一些旅游目的地国家或地区的饭店根据计价方式划分其饭店类型。按照计价方式，这些国家或地区的饭店包括欧式计价饭店、美式计价饭店、修正美式计价饭店、欧陆式计价饭店和百慕大式计价饭店。

• 欧式计价饭店。是指饭店客房价格仅包括房租、不含食品、饮料等其他费用。世界各地大多数饭店属于此类。

• 美式计价饭店。客房价格包括房租及每日早、午、晚三餐的费用。

• 修正美式计价饭店。客房价格包括房租和早餐或晚餐的费用，以便使宾客安排白天的活动有较大的自由度。

• 欧陆式计价饭店。房价包括房租及一份简单的欧式早餐即咖啡、面包和果汁。此类饭店一般不设餐厅。

• 百慕大式计价饭店。房价包括房租及美式早餐的费用。

③根据设施规模划分的饭店类型。设施规模，是指饭店所拥有的客房数量。按照设施规模，饭店可划分为大型饭店、中型饭店、小型饭店三种类型。

• 小型饭店。客房一般少于 300 间，提供一般性的服务，如简单的客房、餐厅、酒吧等，价格也比较低，适合中下层旅游者。

• 中型饭店。客房通常在 300 间～600 间之间，有比较理想的休闲娱乐场所，价格较合理，服务项目较齐全，设施较现代化。

• 大型饭店。拥有 600 间以上的客房，设施和服务项目齐全，康乐中心、健身房、网球场、迪斯科舞厅、KTV、各种会议厅、谈判间等。

(2)旅馆。旅馆是指规模较小、设施较简单、价格较低的住宿设施,多用于接待经济型的旅游者和乘坐私人汽车旅行的旅游者。旅馆主要分为城市旅馆、乡间旅舍、汽车旅馆、招待所、疗养院等类型。

①城市旅馆。是指坐落于城镇市区的各种中小型旅游住宿设施。这些旅馆一般设备比较简单,拥有双人间、3 人间、4 人间甚至容纳更多宾客住宿的客房。除部分客房设有卫生和盥洗设施外,多数城市旅馆配备公共卫生和盥洗设施。有些档次较高的城市旅馆设有简单的餐厅,提供饮食。其他多数城市旅馆不设餐厅。城市旅馆一般不具备国家对星级饭店所要求配置的设施和设备,是一种简易型的住宿设施。然而,城市旅馆的房价普遍较低,适合旅游市场中希望节省旅游住宿费用消费者群的需求,因而受到这些旅游者的欢迎。目前,我国城市旅馆多用于接待经济型国内旅游者。

②乡间旅舍。在远离城镇的乡村,存在着一种具有浓郁乡村气息的旅游住宿设施——乡间旅舍。乡间旅舍多由当地农民或村镇企业经营,为来到农村进行旅游活动的旅游者提供住宿和餐食服务。乡间旅舍的住宿和餐食设施一般比较简陋,但却带有强烈的淳厚古朴的风格,颇受追求返璞归真,重回大自然旅游者的青睐。有些条件较好的乡间旅舍还配备比较现代化的卫生和盥洗设施,更使旅游者感到方便。乡村旅舍的房价一般较低,餐食也不贵,对于城镇旅游者具有一定的吸引力。

③汽车旅馆。又称公路饭店,常见于欧美国家的公路干线上。汽车旅馆的房价比较低廉,以接待乘坐私人汽车旅游的旅游者为主。汽车旅馆最显著的特点,是均配有面积较大的停车场地,且与客房的距离很近。汽车旅馆一般规模较小,只有十几间到几十间设施比较简单的客房。少数规模较大的汽车旅馆则可能拥有上百间客房。汽车旅馆多以提供客房为主,少数汽车旅馆配置简易的餐厅。

随着人们生活水平的不断提高,旅游者对汽车旅馆的设施和设备提出了更高的要求。目前,汽车旅馆在设施方面大有改善,且趋向豪华,多数可提供现代化的综合服务。美国的假日饭店集团、拉玛达饭店集团等均拥有大量的汽车旅馆。而霍华德·约翰逊集团则号称是“公路东道主”。

④招待所。作为我国特有的一种住宿设施,招待所,是指由国家机关、事业单位、企业单位或部队主办的主要为本系统或本行业出差人员提供食宿的设施。随着我国社会主义市场经济的建立,许多招待所打破只接待本系统或本行业人员,不对外营业的传统,在为本系统或本行业出差人员继续提供食宿服务的同时,也接待前来本地的旅游者。因此,招待所的服务也属于旅行社采购的一种旅游住宿服务产品。

招待所的规模、等级和收费标准差别很大。如,有些招待所装修豪华、服务一应俱全、价格昂贵;也有的招待所则是设备简单、服务项目较少、价格低廉。

⑤疗养院。是指一种以提供物理治疗(如水疗、光疗)并配合饮食、体操等疗法,以帮助病人恢复健康的医疗机构,一般设在具有某种天然疗养条件(如矿泉、海水、空气、日光等)自然环境比较清静优美的地方。疗养院一般配备各种生理功能检查和物理疗法、体育疗法设备,合理利用自然疗养条件、各种设备条件和最基本的诊疗手段。我国的疗养院可分为综合性疗养院和专科疗养院两大类。其中,综合性疗养院主要包括职工疗养院、干部疗养院、特勤疗养院;专科疗养院主要是政府或大型厂矿企业单位主办的职业病疗养院、结核病疗养院、肝病疗养院等。

经营健康旅游、会议旅游等产品的旅行社往往把疗养院的服务作为一种特殊的旅游住宿服务采购对象。

(3)辅助性旅游住宿设施。辅助性旅游住宿设施包括:露宿营地、度假村和共管公寓等,是为了迎合不同旅游者的需要而开发的住宿设施。

①露宿营地。一般设在交通方便、环境宜人的游览度假地区,主要接待家庭旅游者,以汽车为主要交通工具。这种设施的市场需求季节性很强,许多营地在冬季或淡季停止营业。营地有一定的空间,设有卫生设备,供应冷、热水并提供营地清扫服务。客人在露宿营地住帐篷、汽车住宅或其他能够移动的临时食宿设施。帐篷和汽车的设计合理、布局紧凑,在有限的空间里设置了旅行和度假住宿所需的设备,如,沙发床、卫生间、煤气、冰箱、水池、上下水道、衣柜、行李柜及电视、音响设备等。为了适合度假客人的需要,营地还设有康乐设施,如,游泳池、网球场、儿童游乐场、高尔夫球场并开设酒吧和简单的餐厅。由于露宿营地的气氛十分自由,对家庭旅游者来说相当经济,因而已逐渐成为当代比较流行的一种旅游住宿设施。

②度假村。通常由一群乡村式的住宅组成。这些住宅一般采用单元房布局,内有一间或几间卧室并带有卫生间和厨房。度假村中心设有餐厅和酒吧,客人可以自己起火,也可在度假村中心的餐厅或酒吧内就餐。度假村中心还设有较为齐全的体育和娱乐设施,如,骑马场、网球场、滑雪场、游泳场等,此外还经常组织一些娱乐消遣活动以吸引度假客人。

③共管公寓。是多人共有产权的一种住宿设施,即某投资者建造一所公寓住宅后将套房按公寓单元出售给个人,购买了公寓产权的个人可以自己使用,当他们不住宿的时候,由共管公寓的管理人员负责出租给其他人,产权人分享利润。共管公寓通常配有整套生活设施及公用的娱乐、健身设施,适宜家庭使用。

共管公寓的另一种经营方式称为分时多产权或时间分享法,即投资者出资兴建后,其他人可按时间购买其中若干公寓的产权,时间可为1周、1月、1年、5年或更长的时间,同时允许本人不使用时转让给他人。

**2. 旅游住宿服务设施的等级**

(1)一星级饭店。一星级饭店属于经济等饭店。这类饭店的设备简单,具有食宿两个最基本的服务功能,能满足客人简单的旅行需要,提供基本的服务并在一些服务项目上采取宾客自我服务的方式。一星级饭店的服务对象主要是经济能力较低的旅游者。

(2)二星级饭店。二星级饭店的设备一般,除具有客房、餐厅等基本设施外,还有小卖部、邮电、理发等简单的综合服务设施,服务质量及设施、装修都比较好。二星级饭店服务对象的消费水平属于经济等中比较富裕的旅游者。

(3)三星级饭店。三星级饭店的设备齐全,不仅提供食宿,还有会议室、休息厅、酒吧、咖啡屋、宴会厅、美容厅、舞厅等各种综合服务设施,服务质量较高,收费标准适中。三星级饭店的主要接待对象是中等消费水平的旅游者。

(4)四星级饭店。四星级饭店属于高档饭店。饭店设备豪华、服务设施完备、服务项目多、服务质量优,室内讲求环境艺术,对服务质量、服务员的素质要求非常高。四星级饭店的服务对象多为消费水平较高的旅游者。

(5)五星级饭店。五星级饭店属于豪华饭店或超豪华饭店。其设施和内部装修均十分豪华,并配备最高档的灯具、餐具、客房陈设、健身设备和服务设备。五星级饭店拥有风格独特、设施高档的餐厅,并聘有优秀的高级厨师。按照规定,五星级饭店必须设有总统套间客房。

## 三、旅游景区(点)服务

**1. 旅游景区(点)的类型**

(1)按设立性质划分的旅游景区(点)类型。按设立性质,旅游景区(点)可以划分为纯商业性的旅游景区(点)和公益性的旅游景区(点)两大类型。

①纯商业性的旅游景区(点)。是指投资者完全出于营利目的建造或设立的旅游景区(点),具有纯商业企业性质。此类旅游景区(点)按照企业的运作模式,在旅游市场上销售其观光游览产品及其他营利性产品,并由此获得经营收入。

②公益性的旅游景区(点)。是指政府部门或社会团体出于社会公益目的而建造或设立的旅游景区(点)。部分公益性旅游景区(点)免费对公众开放,由政府部门或社会团体承担运营费用;另一部分公益性旅游景区(点)虽然采取收费准入的管理方式,但是其收费目的不是营利,亦非借以回收其建设投资。

(2)按照展示内容划分的旅游景区(点)类型。按照展示内容,旅游景区(点)可以划分为单一性和集合性的旅游景区(点)两大类型。

①单一性旅游景区(点)。是指仅有一项参观或游览内容的旅游景区(点)。如,某一历史建筑、人类遗址、名人故居等。单一性旅游景区(点)的规模一般较

小,通常只能对某一个或少数几个旅游细分市场产生较强烈的吸引力。

②集合性旅游景区(点)。是指由多项参观或游览内容共同构成的一个旅游景区(点)。集合性旅游景区(点)的规模一般较大。由于其所拥有的吸引物较多,所以集合性旅游景区(点)能够对不同层次的旅游者产生较强烈的吸引力。

(3)按照所依托资源划分的旅游景区(点)类型。由于旅游资源具有定向性的特点,能够吸引特定的旅游消费者群体,所以,旅游景区(点)以某种或某些旅游资源作为依托,可以对相应的旅游市场产生较强的吸引力。根据所依托的旅游资源属性,旅游景区(点)可以划分为以下六大类型:

①自然风光类旅游景区(点)。是指以自然风光资源为依托的旅游景区(点)。如,国家公园、森林公园、地质公园、自然保护区、野生动物园等。

②人文古迹类旅游景区(点)。是指以历史文物古迹资源为依托的旅游景区(点)。如,古文化遗址、古生物化石、军事遗址、古建筑、名人故居、历史村镇等。

③民俗风情类旅游景区(点)。是指以民俗风情资源为依托的旅游景区(点)。如,土家吊脚楼、苗寨等具有民俗特色的景点。

④主题公园类旅游景区(点)。是指人为建立的以娱乐为主的公园类旅游景区(点)。此类景区(点)根据某个特定的主题,采用现代科学技术和多层次活动设置方式,集诸多娱乐活动、休闲要素和服务接待设施于一体,如,迪斯尼乐园、世界公园等。

⑤社会发展成就类旅游景区(点)。是指以旅游目的地的社会发展成就为资源依托的旅游景区(点)。如,工业旅游景点、观光农业旅游景区(点)、科教旅游景区(点)、军事旅游景区(点)等。

⑥宗教朝圣类旅游景区(点)。是指以宗教设施、宗教圣地等资源为依托的旅游景区(点)。如,山西五台山佛教旅游景区(点)、湖北武当山道教旅游景区(点)等。

**2. 旅游景区(点)产品的特点**

(1)专用性。旅游景区(点)的专用性,是指旅游景区(点)是专供旅游者参观、游览或开展其他休闲活动的专用场所。旅游景区(点)以旅游者作为其唯一或主要服务对象,其全部或大部分设施是专门用于接待旅游者或为旅游者提供便利的。旅游景区(点)提供的全部或大部分产品是旅游产品。其全部或主要经济收入来自旅游者。

(2)长久性。旅游景区(点)的长久性,是指旅游景区(点)应有长期固定的场址并利用这一场址发挥其固有职能。旅游景区(点)的长久性特点使旅行社能够与其进行较长期的稳定合作,长期采购其服务产品。

(3)可控性。旅游景区(点)的可控性,是指旅游景区(点)无论对外收费与否，都必须有人行使管理，必须能够对旅游者的出入行使有效的控制。

(4)综合性。旅游景区(点)的综合性，是指一个旅游景区(点)通常由资源要素、康体娱乐活动要素、接待设施要素、各种服务要素等多种要素所构成。这些要素的数量和质量，都必须能够满足旅游景区(点)的整体发展需要，必须与旅游景区(点)的整体发展需要保持一致，否则就会影响旅游景区(点)的整体质量。

(5)地域性。旅游景区(点)的地域性，是指旅游景区(点)是一个独立的空间场所。其门票范围通常为其经营服务的地域范围。此外，旅游景区(点)的地域性还表现为旅游景区(点)的地域差异性，即由于自然、历史、社会、文化环境的影响导致旅游景区(点)特征的差异性。

(6)可创造性。旅游景区(点)的可创造性，是指旅游景区(点)可以依托原有自然和人文资源，经过设计、改造和建设，形成符合人们意愿和自然规律的旅游空间。另外，旅游景区(点)的可创造性还指，在旅游资源匮乏地区，人们亦可通过文化创意等方式建造全新的旅游景区(点)。

**3. 旅游景区(点)的质量等级**

(1)AAAAA 级旅游景区(点)。AAAAA 级旅游景区(点)是质量等级最高的旅游景区(点)，应达到以下标准：

①旅游交通方面。应达到的标准是：

- 可进入性好。交通设施完善，进出便捷。
- 设有与景观环境相协调的专用停车场或船舶码头。
- 区内游览(参观)线路或航道布局合理、顺畅，与观赏内容联结度高。
- 区内应使用清洁能源的交通工具。

②游览方面。应达到的标准是：

- 游客服务中心位置合理，规模适度、设施齐全，功能体现充分。
- 各种引导标志(包括导游全景图、导览图、标志牌、景物介绍牌等)造型、特色突出。
- 公众信息资料特色突出、品种齐全、内容丰富、文字工整、制作精美、适时更新。
- 导游员(讲解员)持证上岗，人数及语种能满足游客需要。
- 导游(讲解)词科学、准确、有文采。
- 公共信息图形符号的设置合理。
- 游客公共休息设施布局合理、数量充足。

③旅游安全方面。应达到的标准是：

- 认真执行各项安全法规，建立完善的安保制度，工作全面落实。
- 消防、防盗、救护等设备齐全、完好、有效，交通、机电、游览、娱乐等设备完好、运行正常,无安全隐患。

•建立紧急救援机制,应急处理能力强,事故处理及时、妥当。

④卫生方面。应达到的标准是:

•环境整洁。

•各类场所全部达到 GB 9664 规定的要求,餐饮场所达到 GB 16153 规定的要求,游泳场所达到 GB 9667 规定的要求。

•公共厕所布局合理、数量能满足需要,标志醒目美观,建筑造型景观化。

•垃圾箱布局合理,标志明显、造型美观独特,与环境相协调。

•食品卫生符合国家规定。

⑤邮电服务方面。应达到的标准是:

•提供邮政及邮政纪念服务。

•通信设施布局合理。

•公用电话亭与环境相协调,标志美观醒目。

•通信方便、线路畅通、服务亲切、收费合理。

•能接收手提电话信号。

⑥旅游购物方面。应达到的标准是:

•购物场所布局合理,建筑造型、色彩、材质有特色,与环境协调。

•对购物场所进行集中管理,环境整洁、秩序良好,无围追兜售、强买强卖现象。

•对商品从业人员有统一管理措施和手段。

•旅游商品种类丰富,本地区及本旅游区特色突出。

⑦经营管理方面。应达到的标准是:

•管理体制健全,经营机制有效。

•旅游质量、旅游安全、旅游统计等各项经营管理制度健全、有效。

•管理人员配备合理,中高级以上管理人员均具备大学以上文化程度。

•具有独特的产品形象、良好的质量形象、鲜明的视觉形象和文明的员工形象。

•有正式批准的旅游总体规划,开发建设项目符合规划要求。

•有培训机构,制度明确,人员、经费落实,上岗人员培训合格率达 100%。

•投诉制度健全,人员落实、设备专用,投诉处理及时、妥善,档案记录完整。

•为特定人群(老人、儿童、残疾人等)配备旅游工具、用品,提供特殊服务。

⑧资源和环境保护方面。应达到的标准是:

•空气质量达到一级标准。

•噪声质量达到一类标准。

• 地面水环境质量达到国家规定。

• 污水排放达到国家规定。

• 自然景观和文物古迹保护手段科学、措施先进。

• 科学管理游客容量。

• 建筑布局合理,建筑物体量、高度、色彩、造型与景观相协调。

• 环境氛围优良。绿化覆盖率高,植物与景观配置得当。

• 区内各项设施设备符合国家关于环境保护的要求。

⑨旅游资源吸引力方面。应达到的标准是:

• 观赏游憩价值极高。

• 历史价值、文化价值、科学价值极高,或其中一类价值具世界意义。

• 有大量珍贵物种或景观异常奇特,或有世界级资源实体。

• 资源实体体量巨大,或资源类型多,或资源实体疏密度极优。

• 资源实体完整无缺,保持原来形态与结构。

⑩市场吸引力方面。应达到的标准是:

• 世界知名。

• 美誉度极高。

• 市场辐射力很强。

• 主题鲜明、特色突出、独创性强。

⑪接待游客人数方面。应达到的标准是:年接待海内外旅游者 60 万人次以上。其中,海外旅游者 5 万人次以上。

⑫游客满意率方面。应达到的标准是:游客抽样调查满意率很高。

(2) AAAA 级旅游景区(点)。AAAA 级旅游景区(点)是质量等级仅次于 AAAAA 级旅游景区(点)的旅游景区(点),应达到以下标准:

①旅游交通方面。应达到的标准是:

• 可进入性良好。交通设施完善,进出便捷。

• 有与景观环境相协调的专用停车场或船舶码头。

• 区内游览(参观)线路或航道布局合理、顺畅,观赏面大。

• 区内使用低排放的交通工具或鼓励使用清洁能源的交通工具。

②游览方面。应达到的标准是:

• 游客服务中心位置合理、规模适度、设施齐全、功能完善。

• 各种引导标志的造型有特色,与景观环境相协调。

• 公众信息资料的特色突出、品种齐全、内容丰富、制作良好、适时更新。

• 导游员(讲解员)持证上岗,人数及语种能满足游客需要。

• 导游(讲解)词科学、准确、生动。

• 公共信息图形符号设置合理、设计精美、有特色、有艺术感。

• 游客公共休息设施布局合理、数量充足、设计精美、有特色、有艺术感。

③旅游安全方面。应达到的标准是:

• 认真执行有关部门制定和颁布的安全法规,建立完善的安保制度,工作全面落实。

• 消防、防盗、救护等设备齐全、完好、有效,交通、机电、游览、娱乐等设备完好,运行正常,无安全隐患。危险地段标志明显,防护设施齐备、有效,高峰期有专人看守。

• 建立紧急救援机制,设立医务室并配备医务人员。

④卫生方面。应达到的标准是:

• 环境整洁,建筑物及各种设施设备无剥落、无污垢,空气清新、无异味。

• 各类场所全部达到国家标准规定的要求。

• 公共厕所布局合理,数量能满足需要,标志醒目、美观,建筑造型与景观环境相协调。

• 垃圾箱布局合理、标志明显,数量能满足需要,造型美观,与环境相协调。

• 食品卫生符合国家规定,餐饮服务配备消毒设施,不使用一次性餐具。

⑤邮电服务方面。应达到的标准是:

• 提供邮政及邮政纪念服务。

• 通信设施布局合理。

• 公用电话亭与环境相协调,标志美观醒目。

• 通信方便、线路畅通、服务亲切、收费合理。

• 能接收手提电话信号。

⑥旅游购物方面。应达到的标准是:

• 购物场所布局合理,建筑造型、色彩、材质有特色,与环境协调。

• 对购物场所进行集中管理,环境整洁、秩序良好。

• 对商品从业人员有统一管理措施和手段。

• 旅游商品种类丰富,具有本地区特色。

⑦经营管理方面。应达到的标准是:

• 管理体制健全,经营机制有效。

• 旅游质量、旅游安全、旅游统计等各项经营管理制度健全、有效,贯彻措施得力,定期监督检查。

• 管理人员配备合理,高级管理人员均应具备大学以上文化程度。

• 具有独特的产品形象、良好的质量形象、鲜明的视觉形象和文明的员工形象,确立自身的品牌标志。

•有正式批准的旅游总体规划,开发建设项目符合规划要求。

•有培训机构,制度明确,人员、经费落实,业务培训全面,效果良好,上岗人员培训合格率达100%。

•投诉制度健全,人员、设备落实,投诉处理及时、妥善,档案记录完整。

•为特定人群配备旅游工具、用品,提供特殊服务。

⑧资源和环境保护方面。应达到的标准是:

•空气质量达到一级标准。

•噪声质量达到一类标准。

•地面水环境质量达到国家标准的规定。

•污水排放达到国家标准的规定。

•自然景观和文物古迹保护手段科学、措施先进,保持自然景观和文物古迹的真实性和完整性。

•科学管理游客容量。

•建筑布局合理,建筑物体量、高度、色彩、造型与景观相协调。

•环境氛围良好。绿化覆盖率高,植物与景观配置得当。

•区内各项设施设备符合国家关于环境保护的要求。

⑨旅游资源吸引力方面。应达到的标准是:

•观赏游憩价值很高。

•历史价值、文化价值、科学价值很高,或其中一类价值具全国意义。

•有很多珍贵物种或景观非常奇特,或有国家级资源实体。

•资源实体体量很大,或资源类型多,或资源实体疏密度优良。

•资源实体完整,保持原来形态与结构。

⑩市场吸引力方面。应达到的标准是:

•全国知名。

•美誉度高。

•市场辐射力强。

•形成特色主题,有一定独创性。

⑪接待游客人数方面。应达到的标准是:接待海内外旅游者50万人次以上。其中,海外旅游者3万人次以上。

⑫游客满意率方面。应达到的标准是:游客抽样调查满意率高。

(3)AAA级旅游景区(点)。AAA级旅游景区(点)的质量等级低于AAAA级旅游景区(点),应达到以下标准:

①旅游交通方面。应达到的标准是:

•可进入性较好。交通设施完备,进出便捷。

• 有与景观环境相协调的专用停车场或船舶码头，且布局合理，容量能满足需求。

• 区内游览（参观）线路或航道布局合理、顺畅，观赏面大。

• 区内使用低排放的交通工具，或鼓励使用清洁能源的交通工具。

②游览方面。应达到的标准是：

• 游客中心位置合理，规模适度，设施、功能齐备。

• 各种引导标志的造型有特色，与景观环境相协调。标志牌和景物介绍牌设置合理。

• 公众信息资料有特色，品种全、内容丰富、制作良好、适时更新。

• 导游员（讲解员）持证上岗，人数及语种能满足游客需要。

• 导游（讲解）词科学、准确、生动。

• 公共信息图形符号设置合理、设计有特色。

• 游客公共休息设施布局合理、数量满足需要、设计有特色。

③旅游安全方面。应达到的标准是：

• 认真执行有关部门制定和颁布的安全法规，建立完善的安全保卫制度，工作全面落实。

• 消防、防盗、救护等设备齐全、完好、有效，交通、机电、游览、娱乐等设备完好，运行正常，无安全隐患。危险地段标志明显，防护设施齐备、有效，高峰期有专人看守。

• 建立紧急救援机制，设立医务室，至少配备兼职医务人员。设有突发事件处理预案，应急处理能力强，事故处理及时、妥当，档案记录准确、齐全。

④卫生方面。应达到的标准是：

• 环境整洁，建筑物及各种设施设备无剥落、无污垢，空气清新、无异味。

• 各类场所全部达到国家标准规定的要求。

• 公共厕所布局合理，数量满足需要，标志醒目，建筑造型与景观环境协调。

• 垃圾箱布局合理、标志明显，数量满足需要，造型美观，与环境协调。

• 食品卫生符合国家规定，餐饮服务配备消毒设施，不使用一次性餐具。

⑤邮电服务方面。应达到的标准是：

• 提供邮政及邮政纪念服务。

• 通信设施布局合理。

• 公用电话亭与环境基本协调，标志醒目。

• 通信方便、线路畅通、服务亲切、收费合理。

• 能接收手提电话信号。

⑥旅游购物方面。应达到的标准是：

• 购物场所布局合理，建筑造型、色彩、材质与环境协调。

• 对购物场所进行集中管理，环境整洁、秩序良好。

• 对商品从业人员有统一管理措施和手段。

• 旅游商品种类丰富，具有本地区特色。

⑦经营管理方面。应达到的标准是：

• 管理体制健全、经营机制有效。

• 旅游质量、旅游安全、旅游统计等各项经营管理制度健全、有效，贯彻措施得力，定期监督检查，有完整的书面记录和总结。

• 管理人员配备合理，80%以上中高级管理人员具备大专以上文化程度。

• 具有独特的产品形象、良好的质量形象、鲜明的视觉形象和文明的员工形象，确立自身的品牌标志并全面、恰当地使用。

• 有正式批准的总体规划，开发建设项目符合规划要求。

• 有培训机构，制度明确，人员、经费落实，业务培训全面，效果良好，上岗人员培训合格率达100%。

• 投诉制度健全，人员、设备落实，投诉处理及时、妥善，档案记录完整。

• 能为特定人群提供特殊服务。

⑧资源及环境保护方面。应达到的标准是：

• 空气质量达到国家一级标准。

• 噪声质量达到国家一类标准。

• 地面水环境质量符合国家规定。

• 污水排放符合国家规定。

• 自然景观和文物古迹保护手段科学、措施得力，能有效预防自然和人为破坏，保持自然景观和文物古迹的真实性和完整性。

• 科学管理游客容量。

• 建筑布局合理，建筑物体量、高度、色彩、造型与景观相协调。出入口主体建筑有格调，与景观环境相协调。周边建筑物与景观格调协调，具有一定的缓冲区或隔离带。

• 环境氛围良好。绿化覆盖率较高，植物与景观配置得当，景观与环境美化效果良好。

• 区内各项设施设备符合国家关于环境保护的要求。

⑨旅游资源吸引力方面。应达到的标准是：

• 观赏游憩价值较高。

• 同时具有很高历史价值、文化价值、科学价值，或其中一类价值具省级意义。

• 有较多珍贵物种或景观奇特，或有省级资源实体。

• 资源实体体量大,或资源类型较多,或资源实体疏密度良好。

• 资源实体完整,基本保持原来形态与结构。

⑩市场吸引力方面。应达到的标准是:

• 周边省市知名。

• 美誉度较高。

• 市场辐射力较强

• 有一定特色并初步形成主题。

⑪接待游客人数方面。应达到的标准是:年接待海内外旅游者 30 万人次以上。

⑫游客满意率方面。应达到的标准是:游客抽样调查满意率较高。

(4) AA 级旅游景区(点)。AA 级旅游景区(点)的质量等级低于 AAA 级旅游景区(点),应达到以下标准:

①旅游交通方面。应达到的标准是:

• 可进入性较好。进出方便,道路通畅。

• 有专用停车(船)场所,布局较合理,容量能基本满足需求,场地平整、坚实或水域畅通,标志规范、醒目。

• 区内游览(参观)线路或航道布局基本合理、顺畅。

• 区内使用低排放的交通工具,或鼓励使用清洁能源的交通工具。区内无对环境造成污染的交通工具。

②游览方面。应达到的标准是:

• 有为游客提供咨询服务的游客服务中心或相应场所,咨询服务人员业务熟悉、服务热情。

• 各种引导标志清晰、美观,与景观环境基本协调。标志牌和景物介绍牌设置合理。

• 公众信息资料品种多,内容丰富,制作较好。

• 导游员(讲解员)持证上岗,人数及语种能满足游客需要。

• 导游(讲解)词科学、准确、生动。导游服务质量达到国家标准。

• 公共信息图形符号设置合理、规范醒目,符合国家标准的规定。

• 游客公共休息设施布局合理,数量基本满足需要,造型与环境基本协调。

③旅游安全方面。应达到的标准是:

• 认真执行有关部门制定和颁布的安全法规,建立完善的安保制度,工作全面落实。

• 消防、防盗、救护等设备齐全、完好、有效,交通、机电、游览、娱乐等设备完好,运行正常,无安全隐患。危险地段标志明显,防护设施齐备、有效。

• 建立紧急救援机制。配备游客常用药品,事故处理及时、妥当,档案记录完整。

④卫生方面。应达到的标准是:

• 环境比较整洁,建筑物及各种设施设备无剥落、无污垢,空气清新、无异味。

• 各类场所全部达到国家标准规定的要求。

• 公共厕所布局合理,数量基本满足需要,标志醒目,建筑造型与景观环境协调。70%以上厕所具备水冲设备并保持完好,或使用免水冲生态厕所。

• 垃圾箱布局合理、标志明显,数量基本满足需要,造型美观,与环境基本协调。

• 食品卫生符合国家规定,餐饮服务配备消毒设施,不使用一次性餐具。

⑤邮电服务方面。应达到的标准是:

• 提供邮政或邮政纪念服务。

• 通信设施布局合理。游人集中场所设有公用电话,具备国内直拨功能。

• 公用电话亭与环境基本协调,标志醒目。

• 通信方便,线路畅通,服务亲切,收费合理。

• 能接收手提电话信号。

⑥旅游购物方面。应达到的标准是:

• 购物场所布局基本合理,建筑造型、色彩、材质与环境基本协调。

• 对购物场所进行集中管理,环境整洁、秩序良好。

• 对从业人员有统一管理措施和手段。

• 旅游商品种类较多,具有本地区特色。

⑦经营管理方面。应达到的标准是:

• 管理体制健全,经营机制有效。

• 旅游质量、旅游安全、旅游统计等各项经营管理制度健全、有效,贯彻措施得力。

• 管理人员配备合理,70%以上中高级管理人员具备大专以上文化程度。

• 具有独特的产品形象、良好的质量形象、鲜明的视觉形象和文明的员工形象。

• 有正式批准的总体规划,开发建设项目符合规划要求。

• 有培训机构,制度明确,人员、经费落实,业务培训全面,效果良好。

• 投诉制度健全,人员、设备落实,投诉处理及时、妥善,档案记录基本完整。

• 能为特定人群提供特殊服务。

⑧资源和环境保护方面。应达到的标准是:

• 空气质量达到国家一级标准。

• 噪声质量达到国家一类标准。

• 地面水环境质量达到国家标准的规定。

• 污水排放达到国家标准的规定。

• 自然景观和文物古迹保护手段科学、措施得力，能有效预防自然和人为破坏，基本保持自然景观和文物古迹的真实性和完整性。

• 科学管理游客容量。

• 建筑布局基本合理，建筑物体量、高度、色彩、造型与景观基本协调。出入口主体建筑有格调，与景观环境相协调。周边建筑物与景观格调基本协调，具有一定的缓冲区或隔离带。

• 环境氛围良好。绿化覆盖率较高，植物与景观配置得当，景观与环境美化效果较好。

• 区内各项设施设备符合国家关于环境保护的要求，不造成环境污染和其他公害，不破坏旅游资源和游览气氛。

⑨旅游资源吸引力方面。应达到的标准是：

• 观赏游憩价值一般。

• 具有较高历史价值、文化价值、科学价值，或其中一类价值具地区意义。

• 有少量珍贵物种或景观突出，或有地区级资源实体。

• 资源实体体量较大，或资源类型较多，或资源实体疏密度较好。

• 资源实体基本完整。

⑩市场吸引力方面。应达到的标准是：

• 全省知名。

• 有一定美誉度。

• 有一定市场辐射力。

• 有一定特色。

⑪游客接待人数方面。应达到的标准是：年接待海内外旅游者 10 万人次以上。

⑫游客满意率方面。应达到的标准是：游客抽样调查满意率较高。

(5) A 级旅游景区(点)。A 级旅游景区(点)的质量等级低于 AA 级旅游景区(点)，应达到以下标准：

①旅游交通方面。应达到的标准是：

• 通往旅游景区的交通基本通畅，有较好的可进入性。

• 具有停车(船)场所，容量能基本满足需求，场地较平整、坚实或水域较畅通，有相应标志。

• 区内游览(参观)线路或航道布局基本合理、顺畅。

• 区内使用低排放的交通工具，或鼓励使用清洁能源的交通工具。

②游览方面。应达到的标准是：

• 有为游客提供咨询服务的场所，服务人员业务熟悉、服务热情。

• 各种公众信息资料与景观环境基本协调。标志牌和景物介绍牌设置基本合理。

• 宣传教育材料品种多、内容丰富、制作较好。

• 导游员(讲解员)持证上岗，人数及语种能基本满足游客需要。

• 导游(讲解)词科学、准确、生动。

• 公共信息图形符号的设置基本合理。

• 游客公共休息设施布局基本合理，数量基本满足需要。

③旅游安全方面。应达到的标准是：

• 认真执行有关部门制定和颁布的安全法规，安保制度健全、工作落实。

• 消防、防盗、救护等设备齐全、完好、有效，交通、机电、游览、娱乐等设备完好，运行正常，无安全隐患。危险地段标志明显，防护设施齐备、有效。

• 事故处理及时、妥当，档案记录完整，配备游客常用药品。

④卫生方面。应达到的标准是：

• 环境比较整洁，建筑物及各种设施设备无剥落、无污垢，空气清新、无异味。

• 各类场所全部达到国家标准规定的要求。

• 公共厕所布局较合理，数量基本满足需要，建筑造型与景观环境比较协调。50%以上厕所具备水冲设备，并保持完好或使用免水冲生态厕所。

• 垃圾箱布局较合理、标志明显，数量基本满足需要，造型与环境比较协调。

• 食品卫生符合国家规定，餐饮服务配备消毒设施，不使用一次性餐具。

⑤邮电服务方面。应达到的标准是：

• 提供邮政或邮政纪念服务。

• 通信设施布局较合理。

• 通信方便、线路畅通、收费合理。

• 能接收手提电话信号。

⑥旅游购物方面。应达到的标准是：

• 购物场所布局基本合理，建筑造型、色彩、材质与环境较协调。

• 对购物场所进行集中管理，环境整洁、秩序良好。

• 对从业人员有统一管理措施和手段。

• 旅游商品有本地区特色。

⑦经营管理方面。应达到的标准是：

• 管理体制健全、经营机制有效。

• 旅游质量、旅游安全、旅游统计等各项经营管理制度健全、有效，贯彻措施得力。

• 管理人员配备合理，60%以上中高级管理人员具大专以上文化程度。

• 具有一定的产品形象、质量形象和文明的员工形象。

• 有正式批准的总体规划，开发建设项目符合规划要求。

• 有培训机构，制度明确，人员、经费落实，业务培训全面，效果良好。

• 投诉制度健全，人员、设备落实，投诉处理及时，档案记录基本完整。

• 能为特定人群提供特殊服务。

⑧资源和环境保护方面。应达到的标准是：

• 空气质量达到国家一级标准。

• 噪声质量达到国家一类标准。

• 地面水环境质量达到国家标准的规定。

• 污水排放达到国家标准的规定。

• 自然景观和文物古迹保护手段科学、措施得力，能有效预防自然和人为破坏，基本保持自然景观和文物古迹的真实性和完整性。

• 科学管理游客容量。

• 建筑布局较合理，建筑物造型与景观基本协调。出入口主体建筑与景观环境基本协调。周边建筑物与景观格调较协调，具有一定的缓冲区或隔离带。

• 环境氛围较好。绿化覆盖率较高，景观与环境美化效果较好。

• 区内各项设施设备符合国家关于环境保护的要求，不造成环境污染和其他公害，不破坏旅游资源和游览气氛。

⑨旅游资源吸引力方面。应达到的标准是：

• 观赏游憩价值较小。

• 具有一定历史价值、文化价值、科学价值，或其中一类价值具地区意义。

• 有个别珍贵物种或景观比较突出，或有地区级资源实体。

• 资源实体体量中等，或有一定资源类型，或资源实体疏密度一般。

• 资源实体较完整。

⑩市场吸引力方面。应达到的标准是：

• 本地区知名。

• 有一定美誉度。

• 有一定市场辐射力。

• 有一定特色。

⑪游客接待人数方面。应达到的标准是：年接待海内外游客3万人次以上。

⑫游客满意率方面。应达到的标准是：游客抽样调查基本满意。

【补充阅读材料3-1】

**旅游目的地总体旅游产品的构成**

(1) 当地的旅游资源。(Attractions)

(2) 当地的交通运输设施和服务。(Access)

(3) 当地的住宿、餐饮、娱乐、零售及其他旅游生活设施和相应的服务。(Amenities)

(4) 当地旅游组织提供的相关服务如,旅游通信中心。(Ancillary Services)

(资料来源:李天元.旅游学概论<第6版>.天津:南开大学出版社,2009.)

# 第2节 旅游餐饮、娱乐、购物服务

## 一、旅游餐饮服务

### 1.旅游餐饮设施的类型

(1)根据餐饮设施隶属关系划分的旅游餐饮设施类型。根据餐饮设施的隶属关系,旅游餐饮设施可以划分为饭店餐饮设施和社会餐饮设施两大类型。在此两大类型中,又可进一步细分为许多亚类型设施。

①饭店餐饮设施。饭店的餐饮设施类型包括:中式宴会厅、中式零点餐厅、中式快餐厅、扒房、咖啡厅、酒吧、茶室等。

• 中式宴会厅。中式宴会厅通常为多功能餐厅,可以用活动门间隔成许多小厅。有些大型宴会厅开宴会可容纳500人以上,开酒会可容纳1000人以上。在中式宴会厅里可以举行大、中型宴会、酒会、茶话会、冷餐会,也可举办国际会议、服装表演、商品展览、音乐舞会等。中式宴会厅是饭店内一种高雅、华丽、设备齐全的豪华餐饮设施。

• 中式零点餐厅。中式零点餐厅的特征主要体现在服务方式上。除旅游旺季,游客在中式零点餐厅用餐不必事先预订座位,通常是随到随吃,服务也是按先到者先服务的原则进行。中式零点餐厅的装潢一般比较简洁明快,各种设备、器皿配置比较实用,环境舒适并具有时代特点。游客在中式零点餐厅用餐,会感到比较轻松随便,具有家庭式气氛,不会因环境压力而造成拘谨。

• 中式快餐厅。一些饭店设立中式快餐厅,是为了满足那些不愿在吃饭方面花费太多时间游客的需要。中式快餐厅的内部装潢清洁而明快,所提供的食品都是事先准备好的,以保证向客人迅速提供其所需的食品。另外,中式快餐厅以菜品质量稳定、设施清洁卫生、价格低廉及分量充足而见长。

• 扒房。扒房是饭店中最正规的高级西餐厅，代表了饭店的西餐水平。扒房的位置、设计、装饰、色彩、灯光、食品、服务等都很讲究，要供应牛扒、羊扒、猪扒、西餐大菜、特餐等。另外，扒房还可举办西餐宴会等。

• 咖啡厅。咖啡厅是饭店设立的一种方便宾客的餐厅。国外饭店的咖啡厅一般以西餐为主。我国一些饭店里的咖啡厅在经营西餐的同时，也提供一些中式小吃，如粉、面、粥等。咖啡厅的经营特点是客人即来即食，使客人感到很方便。咖啡厅的营业时间较长，一般从早晨 6 点到深夜零点。尽管咖啡厅餐饮的价格相对较便宜，但营业额却很大。

• 酒吧。酒吧通常设在大堂附近，是饭店内专供客人饮酒小息的地方。由于酒吧是反映饭店经营水平的场所，所以其装修、家具设施等比较讲究。

• 茶室。茶室又称茶座，一般设在正门大堂附近，是供客人约会、休息和社交的场所。茶室反映了饭店的格调水准，是一种比较高雅的餐厅。茶室供应的食品和咖啡厅略同，早餐可供应较高级的西式自助餐，但一般不提供中式餐饮。茶室的营业时间比咖啡厅收市稍早一些。茶室在早餐和晚餐时安排钢琴或小乐队伴奏，以便营造出一种高雅的氛围。

②社会餐饮设施。社会餐饮设施，是指除饭店以外的其他企业或个人经营的餐饮设施，主要包括高档饭庄、普通餐馆、自助式餐馆等设施。

• 高档饭庄。高档饭庄亦称高档餐馆，是指那些装修豪华、服务上乘、价格昂贵的社会餐饮设施。高档饭庄通常以擅长经营某个菜系的名菜而闻名，是游客品尝地方风味、宴请宾客的理想场所。另外，高档饭庄的规模一般较大，能够容纳较多的食客，往往是当地社区举办大型宴会等活动的理想场所。旅行社也常常在这些饭庄举行宴会、酒会、冷餐会等，接待到访的大型旅游团队。

• 普通餐馆。普通餐馆是数量最多的社会餐饮设施。其规模大小不一，装修水平各异，但大都不是豪华装修。不同普通餐馆之间的就餐环境、服务水平、饭菜质量等存在一定的差别，但是其价格水平则大同小异，普遍不高，易为接待普通旅游团队的旅行社及一般散客所接受。另外，普通餐馆的地理分布广泛、数量众多，是安排普通旅游团队及散客就餐的主要餐饮设施类型。

• 自助式餐馆。在各类社会餐饮设施中，自助式餐馆是一种便捷式餐馆，以希望迅速、简单就餐的客人为主要服务对象。其特点是，客人可以自我服务，服务员无须传递和分配菜肴，饮料也由客人自斟自饮。按照提供的菜品种类，自助式餐馆又可分为西式自助餐馆、中式自助餐馆、海鲜火锅自助餐馆等类型。

另外，在一些旅游目的地国家或地区，自助餐馆还存在 cafeteria 和 buffet 两种自助餐形式。其中，cafeteria，是指客人自行至餐台取菜，而后按所取样数付账；buffet,则是指由客人一次性付费,然后自行取菜,直至吃饱为止。

(2)根据经营产品划分的旅游餐饮设施类型。根据经营产品,旅游餐饮设施可分为:中餐馆(厅)、西餐馆(厅)、日式餐馆、韩式餐馆等类型。

①中餐馆(厅)。是指以中餐菜肴为主要经营产品的餐饮设施,包括饭店内的中餐厅和社会上经营中餐菜肴的各种餐馆、酒楼、饭庄等。由于中餐菜系众多,所以一座中餐馆通常只以某一种菜系的菜品为主要经营特色,如专门经营广东菜系的粤菜馆、专门经营四川菜系的川菜馆、专门经营山东菜系的鲁菜馆、专门经营江南菜系的淮扬菜馆等。有些餐馆以某种特色菜为主要经营产品,如以北京烤鸭为主要产品的全聚德烤鸭店、便宜坊烤鸭店,以包子为主要产品的天津狗不理包子铺等。另外,有些餐馆同时经营两种菜系或更多菜系产品。

②西餐馆(厅)。是指以欧美菜肴为主要经营产品的餐饮设施,包括饭店内的西餐厅和社会上专门经营欧美菜肴的各种餐馆、饭庄等。因主要经营的菜系不同,西餐馆(厅)又可进一步细分为法式餐馆(厅)、德式餐馆(厅)、俄式餐馆(厅)、意式餐馆(厅)等。

③日式餐馆。日式餐馆,以日本料理为主要经营产品。日本料理,亦称“和食”,是起源于日本列岛并逐渐发展成为独具日本特色的菜肴。日本料理的主食为米饭、面条等,副食多为新鲜鱼虾等海产,常配以日本酒。日本料理以清淡著称,烹调时尽量保持材料本身的原味。在制作上,要求材料新鲜,切割讲究,摆放艺术,注重色、香、味、器四者的和谐统一,不仅注重味觉享受,而且注重视觉享受。

④韩式餐馆。是指以经营韩国料理为主要业务的餐饮设施。韩国料理的烹调以烧烤为主,但口味比较清淡,少油腻,基本上不加味精;蔬菜以生食为主,用凉拌的方法制作。

**【案例3-1】**

### 临时包机的决定

某旅行社原定在“十一”黄金周期间组织当地一家大型国企的员工前往我国西南地区旅游。该旅行社计调部根据同该公司所签订的旅游合同,向当地一家民航公司预订了80人的往返机票。然而,就在旅游团按照预订旅游计划起程的前5天,民航公司突然通知该旅行社,称由于“十一”黄金周期间运力紧张,无法保证其所预订的机位,只能提供32人的机位。旅行社计调人员立即前往该民航公司进行交涉,希望对方能够按照双方事先达成的协议,提供80个机位。但是,民航公司方面态度十分强硬,拒绝作出任何让步,且威胁说,如果该旅行社不接受民航公司减少机位的决定,民航公司将单方面解除预订协议。

旅行社计调人员和市场销售人员立即将这一情况通知了客户单位，希望能够推迟旅游计划。客户单位虽然对该旅行社的处境表示同情，但却强调指出，该公司领导已经向员工们宣布了出游计划。如果推迟旅游，可能会导致员工们十分失望，且不好调整工作安排。

在这种情况下，旅行社计调部经理向总经理建议放弃剩余的32个机位，改用包机形式组织旅游者按原计划旅游。为了维护客户利益，遵守旅游合同，该旅行社马上同另一家民航公司达成了包机协议，并按原计划组织80名旅游者前往西南地区旅游。

旅游活动取得了巨大成功，游客们对旅行社的服务赞不绝口。该企业领导对于旅行社诚信经营、信守合同的做法十分满意，决定与该旅行社建立长期合作关系，将以后的所有旅游活动都交给该旅行社安排。

【分析提示】

面对突如其来的变故，该旅行社本着诚信为本的原则，以客户利益为重，不惜承担经济损失，迅速作出临时包机的决定，使得旅游计划能够顺利执行。该旅行社这种守信经营的做法和随机应变的处置策略，不仅维护了企业的市场声誉，而且为其赢得了客户的理解和尊重，开辟了新的客源渠道。这种做法值得其他旅行社经营者借鉴。

2. 旅游餐饮设施的评价标准

(1)餐饮设施的等级评价标准。我国饭店以外的餐饮服务设施(酒家、饭庄、餐馆)分成五个等级，分别是国家特级、一级、二级、三级和地方级。在这些不同级别的餐饮服务设施中，除地方级的餐饮服务设施标准由各地方有关部门制定外，其他各个级别的标准如下：

①特级酒家(饭庄)。是国内外享有很高声誉，有涉外接待服务能力，设施设备华贵、环境幽雅、技术力量雄厚、服务水平一流、管理规范化的餐饮企业。

②一级酒家(饭庄)。是在国内享有较高声誉、有涉外接待服务能力，技术力量强、设施设备好，实行规范服务、规范管理的餐饮企业。

③二级酒家(饭庄)。是在当地有较高声誉，技术力量较强、设施设备条件较好，实行规范服务、规范管理的餐饮企业。

④三级酒家(饭庄)。是在当地有一定声誉、技术力量较强、设施设备齐全、实行规范服务和规范管理的餐饮企业。

(2)餐饮设施的星级评价标准。近年来，一些地方参照国家的相应服务标准，制定了餐饮设施的星级评价标准。星级划分以餐馆的建筑装修、装饰、设施、设备、管理、餐饮质量、服务水平、环境、安全、卫生等为依据。根据这些标准，餐饮设施被分成五星级、四星级、三星级、二星级、一星级等五个等级。其中，五星级餐饮设施档次最高，一星级餐饮设施档次最低。

(3)餐饮设施的卫生等级评价标准。一些地方卫生行政部门对餐馆实行量化分级管理，即根据餐馆的卫生状况定为 A 级、B 级、C 级或 D 级，不同级别代表着不同的食品卫生信誉度和食品卫生风险度。

①A 级：表示优秀，食品卫生信誉度高，食品卫生风险低。

②B 级：表示卫生规范，食品卫生信誉度较高，食品卫生风险较低。

③C 级：表示卫生合格，有一定食品卫生风险。

④D 级：表示卫生不合格，发生食品污染甚至食物中毒的风险高，须限期整改。

## 二、旅游娱乐服务

### 1. 旅游娱乐服务的类型

(1)文化类旅游娱乐服务。文化类旅游娱乐服务，是指娱乐部门或企业向旅游者提供的具有文化观赏性或文化参与性的活动项目。旅行社采购的文化类旅游娱乐服务，主要有戏剧观赏、电影观赏、歌舞观赏、卡拉 OK 等。

(2)康体类旅游娱乐服务。康体类旅游娱乐服务，是指娱乐部门或企业向旅游者提供的具有游乐、保健、健身等内容的活动项目。旅行社通常采购的康体类旅游娱乐服务包括：健身、保龄球、游乐、滑雪、滑冰、滑旱冰、垂钓等。

### 2. 旅游娱乐活动场所

(1)主题公园类旅游娱乐场所。主题公园类旅游娱乐活动场所，是指设在主题公园内的娱乐场所。旅游者在游览主题公园之余，观赏或参加其中的娱乐活动。

(2)文化类旅游娱乐场所。文化类旅游娱乐活动场所，是指以提供文化类旅游娱乐活动为主要服务的场所，包括电影院、剧院、歌舞厅、卡拉 OK 厅等。

(3)康体类旅游娱乐场所。康体类旅游娱乐活动场所，是指主要向旅游者提供健身、保健、游乐等娱乐活动的场所，如，健身房、保龄球馆、滑雪场、溜冰场、旱冰场、游乐园、垂钓园等。

### 3. 旅游娱乐服务的特点

(1)民族性。旅游者，尤其是入境和出境旅游者，往往对旅游目的地国家或地区的民族文化具有强烈的好奇心。因此，旅游娱乐服务应具备民族性的特点，让旅游者通过娱乐活动领略旅游目的地国家或地区深厚的民族文化传统，了解该国或地区的民俗风情，加深对该国或地区历史和文化的了解并满足旅游者对异国他乡民族文化和风俗习惯的好奇心。

(2)地方性。了解当地的文化传统和民俗风情，是许多来自其他地区的国内旅游者所期盼之事。因此，能够反映当地文化传统和民俗特点的地方戏剧、民俗活动等娱乐活动项目,往往能够更好地满足国内旅游者的需要。所以,以国内旅游者为主要服务对象的旅游娱乐服务项目,应具有较为鲜明的地方性特点。

(3)参与性。年轻的旅游者往往喜爱具有参与性的娱乐活动项目,以便能在参加娱乐活动的过程中亲身体验其中的乐趣。因此,具有参与性特点的旅游娱乐服务能够更好地满足这些旅游者的需要,提高他们对旅游服务质量的满意度。

(4)时尚性。青年旅游者当中不乏追求时尚之士。他们对流行音乐等时尚性娱乐项目往往情有独钟。因此,以青年旅游者为主要服务对象的旅游娱乐服务部门,应提供富于时代气息的时尚旅游娱乐服务产品,以满足这些旅游者对时尚性旅游娱乐服务的需求。

(5)观赏性。旅游娱乐服务形式应具有较强的观赏性。其形式和内容应是旅游者所喜闻乐见的,能够让旅游者赏心悦目,充分享受娱乐服务带来的乐趣。因此,旅游娱乐服务产品,应努力使产品内容的健康性、文化性与产品形式的观赏性、趣味性相统一,以满足旅游者在生理上和心理上对于旅游娱乐服务的需求。

【小思考3-2】

什么是公益性旅游景点?

答:公益性旅游景点,是指政府或社会团体出于社会公益目的而建造和管理的旅游景点。

## 三、旅游购物服务

**1.旅游商品的类型**

(1)旅游工艺品。作为旅游商品类型之一的旅游工艺品,是指以旅游点的文化古迹或自然风光为题材,利用本地特色材料制作,设计新颖、工艺独特、制作精美的艺术品。这些工艺品能够体现当地的传统工艺和风格,富有纪念意义。主要有雕塑工艺品、陶瓷工艺品、金属工艺品、编织工艺品、刺绣工艺品、染织工艺品、花画工艺品等。

(2)文物古玩及其仿制品。作为旅游商品的文物古玩及其仿制品,是指在文物商店和正规文物市场中售卖的不属于国家禁止出口的古玩、文房四宝、仿制古字画、出土文物复制品、仿古模型等。如,西安的仿秦兵马俑模型、洛阳的仿唐三彩、端砚、宣纸、湖笔等文房四宝、碑帖、拓片等。

(3)土特产品。作为旅游商品类型之一的土特产品,是指一地独有或一地独优,他处逊色或一地产量特多而他处很少的农副产品及其加工品。我国土特产品十分丰富,诸如贵州的茅台酒、东北人参、云南白药、西北裘皮等,是游人馈赠亲友的最佳礼品。

**2. 旅游商品的特点**

(1)特色鲜明。特色,是旅游商品区别于其他商品的最主要的特征。旅游者在购买旅游商品时大多会注重有文化差异的、有人情味的、能与购买者沟通思想的商品。因此,凡是能够体现旅游目的地民族特点或地方特色的商品,都能对旅游者产生强烈的吸引力,成为他们重点选择和购买的商品。例如,宜兴的紫砂壶、南京的雨花石、贵州的蜡染等,无不以其民族特色或地方风格吸引旅游者。云南少数民族的长烟筒,经过夸张做成 1 米高的烟筒;西藏的牛、羊骨经过漂白处理磨制后,挂在墙上,散发着浓厚的、原始的、古朴的气息。这样的旅游商品最受游客欢迎。

(2)品种多样。旅游者的多样性决定了旅游商品的多样性。这样就要求旅游商品在品种、花色、质地、用途、价格等方面必须具有较大的选择性。旅游商品要以中、低档为主,尤其是小型纪念品,成本低,又有纪念意义,往往最受游客欢迎。

(3)便于携带。旅游商品必须具有易于携带的特点。由于旅游者在旅游目的地购物后还需要将其所购之物带回其出发地,所以,旅游商品的体积不应过大,分量也不宜过重,应小巧玲珑、方便携带。

**3. 旅游购物场所**

(1)按零售业态划分的旅游购物场所类型。按零售业态划分,旅游购物场所可分为厂家直销店、旅游商品专业店、旅游商品综合店等三个类型。

①厂家直销店。又称前店后厂式旅游商店,是在旅游商品生产企业的基础上开办的一种商店。旅游者在选购的同时可以观看制作工艺。

②旅游商品专业店。是指专营某一种或某一类旅游商品的商店。

③旅游商品综合店。是指售卖各种旅游商品及其他商品的商店。这种商店的规模一般比较大,而且销售的商品种类齐全。

(2)按照空间分布划分的旅游购物场所。按照空间分布,旅游购物场所可分为定点商店、商品部、旅游纪念品店等三个类型。

①定点商店。是指由旅游目的地政府确认的以入境旅游者为主要服务对象的旅游商店。此类商店出售的商品质量高、品种齐全。定点商店通常包括文物商店、工艺美术品公司、免税商店等。

②商品部。是指饭店、宾馆、其他旅游企业设置的商品部、商场。商品部主要经营旅游商品,是企业内部的一个部门。

③旅游纪念品店。是指风景名胜点、公园和繁华街道普遍设立的小型店铺。这种商店主要经营旅游日用品、旅游纪念品等。

【补充阅读材料3-2】

**出境计调签证常识——口岸签证**

口岸签证,是指在前往国的入境口岸办理签证(又称落地签证)。一般说来,办理口岸签证需要邀请人预先在本国向出入境管理部门提出申请,批准后,将批准证明副本寄给出访人员。后者凭该证明出境,抵达前往国口岸时获得签证。

目前,对外国公民发放口岸签证的国家,主要是西亚、东南亚、中东及大洋洲的部分国家。

(资料来源:熊晓敏.旅行社OP计调手册.〈第1版〉.北京:中国旅游出版社,2007.)

## 第3节 旅行社接待服务

### 一、地方接待服务

**1.地方接待服务的内涵**

(1)接站服务。接站服务,是指地接社根据组团社下达的接待计划或接待通知,派遣导游员(地陪)到机场、车站、码头迎接旅游者或旅游团的服务。接站服务,是地陪和旅游者的第一次直接接触,是地陪的首次亮相,在地陪服务程序中至关重要。接站服务的优劣直接影响着以后地接服务的质量。

(2)送站服务。送站服务,是指旅游者或旅游团队结束当地活动之后,地接社派遣导游员(地陪)专门将其送至机场(车站、码头)的服务。送站服务是地接社接待到访旅游团队(者)的最后一个阶段。做好送站服务,是地接社提供地接服务成功的标志。

(3)代订服务。代订服务,是指地接社根据组团社的接待计划,或按照旅游者的要求,代为预订住宿、餐饮、交通票据、景区(点)门票、娱乐服务等服务项目的服务。由于地接社比组团社和旅游者更加熟悉当地的旅游接待设施情况,所以组团社或旅游者委托地接社代订各种服务项目,往往比他们直接采购这些服务项目的效率更高,也更容易在旅游旺季期间获得相对紧俏的旅游服务项目。同时,地接社通过提供代订服务既保证了旅游活动的顺利进行,也从中获取一定的收入。

**2.地方接待服务的类型**

(1)团体全包价服务。团体全包价服务,是指地接社根据组团社的委托,在旅游目的地接待全包价旅游团队的服务。在旅游目的地期间,地接社负责安排旅游团队的食宿、游览、交通等活动,并不再向该团队收取这些服务的费用。同时,地接社还应该根据旅游计划或旅游团队的要求安排相应的娱乐、购物等活动并收取相应的费用。地接社在接待旅游团队后,向组团社结算接待费用。

(2)团体半包价服务。团体半包价服务,是指地接社根据组团社的委托,在旅游目的地接待的半包价旅游团队的服务。在旅游目的地期间,地接社负责安排旅游团队的住宿、游览、交通等活动,并不再向该团队收取这些费用。同时,地接社还应该根据旅游计划或旅游团队的要求安排相应的娱乐、购物等活动,并收取相应的费用。地接社在接待旅游团队后,向组团社结算接待费用。另外,地接社可根据旅游团队的要求,安排旅游团队的午、晚餐,但是要向他们收取相应的费用。

(3)团体小包价服务。团体小包价服务,是指地接社根据组团社的委托,在旅游目的地接待小包价旅游团队的服务。在旅游目的地期间,地接社负责安排旅游团队的住宿并提供接站和送站服务,但不再向该团队收取这些费用。同时,地接社还应该根据旅游计划或旅游团队的要求安排相应的娱乐、购物等活动,并收取相应的费用。地接社在接待旅游团队后,向组团社结算接待费用。另外,地接社可根据旅游团队的要求,安排旅游团队的午餐、晚餐,提供游览、交通等服务,但是要向他们收取相应的费用。

(4)散客服务。散客服务,是指地接社根据客源地旅行社的委托,向前来该地的散客提供接待及预订服务,而非只向未经客源地委托的散客提供同类型的服务。换言之,本节所称的散客服务,是指客源地旅行社向旅游目的地地接社采购的服务产品。散客服务包括的内容较多,主要有接站服务、送站服务、导游陪同服务、预订服务等。另外,地接社还接受客源地旅行社的委托,将来自不同地区的散客在旅游目的地组成旅游团队,并按照旅游团队的标准提供相应的接待服务,即所谓的"散客拼团"业务。

【案例3-2】

### 游客就餐的"水土不服"

某地一家旅行社在暑假期间组织了一个50名游客参加的旅游团队,前往我国东部沿海的一个旅游目的地旅游。该组团社委托一家地接旅行社负责接待,安排旅游团队的食宿。地接社按照旅游计划安排旅游团到海滨一家颇负盛名的海鲜餐馆就餐,品尝当地的美味海鲜风味。

然而,第二天,该旅游团内多名游客出现腹泻症状,无法继续旅游观光。地接社将这些游客送往当地医院,经治疗,游客们的病情得到缓解,并于次日出院。地接社怀疑团队就餐的海鲜馆提供的食物有问题,可能是造成游客腹泻的元凶。但是,经过卫生检疫部门的鉴定,该餐馆销售的菜肴不存在卫生问题。于是,地接社计调人员向救治的医院咨询。医生告诉他:这些游客来自内陆地区,平时很少食用海鲜,因此肠胃对海鲜的消化能力和适应性较弱,从而导致腹泻。换言之,这是一种不同地区饮食习惯差异所致的“水土不服”。医生还建议,今后不要安排来自内地的游客大量食用海鲜,以免出现类似的问题。

【分析提示】

不同国家或地区的人们因生活习惯不同,有时可能对其他国家或地区的饮食产生一定程度的“水土不服”,导致一些疾病的发生,从而影响旅游活动的顺利进行。因此,旅行社计调人员应高度重视这一问题,在安排游客就餐时,尽量避免安排那些本地人喜爱,却可能造成外地或外国游客身体过敏的食物。

## 二、导游陪同服务

### 1. 导游陪同服务的范围

(1)向导服务。向导服务,是指导游员在旅游活动中带领旅游者旅行和参观游览的服务。

(2)讲解服务。讲解服务,是指导游员就旅游目的地国家或地区的情况及参观游览的景区(点)情况与相关知识,向旅游者进行的介绍和解说。讲解服务是导游陪同服务中的一项主要工作。讲解服务可分为面上讲解、线上讲解、点上讲解和即兴讲解四种情况。

①面上讲解。亦称概况讲解,是指导游员向旅游者介绍旅游目的地国家或地区的历史、地理、人口、文化、社会及经济、政治等概况,以便使旅游者能够对旅游目的地国家或地区产生初步的概略性了解,并为其他的讲解奠定基础。

②线上讲解。又称途中讲解,是指导游员带领旅游团乘车前往景区(点)过程中,对沿途社情民意、经济发展、奇闻逸事和景物等的解说。

③点上讲解。是指导游员在参观游览景点时的讲解。讲解的内容包括景点的历史背景、主要特色、所处地位和现实价值等。讲解中,除重点讲述上述内容外,还应介绍与景点特色相关的知识,以引导旅游者观赏。

④即兴讲解。又称应答讲解,是指导游员根据旅游者提出的话题或问题进行的应答式讲解。在讲解中,导游员往往根据旅游者的需要进一步延伸和发挥。

(3)翻译服务。翻译服务,是指导游员在接待有语言障碍或专业性较强的旅游者时提供的口译服务。导游陪同服务中的翻译服务包括方言与普通话、方言与方言、古代语与现代语、外语与中文的翻译。

(4)旅行生活服务。旅行生活服务又称旅途生活照料,是指导游员为适应旅游者在旅游过程中的各种旅行生活需要而提供的服务。旅行生活服务的内容不仅包括旅游者旅行需要的各种服务，如，接站服务、送站服务、行李服务、票证服务等，而且包括旅游者在旅途中的日常生活服务，如，住宿服务、饮食服务、娱乐服务、购物服务等。

(5)安全服务。安全服务，是指导游员在旅游过程中向旅游者提供人身和财务安全保障的服务。安全服务包括预防性服务、防范性服务、急救性服务和善后服务。

①预防性服务。是指导游员在旅游者的人身和财物安全未出现意外之前提供的劝告和防止服务。在旅游过程中，导游员应经常提醒旅游者注意人身安全，保管好自己随身携带的物品。

②防范性服务。是指导游员为确保旅游者人身和财物安全所提供的防备性服务。导游员提供防范性服务的目的，是确保行车和参观游览过程中旅游者的安全。防范性服务包括提醒司机安全行车，随时观察旅游者的动向和周围情况，防止旅游者走失，防止不测事情的发生等。

③急救性服务。是指导游员在参观游览过程中对突然患病或受伤旅游者进行急救和护理的服务。急救性服务包括为患病或受伤旅游者进行简单的急救、包扎、止血等服务。

④善后服务。是指导游员在旅游者的人身或财物发生意外事故之后所进行的处理和处置。

(6)信息服务。信息服务，是指导游员在旅游过程中向旅游者提供或应旅游者要求提供有关信息的服务。导游员向旅游者提供的信息主要包括两大类型：

①与旅游有关的信息。导游员提供的与旅游有关的信息，包括当日或次日旅游活动的具体安排，当天的天气预报、时差等信息。

②旅游者关心的信息。导游员向旅游者提供其所关心的信息，通常有国内外重大新闻、股市行情、重大体育比赛等。

(7)咨询服务。咨询服务，是指导游员应旅游者要求而提供的参考意见。由于旅游者来自异国他乡，对旅游目的地的许多情况不了解、不熟悉，因此，他们时常把导游员当做可以信赖的朋友，愿意征询导游员的意见。例如，外出就餐时，他们可能请求导游员介绍餐馆；在商店购物时，他们可能请导游员当参谋。

(8)其他服务。其他服务，主要是指导游员受旅游者的委托，代其办理一些在离开旅游目的地时的未了之事，如，帮助旅游者托运物品或转递物品、信件、资料等。

**2. 导游陪同服务的类型**

(1)领队服务。领队服务，是指旅游团领队所提供的导游陪同服务。领队是由旅游客源地组团旅行社派出，为出境旅游团在其整个旅游过程中提供陪同服务的导游人员。领队作为旅游团的组织者,在旅游客源地的指定地点迎候参加出境旅游团的各位旅游者,并按照组团旅行社事先提供的旅游计划和旅游团成员名单将这些旅游者组织成旅游团,并带领他们前往旅游目的地。到达旅游目的地后,领队充当旅游团的代言人,负责监督和配合当地组团旅行社或接待旅行社派出的导游员落实旅游合同,安排和组织旅行和游览活动,维护旅游团内的团结和旅游者及客源地组团旅行社的合法权益,并承担旅游团同当地导游员之间的联络工作,保证旅游活动的顺利进行。当旅游团结束在旅游目的地的旅行和游览活动后,领队应负责将整个旅游团平安带回原出发地,使旅游团的整个旅游活动圆满结束。

(2)全程陪同服务。全程陪同服务,是指由组团旅行社派出的全程导游员所提供的导游陪同服务。全程陪同服务可进一步细分为入境旅游的全程陪同服务和国内旅游的全程陪同服务。

①入境旅游的全程导游陪同服务。是指由旅游目的地组团社派出的全程导游员提供的导游陪同服务。入境旅游的全程导游员是旅游目的地组团旅行社的代表,是旅游团在旅游目的地期间旅游活动的主要负责人。该导游陪同人员负责按照旅游合同,监督和协助地接旅行社导游员全面落实各项旅游活动安排,执行旅游接待计划,协调地方导游员、领队和旅游团之间的关系,保证旅游团在旅游目的地的旅游活动顺利进行。入境旅游的全程陪同导游人员一般在旅游团的入境口岸迎接旅游团,负责照顾旅游团在旅游目的地期间的生活和旅行游览,并负责旅游团在旅游目的地旅行结束后将旅游团送出境外。

②国内旅游的全程陪同服务。是指国内旅游客源地组团社委派的全程导游员。国内旅游的全程导游员通常在旅游客源地的指定地点迎接参加旅游团的旅游者,将他们组织成旅游团,并陪同旅游团前往旅游合同中规定的各个旅游城市或地区进行旅行和游览参观,沿途照料他们的生活,监督各地接待旅行社派出的地方导游员全面执行旅游计划,并在旅游活动结束后带领他们返回原出发地。

(3)地方陪同服务。地方陪同服务,是指地接社委派的地方陪同在当地提供的导游陪同服务。地方陪同,也叫地方导游员,简称地陪,是由旅游线路所经停的各地旅行社派出,负责为旅游团在当地游览时提供导游服务的人员。地方导游员是旅游团在当地进行旅游活动的组织者和领导者,负责根据旅游接待计划制订旅游团在当地的具体旅游活动日程,安排和落实旅游团在当地的住宿、餐饮、游览参观、观看文娱节目、购买商品等各项服务,并担任当地旅游景点的导游讲解工作。在接待入境旅游团时,地方导游员还要提供翻译服务。

(4)定点导游服务。定点导游服务,是指由某景区(点)的定点导游员提供的导游服务。定点导游员,又称讲解员,是指在博物馆、展览馆或其他重要旅游景点为旅游团提供导游讲解的人员。定点导游员的工作比较单一,只向前来参观或游览的旅游团或旅游者介绍该景点的情况，并回答旅游者提出的有关该景点的问题。

**3. 导游陪同服务的特点**

(1)独立性强。导游陪同服务是导游员接受旅行社的委托后，独自带领旅游团队或旅游者参观游览的服务活动。因此，导游员必须独自完成旅游接待任务。导游陪同服务的独立性，主要表现在以下四个方面：

①导游员必须根据旅游接待计划，独自带领旅游团队或旅游者开展各项旅游活动。

②导游员必须独自进行旅游过程中的各种讲解并回答旅游者的各种问题。

③导游员必须独自协调与旅游接待集体中的其他成员、旅游者和各相关旅游接待单位及其人员的关系。

④导游员必须独自处理或协助旅行社领导和有关方面，处理旅游中出现的各种问题或旅游事故。

(2)脑体结合程度高。导游陪同服务是一种脑体高度结合的劳动。一方面，导游陪同服务是一项艰苦的脑力劳动。导游员必须能够随时随地进行讲解和回答旅游者提出的各种问题。另一方面，导游陪同服务也是一项体力消耗量大的体力劳动。导游陪同人员必须能够不知疲倦地从早到晚为旅游者提供各种生活照料服务，解决可能发生的各种问题，协调与相关单位及人员的关系。因此，导游陪同人员不仅需要具备广阔的知识、高度的智慧、出色的应变能力及充沛的体力，而且要能够将脑力劳动与体力劳动高度地结合在一起，才能胜任导游陪同工作。

(3)涉及面广。旅游活动是一种涉及旅游者行、游、住、食、购、娱等多方面需要的消费活动。其中每一项需要又涉及众多的部门和企业。导游员在设法满足旅游者的需要时，必然与这些部门或企业接触、联系、协调。由此可见，导游陪同服务具有涉及面广的特点。

(4)关联度高。导游陪同服务是整个旅游接待服务链条中的一环，与该链条上的其他环节紧密相连。任何一个环节的服务质量出现瑕疵，都会影响旅游者对导游陪同服务质量的评价。同时，导游陪同服务的质量也会影响到其他旅游服务部门或企业的服务质量，甚至会影响整个旅游目的地的形象。

(5)复杂多变。导游陪同服务具有复杂多变的特点，主要反映在以下三个方面：

①服务对象复杂。导游陪同服务的对象是来自不同国家或地区，属于不同民族的旅游者。他们的年龄、职业、宗教信仰、社会地位各异，性格、志趣、习惯和嗜好不同。

②消费需求多样。导游陪同服务的实施者是导游员。虽然他按照旅行社与旅游者之间达成的旅游计划提供服务，但是旅游者却是在旅游目标和生活习惯上不

尽相同的诸多个体。他们在参观游览、娱乐活动、住宿饮食等许多方面表现出不同的兴趣和爱好，从而产生各种不同的要求。随着旅游活动的进行，他们的需求还会发生变化。

③人际关系复杂。导游员除了解旅游者之外，在安排和组织旅游者旅游活动方面，还必须经常与有关部门及其人员打交道。导游员在处理与这些部门及其人员的关系时，始终处于旅行社、旅游者和相关部门及其人员之间的复杂人际关系网和利益网的核心。上述因素导致了导游陪同服务复杂多变的特点。

【小思考3-3】

导游服务的终极目标是什么？

答：根据旅行社和旅游者之间服务与被服务的关系及旅行社产品消费的特点，作为旅游接待服务重要组成要素的导游服务，其终极目标，是实现旅游者的最大满足和旅行社最大利益的统一。

【补充阅读材料3-3】

### 美国的国家公园体系

美国的国家公园体系是全美最大的旅游景点之一，吸引着国内和国际游客来访。美国国家公园每年要接待超过2.66亿人次的游客。

美国国家公园管理局管理着388家公园、消遣娱乐区、保护区、战场、历史古迹、湖滨、纪念碑、纪念馆、海滩和公园道路，总共占地8440万英亩。

（资料来源：查尔斯·R.格德纳、J·R.布伦特·里奇著。李天元、徐虹、黄晶译.旅游学<第10版>.北京：中国人民大学出版社，2008.）

## [典型案例]

2005年"十一"旅游黄金周期间，刘某等18人参加了Y市C旅行社组织的"长江三峡豪华游"。根据合同约定，在C市乘坐该旅游公司三星级豪华游轮沿长江顺流而下，依次游览白帝城、大三峡、小三峡、小小三峡等各景点，每人交纳旅游费用3680元。

然而，由于旅行社的行程安排不当，致使旅游者在巫山码头等待8小时之久，且只游览了小三峡的前两个峡，未能游玩包括滴翠峡、小小三峡漂流在内的全程线路。前行途中，游船半夜经过长江著名景点之一的西陵峡，错过了宝贵的赏景时机。刘某等游客极为扫兴，于是以旅行社擅自减少旅游项目为由，向Y市旅游质量监督管理所提出投诉，要求C旅行社赔偿其经济损失，维护其合法权益。

（资料来源：梁智等编著．旅游投诉与旅游事故案例精选解析．〈第1版〉．北京：旅游教育出版社，2009．）

【分析提示】

本案中旅游行程不达合同标准，主要为旅游景区客观情况所造成。“长江三峡游”这一热门旅游线路在国庆期间游客爆满情况是可以预知的。C旅行社未对旅游者给予事先说明，采取预防措施，旅游行程调整不当，造成投诉人未游览小三峡和西陵峡两处主要旅游景点。根据《旅行社质量保证金赔偿试行标准》第二条规定，C旅行社应对因其过失未达到合同约定的服务质量标准而造成的旅游者经济损失承担相应赔偿责任。

## [本章小结]

本章介绍了旅行社计调业务的采购内容；描述了交通、住宿、景点、餐饮、娱乐、购物等旅游服务的特点与设施等级标准；探讨了旅游目的地旅行社地接业务和导游服务的类型与特点。

旅行社计调业务所采购的旅游服务包括：交通服务、住宿服务、景区（点）服务、餐饮服务、娱乐服务和购物服务。其中，交通服务包括：航空交通服务、铁路交通服务、公路交通服务和水运交通服务；住宿服务包括：饭店、旅馆和辅助性旅游住宿设施提供的服务。根据不同的划分标准，景区（点）可以分为纯商业性、公益性、单一性、集合性、自然风光类、人文古迹类、民俗风情类、主题公园类、社会发展成就类、宗教朝圣类等类型；餐饮服务分为饭店餐饮设施服务和社会餐饮设施服务。旅行社计调业务采购的旅游服务，还包括旅游目的地的旅行社接待服务和导游服务。

根据国家及行业标准，住宿设施、景区（点）、餐饮设施等分成不同的等级，服务于不同的旅游消费阶层。其中，我国的饭店业实行星级评定标准，景区（点）分为A级至AAAAA级，餐饮业也有相应的等级标准。

## [复习思考]

（1）关键概念。交通服务、住宿服务、景区（点）服务、餐饮服务、娱乐服务、购物服务。

（2）课堂讨论题：

- 定期航班服务分为哪些类型？
- 导游陪同服务的范围是什么？
- 地方接待服务的内涵是什么？

(3)思考题:

- 什么是定期班轮服务?
- 什么是公益性旅游景区(点)?
- 饭店的餐饮设施包括哪些类型?
- 旅行社采购的文化类旅游娱乐服务包括哪些项目?
- 如何理解旅游商品的特点?

(4)实训题。前往一家旅行社计调部,观察计调人员如何选择旅游服务项目和进行采购活动,了解计调人员选择这些旅游服务项目的原因。

(5)自测题:

- 在下列旅游景区(点)中,属于人文古迹类旅游景区(点)是(　　)。

  A. 野生动物园　　B. 古生物化石

  C. 土家吊脚楼　　D. 迪斯尼乐园

- 旅游商品的特点是(　　)。

  A. 物美价廉　　B. 品种多样

  C. 特色鲜明　　D. 便于携带

- 简述餐饮设施的卫生等级评价标准。
- 名词解释:AAAAA 级旅游景区(点)。
- 根据所学习的知识,对下面的案例进行分析:

**联手包机“海南游”**

某旅行社计调部经理接待了来自邻省某市的一家餐厅经理。该餐厅经理表示愿意为该旅行社的到访游客提供物美价廉的餐食服务,并邀请计调部经理前往考察。于是,计调部经理委派新来的计调员小刘前往该餐馆实地考察。

到达该餐厅后,小刘认真审查了它的菜单,亲口品尝了它的各种菜肴,还专门到厨房察看。回来后,小刘报告说,该餐厅的菜肴品种齐全,饭菜十分可口,厨房布局合理,建议将其作为该社在当地的定点餐厅。

然而,当该旅行社导游员带领旅游团队到该餐厅就餐时,游客们却发现,尽管餐厅提供的饭菜看起来很好,但是餐厅的卫生条件却不尽如人意;服务人员虽然十分热情,但是他们的操作技能较差。于是,他们向该旅行社表示了不满。

请根据所学知识,分析该旅行社计调部选择该餐厅作为定点餐厅之举的失误之处。

# 第四章 计调业务的运行与管理

## [学习目标]

通过本章学习应该达到以下目标：

● 知识目标。掌握计调业务的原则与策略；熟悉旅游服务项目采购的业务内容。

● 技能目标。能够建立并管理计调网络；能运用旅游采购策略为旅行社采购到质优价廉的旅游服务。

● 能力目标。具有采购各种旅游服务的能力；具有搜集与整理各种旅游服务信息的能力；具有旅游服务咨询接待的能力。

## [引例]

### 标准间为什么变成了桑拿房

2007年4月14日，高女士与其先生参加了陕西某旅行社组织的“洛阳牡丹少林寺”游。从早上7点半出发直到当日晚间，高女士都认为旅途是非常愉快的。可到了晚上9点，旅行团来到洛阳一家酒店后，夫妻俩却被随行的导游员告知由于标准间房间紧张，两人只能住在洗浴中心的桑拿房中。桑拿房是洗澡按摩的地方，怎么能住人？况且房间紧张的问题应该由旅行社提前解决。导游员的这一安排着实让夫妻俩窝火。但是一天的旅程已经让人感觉十分疲惫，看着其他游客都陆续住进该酒店4楼和5楼的标准间后，夫妻俩无奈之下只好提出先去看看那间“桑拿房”。

走进桑拿房，房间里的情景让高女士心情变得更加郁闷。桑拿房内设施十分简陋，根本没有旅行社当初承诺的电视机等配套电器，同时还看到屋顶上挂着踩背用的趴杆。让高女士不能忍受的是,房间的墙壁上贴满了印有裸体女人的瓷砖,卫生间的卫生条件也非常差。眼前的一切让夫妻俩立即退了出来,又来到大堂与导游员协商。这一谈就是4个小时,导游员提出让他们住到当地旅行社经理家去,被夫妻俩拒绝。随后导游员便一直强调"要么住在桑拿房,要么待在大堂"。到了次日凌晨两点,夫妻俩忍受不了夜间的寒意,只好勉强住进了桑拿房。但是在按摩床上辗转反侧数小时,折腾得半晚上都没能合眼。事后高女士伤心地说:"这趟旅行,算是被住宿问题给毁了,我们已经没有再游玩的心情了。"

负责此次旅程的导游员说,得知游客不能入住标准间,她也很无奈,因此从当晚9点开始她就一直在同当地旅行社协调,手机都差点打爆了。但由于洛阳牡丹花开,正处于旅游旺季,各宾馆酒店已经是人满为患,实在是安排不到原本承诺的标准间。考虑到高女士夫妻俩的心情,旅行社给他们补了140元的房费差价。高女士说,其实出门在外旅游,舒心最重要,旅客需要的只是当初对合同内容的一个信守,而不是一个补差价的问题。

(资料来源 bbs. cthy. com/dispbbs. asp? boardID = 13&ID = 151&page = 1. 本案例中个别词句经过作者修改。)

上述案例告诉我们,旅游服务采购是旅行社经营中的一项非常重要的业务,是计调部门的主要工作之一。计调人员在采购旅游服务时,一定要在合同中明确规定服务的数量、规格,要求协作单位严格按照合同约定提供旅游服务。在本案例中,旅行社承诺为游客提供标准间,但由于酒店的原因实际只提供了桑拿间,违反了与游客签订的旅游合同,服务质量没有达到要求。因此,计调人员在采购旅游服务时,一定要对协作单位严格考察,要选择有信誉、质量有保证的单位合作。如果协作单位违反合同,可以考虑终止与对方的合作。

## 第1节 计调业务的原则与策略

### 一、计调业务的原则

#### 1. 质量原则

一个优秀的计调人员,在采购旅游服务时不仅是一个精明的商人,同时,也要在一定程度上扮演管理人员的角色,管理的重点,就是所采购旅游服务的质量。计调人员在采购工作中应该安排部分时间去推动供应商改善、稳定服务品质,一定要保证所采购的旅游服务始终都具备合同规定的质量。如果旅行社只注重旅游采购的数量,而忽视其质量,便极有可能引发游客的抱怨、投诉,甚至是旅行社的形象、信誉及经济损失。例如,某旅行社在与游客签订的旅游合同中承诺,全程正餐都是10人一桌、8菜1汤,每人每天用餐标准为20元。但是行程中在某餐厅用餐时,由于正值用餐高峰,上菜速度非常慢,而且游客在上菜之后发现,8个菜基本全是素菜,菜量很小,米饭也是夹生的。结果全体游客拒绝用餐,并投诉到当地的旅游质监部门。事后,游客虽然得到了赔偿,但还是非常不满。大家纷纷表示不会再购买该旅行社的产品了。从这个案例中可以看出,计调人员在旅游采购中一定要始终把握质量原则,必须为游客提供与合同承诺相符的旅游服务。

2. 成本原则

计调人员所采购旅游服务项目的价格,构成了旅行社产品成本的主要组成部分。从这个角度上说,计调业务是旅行社控制成本的关键因素。计调业务虽然不能直接创收,但降低采购价格无疑对旅行社营业额和利润的实现具有重要意义。另外,成本降低还有利于旅行社扩大市场份额。

计调部门在对外进行旅游采购时,一方面,应该在确保旅游服务质量的前提下,尽量争取获得最优惠的价格,以降低旅游产品的总成本,增加旅行社的利润;另一方面,旅游产品成本的降低,也是形成旅行社产品差异化的重要途径,可以帮助旅行社在激烈的市场竞争中获得更多的市场份额,建立起自己的竞争优势。

但需要注意的是,降低成本并不意味着计调人员在对外采购时必须要选择一个报价最低的企业并与之合作。与单纯的价格相比,计调人员更应关注的是该产品的质价比,即在保证该产品具有旅行社所要求的一定质量标准的前提下,拥有最低的价格。能否获得质价比最优的产品,在很大程度上取决于计调人员对该产品市场的熟悉状况。为此,计调人员应该进行多方询价。有时本社虽然已经与某些供应商合作多年,但是他们的报价未必始终最有吸引力。多方询价之后,计调人员对该产品的市场价就会有所了解。然后,可以对供应商的报价单进行比较。在作比较时,一定要将不同供应商报价中的条件转一致,这样,所作比较的结果才能科学合理。通过比较分析,计调人员就可以选出产品质价比最优的企业并与之议价。供应商的初次报价通常都含有一定水分。通过议价,便可剔除水分确定一个双方都能接受的价格,即正式采购价。如果双方未能达成协议,那么计调人员就应该选择其他报价比较有吸引力的企业进行议价。

另外,由于旅游市场有明显的淡旺季之分,这也会对旅游采购造成很大影响。很多旅游服务项目的价格在旺季可能会高于平时,但此时为了维护旅行社的形象及信誉,保证团队的正常操作,旅游服务的质量及能否保证供应原则便上升到了第一位,而降低成本则降至次要的原则了。计调人员可以考虑通过淡季压价和争取更多优惠等方法弥补旺季的损失,增加旅行社的利润。

值得一提的是,现在很多企业都越来越强调对于供应链成本的控制,而不再只关注企业自身的成本。他们认为供应商的成本也是企业的成本，是客观存在的，并会打进总成本。因此，采购商要从战略角度出发，考虑整个供应链的成本。只有让供应商赚到足够的利润，才会保持双方长远的合作关系。

3. 供应原则

旅游采购中的所谓供应原则，是指交通、住宿、餐饮等协作单位，必须按时、按量提供旅行社所采购的各项服务。由于目前我国绝大多数旅行社提供的产品是预售旅游者进行旅游活动所需的各项综合性服务或服务组合，而且大多是以包价形式出现的组合性旅游产品。在这种情况下，协作单位能否保证按时、按量供应旅游服务就显得尤为重要。如果协作单位没有按双方约定的时间、数量提供旅行社所采购的服务，就会导致旅行社违反与游客签订的旅游协议，引起游客的不满和投诉，给旅行社造成经济和信誉方面的损失。

例如，北京某旅行社接待了一个美国旅游团。按照接待计划，旅行社应该为客人安排入住当地一家五星级酒店 A。但是由于在 A 酒店没有订到足够的房间，只好安排部分客人住在该家酒店，而为其余的客人预订了另一家同档次的酒店 B。但是没想到，由于对 B 酒店不了解，客人认为受到了歧视，坚决拒绝入住，同时向旅行社提出了投诉。由此可见，如果协作单位不能按时、按量供应旅游服务，也会给旅行社的利润、声誉及长远发展造成不良影响。因此，计调人员在对外采购时，一定要选择信誉好、有实力的供应商。这样才能保证供应。

## 二、计调业务的策略

1. 集中采购

集中采购，是计调部门经常采用的一种策略。它有两方面的含义：一是把旅行社各部门和全体销售人员接到的全部订单集中起来，通过一个渠道对外采购；二是把集中起来的订单投向一家或向尽可能少的供应商进行采购，用最大的购买量获得最优惠的价格。其实，集中采购不仅是指采购活动的集中，还包括采购时间、人力的集中。也就是说，计调部门按照采购计划，在某一时间段内集中采购人员，完成今后某一时段（如 1 个月、3 个月、半年甚至 1 年）内所有旅游服务的采购工作，与供应商签订合同，双方约定供应的时间、数量、价格等。

另外，集中采购策略的“集中”功能，还体现在财务预算的集中和具体采购项目操作的集中两个方面。为了配合集中采购，财务部门应在采购期之前，对相同的采购项目集中进行统筹安排，避免因为多次重复安排相同项目的采购，而产生降低工作效率、丧失采购效益等弊端。在具体操作方面，计调部门对相同的采购项目，应该尽量集中在一次进行采购，以减少采购次数，做大“批次采购”规模。这样，既提高了工作效率，又可获得更大的经济效益。

集中采购的优点是采购数量较大，使得旅行社可以提高与供应商的谈判力度，容易获得优惠价格和高质量的服务。另外，计调部门可以使用统一的采购方针，综合利用各种信息，降低采购成本、提高采购效率。当然，集中采购也有其缺点。如，采购流程过长、时效性差；采购与需求脱节，容易降低采购绩效等。

**2. 分散采购**

分散采购，是与集中采购相对应的采购策略。分散采购既适用于旅游市场上，市场供过于求的情况，也适用于供不应求的情况。当旅游市场的淡季到来时，会出现供过于求的现象。这种情况下采用集中采购策略，不会特别有效，因为集中采购数量虽大，但远期预订比较多。而远期预订具有较大的不确定性，供应商会对买方计划的可靠性缺乏信心，也就不愿意以低价出售。因此，计调部门此时可以采用近期分散采购的策略。由于服务产品具有不可储存的特点，供应商为了避免旅游服务项目的闲置，往往急于出售。旅行社可以抓住供应商的这种心理，选择在团队或旅游者即将抵达本地之前，采用一团一购的方式，尽量压价购买旅游服务。

当旅游市场的旺季到来时，市场上又会出现供不应求的局面。此时，旅行社通常无法从一个或少数几个供应商那里购买到大量的旅游服务。所以，计调部门只能采用分散采购的策略，通过多个旅游供应商购买所需的全部服务项目。

分散采购的优点，是采购流程短、时效性好；根据供需关系进行采购活动，有利于提高采购绩效；其缺点，是采购数量小，很难获得优惠价格，对采购过程的控制力也较差。

**3. 建立采购协作网络**

旅行社通过与提供食、宿、行、游、购、娱等要素的企业、提供旅游保险的保险公司及相关旅行社等建立协作网络，以达到保证供应和降低采购成本的目的。建立协作网络的采购策略适用范围较广。当旅游服务供不应求时，广泛的协作网络可以帮助旅行社获得其所需要的紧缺服务；当旅游服务供过于求时，广泛的协作网络又可使旅行社获得最优惠的价格。

计调部门要建立和维持广泛的协作网络，一是要善于运用经济规律，与供应商建立互惠互利的长期合作关系；二是要善于公关，计调人员应该和对方企业的相关领导、部门及人员建立良好的人际关系。这样，采购协作网络才能不断地完善和发展。

当然，这种采购策略也有其缺点。在协作网络中，旅行社和其他企业是相互独立的经营实体，采购活动主要围绕价格而展开。每个企业都追求个体利润的最大化，一旦一方认为其利益受到损害，协作网络自然会解散。

目前，随着旅游市场的发展，出现了一种新型的采购协作网络，即旅行社战略联盟。战略联盟，是指两个或两个以上的企业为了实现一定的战略目标，出于对整个市场预期及企业总体经营目标和经营风险的考虑,为达到共同拥有市场、共同使用资源、共同增强竞争优势等目的,通过企业之间的联合、合作协议、股权分享制度等,而结成的优势互补、风险共担、各尽所能、各取所需的竞争合作型组织①。例如,2009 年重庆中国国际旅行社、重庆中旅集团、重庆中国青年旅行社(简称为"国中青"),联合"重庆自驾"专业自驾车旅游营销联盟,成立了重庆市最大的旅游营销平台——"金牌国中青"旅游联盟。联盟成立之后,利用规模采购的优势,使联盟中各成员旅行社的采购成本均降低了 10% 左右。

4. 实施后向一体化战略

后向一体化,是由下游企业扩展上游企业职能而进行的一体化。例如,旅行社通过收购、兼并或签订协议等形式,拥有或控制旅游服务项目的供应系统,形成旅游产品的供产一体化。实施后向一体化战略,实际上是帮助旅行社建立垂直营销系统,通过系统内的管理协调,替代市场交易,强化对供应商的约束力与控制力。因而,旅行社可以控制采购过程、提高采购效率,获得更大利润。例如,2010 年 4 月,河南省中国旅行社与黄河风景区签订合作协议。按照协议,中旅将介入景区经营,负责风景区的"内外部资源整合"及市场推广。实质上,这就是后向一体化战略下的选择。

5. 积极参与政府导向的采购

旅行社可以积极利用政府资源,参与以政府为导向的采购活动。通过政府牵头所搭建的沟通平台进行采购、宣传、促销等一系列活动,从而达到降低交易成本、增加企业利润的目的。例如,2010 年 1 月,上海浦东商务委(旅游局)举办了"走近世博,走进浦东——世博接待旅行社与浦东旅游饭店业务洽谈会"活动。世博接待旅行社与浦东新区的酒店、景点有了面对面接触的机会。参加此类活动对于旅行社降低采购成本、扩大企业影响均具有非常重要的意义。

【补充阅读材料 4-1】

### 垂直营销系统(Vertical Marketing System)

垂直营销系统,是由生产者、批发商和零售商组成的一个统一的联合体。某个渠道成员拥有其他成员的产权,或者建立了合同关系,或者这个渠道成员拥有相当的实力,其他成员都愿意与之合作。垂直营销系统可以由生产商支配,也可以由批发商和零售商支配。垂直营销系统最初,是以控制渠道行为和管理渠道冲突为目的而发展起来的。它的另一个优点,是通过达到一定规模,增强谈判实力,减少重

① 陈仁鸿. 试论五力模型下的旅行社旅游服务采购策略问题.《商场现代化》,2007-6.

复服务来获得经济效益。

（资料来源：菲利普·科特勒，约翰·T.保文，詹姆斯·C.迈肯斯著.谢彦君主译.旅游市场营销<第4版>.大连：东北财经大学出版社，2006.）

## 三、计调网络的管理

**1.与交通运输部门建立合作关系**

交通运输是旅游业发展的命脉，决定着旅游业的兴衰。因为要顺利开展旅游活动，必须依靠旅游媒介——交通运输才能实现。交通技术的进步极大地推动着旅游业的发展。交通状况的好坏，甚至可以直接影响到旅游者对旅游目的地的选择。因此，旅行社计调部门一定要与交通运输部门加强交流与合作。强强联合，优势互补，这是争取客源的重要手段。由于交通运输只是帮助旅游者前往目的地的手段，而非享受过程，因此，大多数旅游者都希望购买特价票、打折票、优惠票，以降低交通费用，从而增加游览、娱乐方面的开支。如果旅行社可以与航空公司等交通运输部门达成协议，以低价拿到交通票据，便可争取到更多的客源。

另外，成为交通运输部门的代理商，也是旅行社与其建立合作关系、拿到优惠票价的重要手段。而且，成为代理商又意味着旅行社可以获得一定的佣金收入，这也是旅行社的利润来源之一。例如，随着电子客票的普及，机票在线销售是今后的趋势。旅行社应该抓住这一机会，争取成为机票代理商，与航空公司建立起良好的合作关系。

对交通运输部门而言，与旅行社建立协作网络也有很多优势。如，调节淡旺季需求差异，争取稳定客源等。

**2.与住宿部门建立合作关系**

酒店业为旅游团（者）提供干净、整洁、舒适、安全的住宿服务，是旅行社产品不可或缺的组成部分。它对于旅游活动的顺利开展，旅行社的收益、信誉等都具有极为重要的影响，往往也是游客判断旅行社产品质量、档次的关键依据。因此，旅行社计调部门应与酒店业建立良好、稳定的合作关系。

双方应该是相互依存、互惠互利的。旅行社如果不能找到有实力、有信誉的酒店合作，就无法为旅游者提供优质的旅游服务；反之，如果酒店没有旅行社为其带来稳定的客源，就可能艰难度日。因为旅行社订房业务具有数量大、连续性强、预报早等特点，而且统一安排、统一结算，能为酒店带来很多便利。

因此，旅行社和酒店应该坦诚相见、真诚合作，建立畅通的沟通渠道，及时准确地进行信息沟通。双方应该在共同的服务对象、服务目标、服务宗旨下，开展更为愉快、紧密和团结的合作。另外，由于旅游市场淡旺季差别明显，旅行社和酒店一定要在合同中事先约定，节假日期间客房价格的上涨幅度，以免在旺季来临时因为房价问题而影响合作。

【案例4-1】

## 为什么要重新选择餐厅

北京某旅行社导游员带领一个12人的日本旅游团,到一家淮扬风味的餐厅用餐。全陪先带客人进了餐厅,地陪随后而入。没想到他刚进餐厅就发现客人们正向外走,而且边走边生气地说:“到这么脏的地方吃饭,简直是对我们的侮辱!”地陪赶紧去问明情况,这才知道,原来客人认为这个餐厅的环境卫生太差了,无法用餐。地陪马上请全陪安抚客人,自己则找到餐厅经理进行协调。当他走入为旅游团预留的包间时,发现屋子里灯光暗淡,有的地方墙皮脱落了,地板也有塌陷之处;椅套、桌布都有很多油污,而碗、碟、勺、杯等餐具均有不同程度的损坏,上面都有裂痕、缺口和瑕疵。地陪把这些问题向餐厅经理提出后,经理却说:“这些都是环境的问题。但我们的菜做得非常地道、好吃,而且物美价廉。你们就不要计较太多了嘛。”

协调无果之后,地陪只得和旅行社计调人员联系,为该团客人重新安排了餐厅用餐。

【分析提示】

旅行社计调人员选择合作餐厅时,不仅要考虑其价格、服务、饭菜口味,对该餐厅的地理位置、车位多少尤其是卫生情况等更要严格审查、重点把关,只有审查合格的餐厅才能与之签约。在为入境旅游团安排用餐时,要特别注意餐厅的环境卫生、餐具卫生、有无损坏等。因为外国游客往往特别注意用餐的环境情况、卫生情况,认为这些也是餐饮产品的组成部分,会在很大程度上影响游客的用餐心情。在本案例中,地接社计调人员在为客人选择餐馆时忽略了环境因素,造成客人的不满,是应该吸取教训的。

3.与餐饮部门建立合作关系

餐饮服务是旅游产品的重要组成部分。其质量直接影响到游客对旅游产品质量的评价。餐饮服务既可以满足游客的基本生理需要,同时也可展现旅游目的地的历史、文化、民俗风情,给游客带来生理和心理的双重享受。餐厅的环境卫生情况、饭菜质量及服务人员的衣着、谈吐等,都会影响到游客对旅行社产品的评价。因此,计调人员必须选择那些经过严格审查和质量把关的餐厅,才能与之签约。计调部门应该对餐饮服务的采购高度重视,努力与餐饮部门建立合作关系。

4.与景区(点)建立合作关系

游览参观是旅游活动最基本、最重要的内容。景区(点)和旅行社是旅游业发展的重要环节和产业支柱，缺一不可。双方均应着眼于长远，建立唇齿相依的合作关系。旅行社选择风景优美、配套设施齐全、服务良好的景区（点）合作，可以达到开拓市场、增加客源的目的；而景区（点）由于不了解中远距离的客源市场，单纯依靠自己的力量销售存在一定局限性。他们需要依靠旅行社帮助招徕客人，做好景区的宣传促销策划。旅行社与景区的密切合作是景区资源市场化的重要途径，可以使景区形象与旅游产品有机地结合在一起。

另外，还有一些融资能力强、具有战略眼光的旅行社不甘心只做旅游中间商的角色，开始介入景区（点）的经营，逐步实现由"经销商"到"制造商"的角色转变。例如，2002 年 1 月，天津市方舟旅行社斥资 1 亿元人民币，买断了黄山城区内的两大景区屯溪老街、新安江 30 年的经营权，开创了旅行社控股景区的先河。此举实际上使旅行社抢占了旅游资源，控制了最根本的旅游产品，有利于旅行社核心竞争力的形成。

**5. 与购物商店建立合作关系**

很多游客都希望在旅游过程中能购买一些当地的特色产品。这既是旅游活动的重要组成部分，同时，也成为游客此次旅程的美好纪念。为了更好地满足旅游者的购物需求，旅行社应与购物商店建立良好的合作关系。旅行社必须选择那些价格公道、质量可靠、信誉有保证的购物商店作为合作伙伴。这样才能加强对旅游购物的管理，方便游客购物，维护游客利益。否则，极有可能造成旅行社的经济损失、信誉损失。因为根据 2010 年 5 月国家旅游局、国家工商总局联合制定的新版《旅游合同》示范文本，旅游者如果在"行程单"安排的购物场所买到假货，旅游者提出索赔的，旅行社应当积极协助旅游者进行索赔。如果是国内旅游，自索赔之日起超过 60 日旅游者未获赔付的，旅行社应当先行赔付；如果是出境旅游超过 90 日未获赔的，旅行社先行赔付。这一规定，实际上加大了旅行社的责任，要求旅行社必须更为慎重地考察、选择购物商店。

**6. 与文化娱乐部门建立合作关系**

文化娱乐活动是旅游产品的重要组成部分。文娱活动是一种旅游资源，能够起到丰富游客生活的作用。计调部门应该尽量为游客安排一些健康向上，具有地方特色、民族特色的文娱活动，这样通常可以收到很好的效果。文娱活动必须符合游客的兴趣、爱好和品味。如，对西方游客，可以为其安排一些晚间的文化娱乐活动，特别是参与型的活动比较受到他们的青睐。文娱活动安排得当，可以起到文化交流的作用，使旅程锦上添花。因此，计调部门必须与各文化娱乐部门建立紧密的合作关系，为游客提供丰富多彩、健康向上的活动。

**7. 与保险公司建立合作关系**

旅游保险，是指投保人根据合同的约定，向保险人支付保险费；保险人对于合同约定的在旅游过程中可能发生的事故所造成的财产损失,承担赔偿保证金责任,或者当被保险人在旅游过程中死亡、伤残、疾病时,承担赔偿保证金责任的商业保险行为。目前,我国的旅游保险品种比较单一,主要包括"旅行社责任险"与"旅游意外保险"两个基本保险项目,二者有本质的区别。

旅行社责任险,属于强制保险,是旅游主管部门要求旅行社必须购买的险种。它是指旅行社在从事旅游业务经营活动中,由于旅行社的疏忽或过失造成旅游者损失,应该由旅行社承担的责任,转由保险公司承担赔偿保险金的行为。但是当旅游者因个人原因或者自行活动出现意外,并且意外的发生与旅行社无关时,旅行社责任险就不能为旅游者提供任何赔偿了。这时就需要游客购买旅游意外险。

旅游保险,可以维护游客的合法权益,同时,也可降低旅行社的经营风险。因此,旅行社一定要与保险公司建立良好的合作关系,根据《旅行社条例》及相关法律,为旅游者提供规定的保险服务。

8. 与相关旅行社建立合作关系

本社无论是作为组团社还是地接社,都必须与相关旅行社建立密切的合作关系。对组团社而言,地接社负责落实旅游接待计划中在当地的活动内容。地接社的实力、信誉、责任心及所提供服务的质量、价格、细节等,都直接影响着团队操作的质量,影响着游客对旅游产品的评价,进而还会影响到本社的利润、形象和长远发展。对组团社而言,能否找到优秀的地接社合作,是团队操作成功与否的关键。对地接社而言,如果能够和实力强、信誉好的组团社建立长期的合作关系,就意味着可以获得稳定的利润与客源。

## 第2节　旅游服务项目的采购

### 一、交通、住宿、景点服务的采购

1. 交通服务采购

(1)航空交通服务采购。航空交通服务采购,是指旅行社计调人员根据旅游团队的行程计划或者散客旅游者的委托,为旅游者或者旅游团队及其领队、全陪等人代购旅行途中的机票。为了成功采购航空交通服务,计调人员必须具备航空运输方面的知识。如,机票的种类、价格、航空公司的各项相关规定及国家关于民航运输的法律法规等。

航空交通服务采购包括两种形式,即定期航班机票的采购和旅游包机的预订。

①定期航班机票的采购。定期航班机票的采购业务包括:机票的预订、购买、确认、退订与退购、补票与机票变更等五项内容。

• 预订。计调人员要想成功地为旅游者预订到他们想要乘坐的航班及相应的座位,必须要掌握旅游者和航空公司双方的信息。旅游者方面的信息包括:姓名、性别、年龄、家庭住址、联系电话、有效身份证件(身份证或护照)号码、旅游目的地、乘机日期、具体时间、支付方式、同行人数、有无儿童随行(如有,则记录儿童年龄)及特殊要求(座位要求、用餐要求)等。航空公司方面的信息包括:旅行设施设备、机票价格及其他服务信息。计调人员在掌握了所有信息之后,便可以向航空公司提出预订机票的要求。预订时,将填好的"机票预订单"在指定日期送至航空公司售票处。

• 购买。预订之后,计调人员应该在航空公司规定的时间携带现金(或支票)和乘机人的有效身份证件(或旅行社出具的带有乘机人身份证号码或护照号码的乘机人名单)前往航空公司购票处购票。取票时,计调人员应该仔细核对机票上的乘机人姓名、航班、起飞时间、票价金额、目的地等。

• 确认。如果旅游者已经自行购买了机票,那么旅行社就应该为其提供代为确认座位的服务。

• 退订与退购。在计调人员为旅游团队或旅游者预订或购买机票后,如果发生旅游计划取消或者变动,从而造成团队人数减少的情况,那么计调人员便应及时办理退订或退票手续,以减少损失。旅行社退订机票,一般按照该社事先与航空公司达成的协议或口头谅解所规定的程序办理;旅行社退购机票,则要按照航空公司的相关规定办理。一般而言,如果申请退票,需向航空公司支付一定的退票手续费。

以往国内航班退票费的收取是以退票时间为准,比例是按照不含机场建设费和燃油附加费的机票价格来计算。例如,飞机起飞 24 小时以前退票,退票费为票面价格的 5%;起飞前 24 小时至起飞前 2 小时退票,退票费为票面价格的 10%;起飞前 2 小时以内退票,退票费为票面价格的 20%;如果飞机起飞后退票,退票费则会涨到票面价格的 50%。

近年来,随着低折扣的机票越来越多地涌入市场,全国各大航空公司基本都实行了按照票价折扣收取退票费的退票政策。虽然各航空公司执行的具体标准并不相同,但基本都是机票折扣越多,退票费收取比例越高,一般从 5% ~50% 不等。

• 补票与机票变更。如果已购买的机票不慎丢失,计调人员首先应向航空公司挂失,然后,在飞机起飞前一天下午到售票处取票并缴纳补票费。如果旅行社购买机票之后,由于旅行计划变更而需要改变航班、起飞日期、舱位等级等,计调人员应在原航班起飞前 48 小时向航空公司递交变更申请。每张客票只能变更一次。

②旅游包机的预订。旅游包机是旅行社因无法满足旅游者乘坐正常航班抵达目的地的要求而采取的补救措施。这种情况一般发生在时值旺季的热门旅游目的地或是航班较少的地区。另外,如果接待过程中发生误机事故,有时旅行社也会利用包机尽快将游客送到目的地。

如需包机,计调人员应该立即同旅游包机公司或航空公司联系,向对方说明乘客人数、日期、目的地等情况。同时,应询问包机的费用、可供选择的机型、起飞和降落的地点等信息。如果条件可以接受,计调人员应该马上向旅行社领导请示,经批准后向旅游包机公司或航空公司提出包机申请。一旦对方接受申请,计调人员要立即与对方签订包机协议。

(2)铁路交通服务采购。火车也是游客旅行时经常选择的一种城市间交通工具。计调部门采购铁路交通服务的关键,在于及时买到旅游活动所需要的各种火车票。铁路交通服务的采购业务包括:火车票的预订与购买、退票、车票签证和变更线路。

①预订与购买。铁路交通服务的采购始于火车票的预订。首先,计调人员应向铁路售票处递交预订计划,计划上应标明订购火车票的种类、数量、抵达车站名称、车次等。然后,计调人员持现金或支票到售票处购票。

②退票。如果游客的旅行计划变更或取消,计调人员应根据铁路部门的相关规定办理退票手续并缴纳退票费。

③车票签证。游客如果不能按照票面指定的日期和车次乘车,在不延长客票、加快票有效期间,且列车有能力的条件下,可办理一次提前或改晚乘车手续。直达特快车票、新型空调车的车票、卧铺票不办理改签业务。

④变更线路。旅游者在中途站或列车内有权要求变更一次线路,但应在分支站以前提出变更声明,且在客票有效期间内能够到达该站时方可办理。

(3)公路交通服务采购。公路交通运输主要用于旅游目的地之内和近距离旅游目的地之间的旅行。有时,在一些航空、铁路运输不发达的地区,公路交通就成为主要的旅游交通工具。计调人员在采购公路交通服务时,应充分收集当地旅游汽车公司和长途汽车公司的相关信息,掌握该公司所拥有的车辆数目、车型、性能、租车价格、公司管理状况、驾驶员技术水平等情况;然后,对收集到的信息加以整理分析,从中选出最符合本旅行社要求的企业作为公路交通服务的采购对象。最后,计调人员代表旅行社同这些公司谈判并签订租车协议。

(4)水运交通服务采购。计调人员在采购水运交通服务时,应根据旅游团(者)的行程计划和要求,向水运交通部门预订船票,在规定日期将船票订票单递交船票预订处。取票时,计调人员应仔细核对船票的日期、离港时间、航次、航向、船票数量、船票金额等内容。购票后,如果旅行计划发生变更造成乘船人数增加、减少，或者旅行计划取消，计调人员必须及时按照水运交通部门的有关规定办理退票或增购手续。

2. 住宿服务采购

(1)选择住宿服务设施。住宿服务设施是影响住宿服务质量的关键因素之一。计调人员应该从以下几个方面考察住宿服务设施：

①坐落地点。不同旅游者对于住宿服务设施的坐落地点有着不同的要求。但无论该住宿服务设施是位于市中心的繁华地段，还是位于相对偏远的郊区，计调人员都应注意考察其周围是否有便利、通畅的交通基础设施。

②经营方向。计调人员在选择住宿服务设施时，应该了解其经营方向，也就是说，它主要接待哪种类型的客人。有的酒店以商务客人作为主要客源，有的酒店以会议客人作为主要客源，还有的酒店以旅游团队作为主要客源。只有了解了该住宿服务设施的经营方向，计调人员才能根据旅游者的特点为他们安排恰当的住宿地点。

③设施设备。计调人员应该考察酒店、宾馆的设施设备情况。如酒店是否配备会议中心、商务中心、宴会厅、多功能厅等；会议中心的容量，是否有展览场地，是否配备了同声传译系统、电子表决系统、会议发言系统、音视频电子刻录系统等设施设备。计调人员应该根据酒店的设施设备情况，安排适当的旅游者住宿。

④停车场地。如果本旅行社以团体旅游产品为主营业务，那么计调人员应该考察该住宿服务设施是否设有足够面积的停车场。因为团队旅游者一般乘坐大型客车进行游览，如果该住宿服务设施没有大面积的停车场，就会造成游客及酒店双方的不便。

(2)选择预订渠道。旅行社可以通过组团旅行社、地方接待社、酒店预订中心、酒店销售代表等四个渠道预订旅游住宿服务。

①组团旅行社预订。又称直接预订，是指组团旅行社直接向有关酒店提出预订要求。直接预订可以保证旅游者的住宿需求，同时又能节省中间环节的费用，降低采购成本。这种预订方式要求组团社计调人员直接同酒店联系，获取客房信息，然后直接同酒店签订预订协议。另外，随着旅行社和酒店联系的增加，双方有可能建立起密切的合作关系，有利于旅行社采购业务的进一步开展。

当然，直接预订也有其缺点。首先，这种方式的时间和人力成本较高。因为组团社计调人员需要和所有要预订的酒店一一联系，办理预订、确认、结算房款等一系列事宜，要花费大量的时间和人力。其次，在接触初期，由于酒店对组团旅行社不了解，可能不愿在价格、付款期限等方面给予优惠或者优惠幅度较小。

②委托地方接待社预订。是指组团旅行社委托地方接待社代其向当地酒店提出预订要求。地方接待社因为比较熟悉当地酒店业的情况，且通常与很多酒店建

立了良好的合作关系，因此，由他们出面一般都可以预订到符合组团社要求的酒店及足够数量的客房。

当然，这种预订方式也有其缺点。首先，它成本较高。因为地接社往往把酒店因旅行社批量采购所给予的折扣留下一部分作为其代订酒店的酬劳。其次，它对地接社的实力和信誉要求较高。因为如果地接社没有按照约定为组团社订到足够的、且符合组团社要求的客房，那么组团社的利润、形象都会受到严重损害。

③委托酒店预订中心预订。如果旅游者要求入住连锁酒店集团下属的酒店，那么旅行社可以委托该酒店集团预订中心为其预订所需的客房。这种预订方式较为方便可靠，因为旅行社可以从酒店预订中心获取所需的全部信息，如，所要预订酒店的价格、设施设备、地理位置等情况。

当然，这种预订方式也有其缺点。首先，选择面较小。因为很多连锁酒店由于实力等原因，往往不设预订中心。其次，虽然最初是通过酒店预订中心进行预订，但是确认之后，旅行社计调人员还是要亲自和目的地酒店联系，是交客房预订报告、交办预订金等手续。酒店预订中心不能代办这些事宜。

④委托酒店销售代表预订。酒店销售代表可以为旅行社计调人员提供其所需的各种信息，有利于作出决策、开展采购业务。但有的销售代表由于同时代理多家酒店的销售业务，很难对每一家酒店都很熟悉。另外，大多数销售代表主要经营散客业务，对于旅游团队订房业务比较陌生，有时容易产生差错。

经过分析可以发现，每一种预订渠道都有其优缺点。计调人员应该结合具体情况，选择最恰当的渠道预订住宿服务。

(3)确定客房租住价格。客房租住价格，是影响住宿服务采购的关键因素之一。客房租住价格种类繁多，计调人员必须要熟悉这些价格，才能根据具体情况与酒店谈判，采购到价格最优惠的住宿服务。

客房租住价格包括下列几种不同的类型：

①门市价格。是酒店对外公布的客房出租价格，主要适用于接待事先未预订的临时住店客人。

②团体价格。是酒店对旅行社组织的旅游团队提供的优惠价格，以低于门市价格一定比例的租房折扣提供给旅行社。

③协商价格。是由旅行社同酒店经过谈判，达成协议后的客房出租价格，一般低于门市价格。

④净价格。是指扣除酒店给予旅行社的一定折扣，并加上税收和服务费的客房出租价格。

(4)办理住宿服务预订手续。办理住宿服务的预订手续应遵循以下程序：

①提出租房申请。旅行社计调人员应该向其选择的预订渠道提出租房申请。

申请时，计调人员应提供下列信息：旅行社的名称、需要客房的数量和类型、入住时间、退房时间、结算方式、旅游者的国籍（海外旅游者）或居住地（国内旅游者）、旅游者姓名或旅游团代号、旅游者性别、夫妇人数、随行儿童人数及年龄及旅游者在住房方面的特殊要求等。

酒店在接到租房申请后，如果认为能够按照旅行社的要求提供客房，就会向旅行社发出确认函。确认函中会注明酒店发出的确认号码，即旅行社的预订号码。旅游团（者）凭确认函入住酒店。

②缴纳预订金。旅行社在接到酒店发出的确认函后，要向酒店缴纳预订金，以确保酒店在一定时间内为旅行社保留其所预订的客房。计调人员应该熟悉各酒店关于缴纳预订金的时间、比例、取消预订的退款比例等事宜。

③办理入住手续。旅游者在预订时间到达酒店后，可凭旅行社转交的酒店确认函办理入住手续。

**3. 景点服务采购**

景点服务采购对于旅游活动的顺利开展具有至关重要的作用。除少数特殊景点外，绝大多数景点服务采购都是由地接社完成的。地接社计调人员应该同本地区的各景区（点）签订长期合作协议，建立良好的合作关系，争取获得价格优惠。

## 二、餐饮、娱乐、购物服务的采购

**1. 餐饮服务采购**

餐饮服务采购，是指旅行社为满足旅游者在旅游过程中对餐饮的需要而进行的采购业务。计调人员采购餐饮服务时，应该事先实地考察餐厅的地点、环境、卫生情况、停车场地、单间雅座、菜单等。然后，选择那些环境好、餐饮产品质量高、价格公道的餐厅与之谈判。计调人员应说明旅游团（者）用餐的特点、要求、标准并要求对方提交详细的菜单。通过谈判，双方达成协议，建立合作关系。

**2. 娱乐服务采购**

娱乐服务也是一种重要的旅游资源，能够起到丰富旅游活动，为旅行社创造收益及为当地社会增加就业机会、提高经济效益的作用。因此，计调人员应该重视对于娱乐服务的采购业务，对当地的娱乐场所进行详细调查，然后，从中选择恰当的单位建立长期合作关系。平时计调人员应注意同娱乐单位保持联系，了解节目、活动的内容，索取节目简介并通报接待部。

**3. 购物服务采购**

购物活动是旅游过程中不可缺少的内容。计调人员应该对当地的购物商店进行调查，从中选择一批信誉好、价格合理、商品齐全的商店，与之建立合作关系。计调人员必须根据旅游者的兴趣、要求为其安排购物。例如，日本游客一般对中国的字画、古玩感兴趣；英国游客则比较喜欢中国的丝绸、玉器等。此外，购物次数不宜安排过多，更不要因为购物而影响游览参观活动，否则，极易引起游客的反感，造成不良影响。最后，计调部应与接待部做好沟通工作，使导游员能够成为游客购物时的参谋。

## 三、旅游签证、旅游保险的办理

### 1. 旅游签证的办理

旅游签证，是签证种类中的一种，有一些国家专门为旅游者颁发旅游签证，即："Tourist Visa"。旅游签证的特点，是停留期短，一般为 30 天，最长为 90 天，一般不能延期。持旅游签证者不能在当地打工或从事与旅游无关的活动。团体旅游签证是旅游签证中的一种，特点是签证不做在护照上。旅游者必须随团集体出、入国境。

(1) 中国公民申请办理外国旅游签证的程序。中国公民申请办理外国旅游签证，无论是委托旅行社代办还是自行办理，一般都需要下列几个程序：

①提供本人有效的中国护照。

②交验与申请事由相关的各种文件。

③提供申请人的照片。

④填写外国签证申请表。

⑤缴纳一定数额的签证费（有的国家免收签证费）。

⑥同前往国驻华大使馆或领事馆官员会见（有些国家不需要）。

⑦外国驻华使领馆，根据本国政府的批准，通知发给或拒发签证。

外国驻华使馆、领事馆，负责办理申请前往该国的签证。除少数国家驻华使领馆可自行审发签证（报国内备案）外，多数国家驻华使领馆无权审发签证，须报本国政府有关部门审批。因此，办理签证需要一定时间。

(2) 申请办理中国旅游签证的程序。外国公民申请办理中国旅游签证，一般需要下列几个程序：

①提供有效护照或者能够代替护照的证件。

②填写签证申请表，交本人近期 2 寸半身正面免冠照片。

③交验与申请入境、过境事由有关的证明。

④缴纳签证费。

⑤到中国驻外国大使馆、总领事馆或者中国外交部授权的其他驻外机构办理签证。

2. 旅游保险的办理

(1)旅行社计调人员应该熟悉国家旅游局出台的《旅行社投保旅行社责任保险规定》和保险公司的相关规定。

(2)与保险公司就游客的旅游保险事宜签订协议书。

(3)将所有投保旅游团的接待通知(含游客名单和身份证号码)传真到保险公司作为投保依据。

(4)接收保险公司的"承保确认书"。

(5)向保险公司缴纳保险费。

# 第3节 旅游咨询与接待

## 一、旅游服务信息的搜集

1. 市场环境信息

(1)经济环境信息。计调人员应该了解经济环境方面的信息,如本地区的经济发展水平、消费水平、居民对旅游产品的需求状况、购买动机等。只有掌握了这些信息,计调人员才能设计出符合游客需要的旅游产品。

(2)政治法律环境信息。计调人员应当熟知国家或地方政府出台的旅游业相关方针政策、法律法规等内容。

(3)社会文化信息。每一个国家或地区都有传承的风俗习惯、宗教信仰、艺术创造、价值观等。这些构成了该国家或地区的文化并直接影响人们的生活方式和消费习惯。对计调人员来说,只有了解了社会文化信息才能设计出让消费者认可并接受的旅游产品。

(4)客户信息。计调人员应该利用互联网、现代通信技术、面对面交流等方式,尽可能详尽、高效、准确地收集客户信息,只有收集、积累了大量的客户信息,才能借助数据挖掘技术,分析客户的行为价值,进而设计出具有针对性的营销策略来吸引不同客户的兴趣。

(5)竞争对手的信息。"现代竞争战略之父"迈克尔波特提出的"五种力量模型"确定了竞争的五种主要来源,即供应商的砍价能力、购买者的砍价能力、潜在进入者的威胁、替代品的威胁及同行业的竞争。计调人员可以从这五种竞争来源着手,分析本旅行社及主要竞争对手的优势、劣势、机会、威胁。知己知彼,百战不殆。只有全面了解了竞争对手的信息,才可能更好地向消费者介绍、展示本企业的旅游产品。

【补充阅读材料4-2】

## 五种竞争作用力(Competitive Force)

五种竞争作用力——进入威胁、替代威胁、买方砍价能力、供方砍价能力、现有竞争对手的竞争——反映出的事实是:一个产业的竞争大大超越了现有参与者的范围。顾客、供应商、替代品、潜在的进入者均为该产业的"竞争对手",且依具体情况或多或少地会显露出其重要性。这种广义的竞争可称为"拓展竞争"(Extended Rivalry)。

这五种作用力共同决定产业竞争的强度及产业利润率。最强的一种或几种作用力占据着统治地位,从战略形成的观点来看,且起着关键性的作用。

(资料来源:迈克尔·波特著.陈小悦译.竞争战略.北京:华夏出版社,2005.)

2. 餐饮环境信息

计调人员必须了解旅游客源地的用餐口味、爱好及旅游目的地的餐饮特色,有哪些风味餐、特色餐等。这样才能设计出更加有吸引力的旅游产品,才能做好旅游咨询与接待工作。

3. 住宿环境信息

计调人员必须了解游客对旅游过程中住宿服务的要求及旅游目的地的住宿环境、客房情况、规格标准等信息。这样才能投其所好,做好旅游咨询与接待。例如,中国游客到国外旅游时,大部分人并不关心入住什么酒店,而是宁可省下住宿费去购物。面对这种情况,计调人员在进行咨询与接待时,就应该重点介绍为游客安排的购物活动,而住宿方面,只要强调其安全、卫生就可以了。

4. 交通环境信息

计调人员必须熟悉从旅游客源地到旅游目的地、旅游目的地之间,以及旅游目的地内部的交通环境,以便更好地进行咨询接待工作,同时为游客提供更加符合其要求的交通服务。

5. 景区(点)信息

游览参观是旅游者在旅游目的地进行的最基本、最重要的旅游活动,也是旅游者在决定购买之前向计调人员进行咨询时最为关心的内容之一。因此,计调人员必须熟悉旅游目的地的自然风光、历史遗迹及其他景区(点)方面的信息。

6. 文娱活动信息

计调人员应该掌握为游客安排各种文娱活动的类型、场所、内容及是否需要额外付费等相关信息。

7. 购物活动信息

计调人员应该掌握为游客安排购物活动的场所、次数等方面的信息。

## 二、旅游服务信息的整理

在当今社会，信息已经成为一种极其重要的战略资源。计调部门应该认识到旅游服务信息的重要性，逐步建立并完善旅游服务信息的搜集与整理机制。例如，计调部门应通过电脑办公软件或专门的客户管理系统建立并完善客户档案。档案一般分为散客客户档案和集团客户档案两大类分别进行管理。

1. 散客客户档案的主要内容

(1)客户的基本信息。如，姓名、性别、联系方式、个人爱好等。

(2)历史消费记录。如，该客户参加过哪些旅行社的旅游团？消费金额为多少？

(3)消费需求及购买意向。如，该客户近期有无出游计划？

(4)媒体接触习惯。如，该客户一般通过哪些渠道了解旅游产品的信息？

2. 集团客户档案的主要内容

(1)客户的基本信息。如，公司名称、地址、经营范围等。

(2)联系人的资料。联系人，是指该集团客户指派的专门负责与旅行社联系的人。客户档案中应记录该联系人的姓名、联系方式、个人爱好等资料。

(3)历史消费记录。即该客户组织过哪些旅游活动。

(4)消费需求与购买意向。即该客户近期有无组织旅游活动的计划？

(5)产品信息来源。即该客户一般通过哪些渠道了解旅游产品的信息？

通过对客户档案的整理、完善、巩固，才能真正了解客户并最终留住客户。

总之，为了充分收集并利用旅游服务信息，计调部门要建立一个上下互动、信息沟通的企业内部信息网络，丰富信息来源。同时，要充分运用网络、媒体、专业媒体平台、实地调查、问卷调查等多种手段搜集旅游服务信息。在信息搜集工作完成后，应将所得到的信息分门别类地整理并归档。

## 三、旅游服务咨询的接待

计调人员应该为旅游者提供各种与旅游有关的信息和建议，为他们提供咨询服务。这种咨询服务涉及旅游产品的种类、价格及旅游过程中的餐饮、住宿、交通、游览、娱乐、购物等各个方面。计调人员应对旅游咨询工作引起足够的重视。因为虽然它不能直接为旅行社带来经济效益，但是计调人员耐心、亲切、专业的咨询服务，能够给旅游者留下深刻印象，引导他们购买本旅行社的产品，达到为旅行社扩大产品销售、增加经营收入、创造企业形象的目的。

旅游服务咨询的接待,包括电话咨询服务和信函咨询服务。

**1. 电话咨询服务**

电话咨询服务,是指计调部工作人员通过电话回答旅游者关于旅游产品及服务的问题,并向其提供购买产品的专业建议。计调人员在提供电话咨询服务时,应该音质甜美、吐字清晰,语言委婉、流畅,注意使用礼貌用语。计调人员接电话时要问清对方的单位、姓名、电话、所需产品、等级标准、团队大概人数、出行日期、客人有无特殊要求(如,风味餐、回民餐、禁忌等),并在台账上做好详细记录。

**2. 信函咨询服务**

信函咨询服务,是指计调部工作人员通过书信或电子邮件的形式答复旅游者提出的关于旅游产品及服务的问题,并向其提供购买产品的专业建议。目前,信函咨询服务主要利用传真设备及网络来进行。信函咨询的答复要迅速、及时,语言明确,简单扼要。

**[典型案例]**

2010年5月,南京市民潘先生报名参加了南京某旅行社组织的旅游团去游览世博会。潘先生认为该家旅行社的报价公道,更主要的是该旅行社承诺会为游客提供上海市区的便捷酒店休息。然而,当5月22日晚上入住酒店时,事情却发生了变化。潘先生所报的旅游团一行共50人,第一天参观下来,已是晚上10点。游客们乘坐旅行车被匆匆拉往酒店。10点30分,大家来到了酒店,结果导游员只让30人下车登记住宿,把其余的人全留在车上。对此,导游员解释说上海住房比较紧张,原先预订好的客户,有七八间的客人住了好几天都没有退房。现在没房了,只能重新安排酒店,让大家跟着导游员走。

于是,在导游员的带领下,潘先生等十多位游客继续乘坐大巴车,一路颠簸了两个多小时后,来到一个新安排的酒店。但是没有想到,这里竟然是位于上海郊区的南翔小镇。除酒店改在了郊区外,第二天早晨旅行社承诺的自助早餐也是让人大跌眼镜,只是一碗稀饭和一个馒头。第二天白天,当潘先生等人与其余30名游客会合后,得知了一个内幕消息,让他们更加气愤。原来,旅游团之前预订好的却没有拿到手的房间,根本不是房客没退房,而是在当天住进了新的房客。当天住进来的人是按照门市的牌价付款的,酒店见散客利润高就擅自毁约,导致潘先生一行人来到酒店后无房可住。

"旅行社和酒店没沟通好,导致我们在路上多花了4个小时,我们参观世博会的情绪也全部被破坏了,根本没有再想玩的心情了。"好不容易等到行程结束回到南京,潘先生等人一致决定要找旅行社讨个说法,要求退还房费。后来,该旅行社副总经理赶到现场处理,当场接受了潘先生等人所提的要求,退还了每人100元房费。

(资料来源:www. gxnews. com. cn/staticpages/20100525/newgx4bfb75fd - 2976576shtml. 本案例中个别词句经过作者修改。)

【分析提示】

旅游服务采购是旅行社计调部门的重要职能之一。计调人员应该善于运用经济规律,与协作单位的相关领导、部门及人员建立良好的人际关系。这样才能不断完善和发展采购协作网络,顺利完成旅游服务采购工作。在本案例中,酒店由于受到高额利润的吸引,把原本预留给旅行社的客房按照门市价卖给其他顾客,引起旅游团队客人的不满,给旅行社造成了严重的形象、信誉及经济损失。出现这种局面,原因有很多。旅行社计调部门在挑选协作单位时,没有经过严格的审核、评估,就会形成隐患;选定协作单位之后,又没有与之建立良好的、稳定的合作关系;在团队操作时,也没有做好控房工作。种种原因加在一起,终于造成了严重的后果。计调部门一定要吸取教训,加强对采购协作网络的管理。

## [本章小结]

本章介绍了计调业务的原则与策略、旅游服务项目采购及旅游咨询与接待。计调业务应该遵循质量原则、成本原则和供应原则。计调部门可通过集中采购、分散采购、建立采购协作网络、后向一体化战略、参与政府导向的采购等方式,保证旅游服务的供应。旅游服务项目的采购包括:交通、住宿、景点、餐饮、娱乐、购物服务的采购及旅游签证、旅游保险的办理。此外,计调人员应该搜集与整理旅游服务信息,做好旅游服务咨询的接待工作。

## [复习思考]

(1)关键概念。采购协作网络、饭店门市价格。

(2)课堂讨论题:

- 集中采购策略的特点是什么?
- 如何加强对计调网络的管理?
- 计调部门在采购旅游住宿服务时,如何选择住宿服务设施?

(3)思考题:

- 定期航班机票采购业务包括哪些内容?
- 计调部门可以通过哪些渠道预订旅游住宿服务?
- 在旅游服务采购过程中,如何实施后向一体化战略?

• 计调业务的原则是什么?

(4) 实训题。在一家旅行社进行实地考察,观察那里的计调部工作人员在采购所需的旅游服务时使用了哪些方法。

(5) 自测题:

• 铁路交通服务的采购业务包括火车票的(　　　)。

A. 退票　　　　B. 变更线路

C. 预订与购买　　　　D. 车票签证

• 简述分散采购策略的优缺点。

• 名词解释:旅游签证。

• 根据所学习的知识,对下面的案例进行分析:

广西某旅行社组织一个旅游团前往云南旅游。当游客们一路颠簸到达大理时,已经是晚上 10 点 30 分了。当地接待社为旅游团预订的晚餐味道却非常辛辣,大部分的广西游客都无法下咽。当全陪要求当地酒店重新做几桌饭菜时,酒店工作人员却声称酒店的厨师全都下班了。地陪急忙联系酒店领导,总算把厨师找了回来,请他又重新给客人们做了一桌不辣的饭菜。请分析此团队的操作为什么会出现这一系列的问题?

# 第五章

# 计调业务的突发事件处理

**[学习目标]**

通过本章学习应该达到以下目标:

● 知识目标。熟悉旅行社旅游计划或项目变更的原因及处理过程,明晰对变更的处理技巧;了解旅游安全和旅游保险的相关知识,熟练掌握相应事故的处理措施。

● 技能目标。能运用相关知识,为旅行社突发事件的处理提供保障。

● 能力目标。具有对突发事件的应变能力;具有熟练处理旅游计划变更或项目变更的能力;具有在旅游安全事故或旅游保险事故发生时及时处理以减小损失的能力。

**[引例]**

## 2009年上半年中国旅游突发事件20起

新华网北京7月4日电(记者钱春弦),2009年1~6月,国家旅游局共收到各地上报的旅游突发事件20起,共造成75人死亡、1人失踪、263人受伤。其中重大事故5起,共造成56人死亡,104人受伤。

国家旅游局分析认为,2009年上半年旅游突发事件总量略有上升,死亡人数有所下降。与上年同期统计数据相比,2009年突发事件总量增加3起,同比上升17.6%;死亡人数减少19人,同比下降20.2%。其中,重大事件增加1起,同比上升25%;死亡人数减少20人,同比下降26.3%。

2009年上半年,旅游交通事故有所反弹。1~6月发生的旅游交通事故数量占同期事故总数的80%,同比增加3起,同比上升23.1%。交通事故共致70人死亡,占同期死亡总数的93.3%,同比增加33人,同比上升89.2%。事故原因主要是恶劣天气条件对安全驾驶造成的不利影响。

随着抗击甲型H1N1流感进入新的阶段,中国公民组团赴境外疫情国家和地区或途经上述国家和地区旅游逐步放开,同时对来自和途经疫情国家和地区的旅游团全面恢复接待,因旅游原因造成疫情传播的风险有所增加。国家旅游局要求继续做好甲型H1N1流感防控工作,特别是针对出境旅游的游客要加强教育,引导其安排好出游和返回后的隔离。

(资料来源:news. qq. com/a/20090704/000719. htm)

上述案例告诉我们,旅游活动极易受到各种突发事件的影响。作为处于中枢位置的计调师,除须积极应对原订计划变更,作出相应调整,更应熟练掌握旅游安全和旅游保险的相关知识,在事故发生时及时处理,将损失降低到最小。

## 第1节　旅游计划变更的处理

旅游计划是按照旅游合同协议的内容制订的,一般不得轻易改动。但由于旅行社在产业链中的特殊位置,使得旅游计划极易受到相关因素及突发事件的影响。这种影响往往会直接对原先的计划构成威胁。计调部承上启下,连接内外,在旅行社中处于中枢位置。当突发事件发生时,计调人员要积极应对,立即拟出应急方案,并与旅行社相关部门,如外联部、接待部及交通部门、酒店、地接社等迅速构成协同通道并对旅游计划作出相应调整。

计划调整需要严格遵循下列原则:变更最小原则、宾客至上原则和同级变通原则。特别需要注意的是同级变通原则。它是指计划调整后,服务内容应与最初的安排在级别、档次上力求一致,尤其是在用房、用餐方面。

具体而言,计调师对突发性旅游计划变更的通常处理办法包括:考虑包机,但要注意控制成本;若飞机改火车,则尽量利用晚间,但距离不宜过长;铺位不足,考虑加挂车厢;加挂不行,考虑利用汽车运输;若房、餐出现问题,应选择就近同级房、餐;另外,可采取加菜、赠品等小恩惠以弥补因变故给旅游者带来的损失等。

### 一、旅游计划延长的处理

由于一些不可预料的因素(如,天气突变、交通问题等),可能会迫使旅游计划、线路和活动日程延长,此时,计调人员应及时向旅行社汇报、请示,按照旅行社的指示和要求迅速采取以下措施:

(1)延长入住时间。及时通知该旅游团下榻的饭店或旅馆,延长在那里的入住时间。

(2)增订餐饮。及时通知饭店或餐馆,增订旅游团的餐饮。

(3)退订并购买交通票据。及时退掉旅游团原订的交通票据并购买新的交通票据。

(4)及时通知下一站。及时通知下一站接待旅行社有关旅游团抵达时间的变化。

(5)向旅游者道歉,以求得谅解。通知负责接待该旅游团的导游员,及时将旅游计划被迫改变的情况告知旅游者并做好解释工作,以获得旅游者的谅解;必要时,将情况上报,由旅行社部门经理或总经理出面诚恳地向旅游者说明情况并表示歉意。

(6)新增旅游活动项目。通知导游员做好因逗留时间延长而新增旅游活动的安排,使旅游者在延长的时间段里仍然过得愉快、满意,避免给他们留下应付或故意拖延时间的印象。

(7)对旅游团加以适当的补偿。如,在订餐时加菜、加酒,或另购具有本地特色的小纪念品赠送给客人。

(8)协商解决费用问题。因旅游团延长本地的游览时间并发生较多的费用,而旅行社又无法全部承担,计调部可采取与组团社协商的方式加以解决,或者通知导游员向旅游者讲清实际费用发生的情况,争取旅游者的谅解,并在此基础上通过向旅游者适当收费的方式解决这一问题。

## 二、旅游计划缩短的处理

由于一些不可预料的因素(如,天气突变、交通问题等),可能会迫使旅游计划、线路和活动日程缩短,此时,计调部应采取的措施有:

(1)减少入住时间。及时通知该旅游团下榻的饭店或旅馆,减少在那里的入住时间。

(2)退订餐饮。及时通知饭店或餐馆,退订旅游团不再需要的餐饮。

(3)退订并购买交通票据。及时退掉旅游团原订的交通票据并购买新的交通票据,将损失降到最小。

(4)及时通知下一站。及时通知下一站接待旅行社有关旅游团抵达时间的变化。

(5)向旅游者道歉,以求得谅解。通知负责接待该旅游团的导游员,及时将旅游计划被迫改变的情况告知旅游者并做好解释工作,以获得旅游者的谅解;必要时,将情况上报,由旅行社部门经理或总经理出面,诚恳地向旅游者说明情况并表示歉意。

(6)选择最具代表性的旅游活动项目。通知导游员确认新的接待计划。在时间许可的情况下,一定尽量安排原计划约定的参观游览景点及其他活动,以保护旅游者的合法权益。若受时间限制,则选择最具代表性、最有特色的旅游景点,将旅游者的损失降至最小。

(7)对旅游团加以适当的补偿。通过采取一定的措施对旅游团予以适当补偿。例如在订餐时加菜、加酒,或另购具有本地特色的小纪念品赠送给旅游者。

(8)退还相应费用。涉及费用问题的,应根据事先旅游者与组团社签订的旅游合同和旅游团在本地实际发生的费用情况,将未使用的旅游费用退还给旅游者,以弥补旅游者的经济损失。

## 三、旅游计划取消的处理

由于一些不可预料的因素(如,天气突变、交通问题等),可能会迫使旅游计划取消。此时,计调人员须及时向旅行社领导汇报、请示,同时迅速采取以下措施:

(1)及时通知游客。在遭遇不可抗力或者意外事件,导致旅游行程无法进行的情况下,应于第一时间将旅游计划取消的情况告知旅游者。

(2)通知饭店退订房间。及时通知该旅游团下榻的饭店或旅馆,退订房间。

(3)通知餐馆退订餐饮。及时通知饭店或餐馆,退订旅游团的订餐。

(4)退订交通票据。及时退掉旅游团原订的交通票据,将损失降到最低程度。

(5)向旅游者道歉,以求得谅解。通知导游员向旅游者做好解释工作,尽量获得旅游者的谅解;必要时,将情况上报,由旅行社部门经理或总经理出面诚恳地向旅游者说明情况并表示歉意。

(6)退还相应费用,并赔偿相应违约金。若是由于不可抗力、情势变更导致旅游计划取消,旅行社应将未发生的费用退还旅游者;双方协商取消旅游计划、处理旅游费用;旅游者自身原因导致的计划取消,在不损害旅行社利益的前提下,将未发生的费用退还旅游者。已经发生的费用(如,机票和住宿的预订费用、护照签证费用)由旅游者自行承担。若是由于旅行社过失导致的计划取消,除退还相应费用之外,旅行社还应向旅游者赔偿相应违约金。

承担违约责任与旅行社通知旅游者的时间有关。我国《旅行社质量保证金赔偿试行标准》规定:“旅行社收取旅游者预付款后,因旅行社的原因不能成行,应提前3天(出境旅游应提前7天)通知旅游者,否则应承担违约责任并赔偿旅游者已交预付款10%的违约金。”

旅游计划取消后,旅行社应当在第一时间通知旅游者。因为旅游者获知时间的早晚,决定着他们是否还有时间作出下一步的备选决策,影响着在一定时间能否出行。因此,尽早通知旅游者,会将旅游者的损失降至最小。

【案例 5－1】

**与时间相关的法律责任**

2000 年 9 月 22 日，黄先生一家 4 口与某旅行社签订了一份赴桂林 5 日旅游的国内旅游合同。根据合同约定，于 9 月 30 日下午乘火车赴桂林游览七星岩、漓江、冠岩等景点，每人旅游费用 1150 元，共计 4600 元。黄先生当日就交纳了此次旅游的全部费用。9 月 29 日，黄先生早已做好旅游准备，却突然接到该旅行社业务经理电话，通知其原定桂林旅游团队，因无法落实桂林至武汉的返程火车票，而被迫取消。由于旅行社取消旅游活动距“十一”黄金周仅一天时间，而其他旅行社基本组团完毕，造成黄先生及家人的国庆旅游计划随之落空。黄先生以旅行社单方面终止旅游合同为由，要求旅行社退还全部旅游费用，赔偿其相关经济损失和精神补偿。由于旅行社仅承诺退还全部团款，并只赔偿 150 元，双方协商未果，黄先生遂向旅游质监所投诉。

被投诉旅行社辩解称：“十一”旅游旺季，桂林至武汉方向的火车票十分紧张，桂林地接旅行社于 28 日下午传真告知我社无法确认返程车票事宜，也对我社造成较大经济损失。游客旅游计划之所以无法实现，是由于铁路交通部门的客观原因造成的，并非旅行社的故意行为。况且我社也及时将信息告知对方，并作了详细解释。

【分析提示】

被投诉旅行社因自身过错，造成旅游活动不能成行。根据《旅行社质量保证金赔偿试行标准》第四条：“旅行社收取旅游者预付款后，因旅行社的原因不能成行，应提前 3 天（出境旅游应提前 7 天）通知旅游者，否则应承担违约责任，并赔偿旅游者已交预付款 10% 的违约金。”质监所裁定，被诉方旅行社退还投诉人全额旅游费用，并赔偿 4600 元的 10% 违约金 460 元。黄先生对此处理结果表示满意。

根据我国《合同法》，当事人一方因第三人的原因造成违约的，应当由对方承担违约责任。当事人一方和第三人之间的纠纷，依照法律规定或者按照约定解决。本案被诉方旅行社因自身原因，操作不当，导致旅游协议被迫终止，违约事实成立，且未在规定的时间内及时通知旅游者，导致旅游者“十一”出游计划无法实现，造成了游客的损失，因此，应承担违约责任。

（资料来源：www.51test.net/show/478370.html）

## 第 2 节 旅游服务项目变更的处理

根据《旅行社条例》第五十九条规定：“非因不可抗力改变旅游合同安排的行

程的，对旅行社，由旅游行政管理部门或者工商行政管理部门责令改正，处 10 万元以上 50 万元以下的罚款；对导游人员、领队人员，由旅游行政管理部门责令改正，处 1 万元以上 5 万元以下的罚款；情节严重的，吊销旅行社业务经营许可证、导游证或者领队证。”由此可见，旅行社旅游服务项目的任意变更面临着较大的法律风险。这就要求旅行社，尤其是计调人员要严格遵守和执行旅游计划，保质保量地为旅游者提供旅游合同中约定的各项服务内容。

在旅游合同实施过程中，如果是由于旅行社方面原因导致旅游服务项目变更的，则需根据法律规定或合同约定对旅行社进行相应的法律制裁；但如果是由于不可抗力、情势变更、双方协商等特殊情况而导致的旅游服务项目变更，旅行社则可以部分或全部免除违约责任，但应及时采取有效措施处理好各项后续工作。

## 一、旅游服务项目调价的处理

### 1. 旅游费用的构成

旅游费用，是指旅游者支付给旅行社、用于购买旅游服务的费用。除双方另有约定以外，旅游费用一般包括下列项目：

①交通运输费：旅程表所列城市间交通费及每人一件行李的运费（其重量和尺寸以交通部门限定为准）。交通工具的等级标准以合同约定为准。

②用膳费：按合同约定的用餐标准由旅行社安排的膳食费。

③住宿费：按旅程表所列酒店或同级酒店，旅行社按合同约定的住房等级档次安排的住宿费。

④游览费：依照旅程表所列的游览费用，主要是游览交通费、合同约定的观光点和旅游项目第一门票费。

⑤导游服务费：旅行社依照旅程为游客提供导游服务的地陪、全陪费用。

⑥旅游意外保险费：旅行社必须依法为其组织的团队旅游者办理旅游意外保险，保险金额不得低于国家旅游局所定标准。

旅游费用不包括：

①旅程表未列出的项目开支。如，在固定旅程外安排供旅游者自由参加或旅游者自行追加的游览项目或节目（含园中园门票）。

②旅程中火车或轮船上的用膳费。

③各地机场管理建设费及航空人身保险费。

④属于旅游者个人费用，如，行李超重（件）托运费、饮料及酒类、洗衣、电话、电报、传真、私人交通费、行程外购物活动费、个人伤病医疗费、自行给予提供个人服务的小费。

⑤未列入旅程中的交通费及相关费用等。

2. 旅游服务项目调价的原因及处理

(1)国家政策性调价。无论在生产领域还是在消费领域,都有一些商品和服务的价格由政府调控,对这些商品或服务价格的政策性调价,也推动了市场物价总水平的上涨。

游客交费后如遇国家政策性调价,旅行社有权调整收费,但必须出示有关文件证明。

(2)因不可抗力调价。鉴于旅程中可能出现的各种不可预见的意外情况,旅行社有权对行程内各项安排临时作相应调整,所造成的旅游费用差额,按"多贴少退"的办法处理,即超支费用由旅行社承担,因调整造成服务档次降低或游览项目减少,则将实际费用差额退还给游客。

## 二、旅游服务项目取消的原因及处理

在旅游合同生效之后,旅行社和旅游者双方应按照合同约定享受权利、履行义务,以确保旅游行程的顺利进行。但,如遇特殊情况,旅行社与旅游者双方协商一致,可以取消合同约定的内容,但应以书面形式由双方签字确认①。一般情况下,旅行社在下列几种情形下取消部分旅游服务项目,可部分或全部免除违约责任:

1. 不可抗力

不可抗力,是指不能预见、不能避免并不能克服的客观情况。包括但不限于因自然原因和社会原因引起的客观情况,如,自然灾害、战争、恐怖活动、动乱、骚乱、罢工、突发公共卫生事件、政府行为等情形。

不可抗力发生后,旅行社应及时通知旅游者,以取得旅游者的谅解,并主动与旅游者协商,共同采取有效措施防止和减少损失;此外,旅行社应在合理期限内向旅游者提供有关机构的证明,以证明不可抗力发生的具体情况。只有履行了这两项义务,旅行社才能部分或全部免除违约责任。

(1)由于不可抗力导致旅游项目在出行前已无法履行的,双方可通过协商取消或延期出行。取消行程的,旅行社应将未发生的旅游费用退还旅游者,已经发生的费用(如,机票和住宿的预订费用、护照签证费用),则由双方协商后合理分担。

(2)由于不可抗力导致行程中出现不能按照约定的旅游项目继续履行合同的,旅行社可在征得团队半数以上成员同意后,取消部分旅游项目②。因情况紧急

① 国家旅游局《团队出境旅游合同示范文本》第四章第十条第一款。

② 国家旅游局《团队出境旅游合同示范文本》第四章第十条第二款。

无法征求意见或者经征求意见无法得到半数以上成员同意时，旅行社有权单方决定取消部分行程安排，但应当就作出的决定提供必要的证明。此外，旅行社应及时将相关情况通知下一站接待单位；因取消服务项目而减少的费用应当返还旅游者。

2. 情势变更

情势变更，是指在旅游过程中，因当事人不可预见的事情发生（或不可归责于双方当事人的原因发生情势变更）而导致旅游服务项目需要变更的情形。情势变更包括但不限于以下情形：

(1) 天气变化导致无法履行预定行程，如为保证旅游者人身安全，景点临时关闭、机场封闭、铁路停运、道路封闭导致更换交通工具等。

(2) 因交通事故、道路堵塞或临时交通管制等旅行社无法控制的原因，造成未按预定时间到达机场、火车站，以致未能搭乘预定航班或列车。

(3) 因列车、船舶或航班变更或晚点导致未能按照预定时间抵达目的地。

(4) 因政府重大礼宾活动导致部分景点未能开放或景点门票临时上涨。

(5) 因团队成员发生滞留、人身伤亡、财产损失、物品遗失等突发事件，旅行社为处理该事件导致行程延误的。

在情势变更的情况下，旅行社有权在合理范围内单方取消预定行程。但应在事前向旅游者作出说明；确因客观情况无法在事前说明的，应当在事后作出说明。并应尽量取得游客谅解，与旅游者协商解决。因取消服务项目而减少的费用应返还旅游者，增加的旅游费用，应当由双方协商后合理分担。

3. 双方协商

在旅游活动中，可能会出现需要双方协商取消部分行程的情况，诸如，旅游者自身的原因需要终止行程。此时，旅行社应当持谨慎态度，确有必要的，经双方协商一致，可以取消部分行程，但应当以书面形式由双方签字确认。由此增加的旅游费用及给对方造成的损失，由提出变更方承担；由此减少的旅游费用，旅行社应当退还旅游者。

## 三、旅游服务项目替换的原因及处理

在旅游过程中，如遇特殊情况，经旅行社与旅游者双方协商一致，可以替换部分旅游服务项目，但应当以书面形式由双方签字确认。在服务项目替换的情况下，旅行社应遵守同级变更的原则，即变更后的服务项目，应与最初的安排在级别、档次上力求一致。一般情况下，旅行社在以下几种情况下，可以替换部分旅游服务项目并免除违约责任：

1. 不可抗力

因不可抗力而导致旅游行程无法按照约定的线路、交通、食宿安排等继续进行的，旅行社应及时告知旅游者并向旅游者提供相关证明。在同旅游者协商一致后，可取消某一旅游服务项目，由另一旅游服务项目替代。在替换旅游项目时，旅行社应以新奇的内容和最佳的安排激起旅游者的游兴，将旅游者损失降到最低。因变更而减少的费用应当返还旅游者，超出合同规定的费用由双方协商后合理分担。导致后续行程变动的，旅行社应将具体情况及时通知相关方。

2. 情势变更

在情势变更的情况下，旅行社应及时向旅游者说明相关情况，尽量取得旅游者的谅解。在同旅游者协商一致后，可替换部分旅游服务项目；在特殊情况下，旅行社有权在合理范围内单方替换部分行程，因替换服务项目而减少的费用应返还旅游者；增加的旅游费用，应当由双方协商后合理分担。

3. 双方协商

在旅游活动中，如果旅游者要求替换旅游服务项目的，旅行社应当持谨慎态度；确有必要的，经旅游团1/2（含）以上旅游者及导游员（或领队）书面同意，双方可根据行程进展情况协商替换部分行程，因此而超出合同规定的费用由旅游者承担；减少的费用应当返还旅游者。

【案例5－2】

### 因风雪天气而减少“赏雪”项目旅行社是否免责

某旅游公司在媒体上刊登了新春南岳衡山4日游的广告，并在其所办的旅游刊物上称，此种旅游参观的主要景点包括：南岳大庙、磨镜台、福严寺、忠烈祠、藏经殿、南天门、祝融峰、何雁峰。李某等9人参加了该旅游公司组织的南岳衡山赏雪4日游旅游团，于同月23日乘火车出发，24日4点许到达衡山。在24日、25日的游览活动中，因天下大雪，该旅游公司只安排游览了南岳大庙、福严寺和忠烈祠3个景点，其余景点未安排，且未在游览出发前告知李某等人。李某等9人返回后，认为旅游公司违反旅游合同，造成其经济、精神损失。据此，李某等9人以上述理由起诉到人民法院，要求旅游公司无偿重新安排游览未游的5个景点，否则，应退回全程旅游费；被告应登报向原告赔礼道歉并赔偿精神损失费每人200元及重游5个景点的误工费每人800元，共计每人1000元。旅游公司称，由于当时下大雪、结冰，影响交通，致使李某等9人不能按原定计划进行游览，且已向原告赔礼道歉。只同意赔偿原告每人200元人民币，不同意原告的其他诉讼请求。

【分析提示】

第一，旅游公司刊登旅游广告并在其刊物中具体说明旅游景点安排等，即为合同之要约。李某等9人交款购买旅游公司发售的旅游票，即为合同之承诺。旅游票一经售出,合同即告成立,双方即应按照约定履行义务。因此,旅游公司未按其要约的条件履行合同,即构成违约,依法应当承担违约责任。

第二,本案中旅游公司组织的是“南岳衡山赏雪4日游”,因此,活动中的风雪天气对服务活动的影响,其风险责任已在被告预料之中,虽属于不可抗力造成的,但不能构成免除或减轻责任的理由。所以,被告在应安排8个游览景点,而实际只安排了3个游览景点的情况下,不能强调因风雪天气的客观原因而减少其服务,应承担赔偿责任。

第三,关于误工费的诉讼请求。李某等9人是利用春节假期参加旅游,本身不存在误工的问题。

第四,关于精神损害赔偿的诉讼请求。在本案这种情况下,虽然旅游公司的违约给李某等9人造成一定的精神上的不愉快,但并未构成民法通则上所指的精神损害,所以,其精神损失不予支持。

最终人民法院经判决旅游公司于本判决发生法律效力之日起10日内,一次性赔偿李某等9人每人人民币300元;驳回原告其他诉讼请求。

(资料来源:www.hzinfo.com/view.php? tid = 15617&cid = 266)

## 第3节　旅游安全及事故的处理

没有安全便没有旅游业的发展,旅游者的安全问题至关重要。旅游经营者应当采取一切可能的措施,以确保旅游者的安全。安全事故的发生不仅侵犯了旅游者的合法权益,造成旅游者的人身和财产损失,而且会导致旅游经营者因此承担法律责任。

旅游安全事故,是指发生在旅游过程中的,由自然或人为原因所引起,造成旅游者人身或财产损失,并由此导致有关当事人相应法律责任的事件。

根据国家旅游局《旅游安全管理暂行办法实施细则》中的规定,旅游安全事故按照损失大小分为轻微、一般、重大和特大事故四个等级:

①轻微事故。是指一次事故造成旅游者轻伤,或经济损失在1万元以下者。

②一般事故。是指一次事故造成旅游者重伤,或经济损失在1万元~10万元(含1万元)者;

③重大事故。是指一次事故造成旅游者死亡,或旅游者重伤致残,或经济损失在10万元~100万元(含10万元)者;

④特大事故。是指一次事故造成旅游者死亡多名,或者经济损失在100万元以上者,或者性质特别严重,产生重大影响者。

## 一、旅游安全事故的预警

除由自然灾害和突发事件所引起的无法预知的旅游安全事故外，还有一部分旅游安全事故在发生前是可以预防和避免的。计调人员在日常工作中应谨慎操作，随时将游客的安全放在首位。

1. 计调人员应严格考察合作方的情况

作为计调人员，在选择合作单位的时候须慎重权衡，只有在对合作单位的资质、信誉、安全情况有了足够了解的情况下，才能与对方签订合作协议。例如，核实用车单位的车况与资质，酒店周边环境是否安全，餐馆是否经过安全部门审查合格等。

2. 妥善安排活动日程可以防止安全事故的发生

把行程安排得过于紧张，没有为旅游者前往各游览景点或飞机场、火车站、码头等处留有充分的行车时间，驾驶员就很可能会因时间紧迫高速行驶而造成安全事故。计调人员要经常与导游员、司机沟通，确定合理的时间安排。对于特殊团队应有特殊的行程安排，如，老年团的行程，就应保证充足的游览时间和休息时间，照顾到老年游客突发状况多的特性，防止安全事故的发生。

3. 计调人员应随时关注旅游目的地的安全预警信息

根据旅游目的地的安全信息制订行程，预防安全事故的发生。

我国《突发事件应对法》第四十二条规定：国家建立健全突发事件预警制度。可以预警的自然灾害、事故灾难和公共卫生事件的预警级别，按照突发事件的紧急程度、发展态势和可能造成的危害程度分为一级、二级、三级和四级，分别用红色、橙色、黄色和蓝色标示。一级为最高级别。国家旅游局据此规定，结合行业情况制定了《旅游者安全保障办法》（征求意见稿）。该《办法》规定：各级旅游行政管理部门应建立旅游安全预警信息发布制度。依据对旅游目的地旅游安全状况的评估，向旅游者发布前往目的地旅游的安全预警信息。旅游目的地的旅游安全状况分别用红色、橙色、黄色和蓝色标示，并与此相对应，向公众发布红色、橙色、黄色、蓝色旅游预警信息，分别表示如下：

• 红色旅游预警。建议不要前往该目的地旅游。

• 橙色旅游预警。建议重新考虑前往该目的地旅游的必要性，避免不必要的旅游。

• 黄色旅游预警。建议高度关注旅游目的地已经产生或可能产生的影响旅游安全的因素。

• 蓝色旅游预警。建议关注旅游目的地已经产生或可能产生的影响旅游安全的因素。

## 二、旅游安全事故的处理

旅游安全事故的处理结果,直接关系到旅游者的切身利益,关系到旅游企业和政府有关主管部门的形象及旅游法律秩序。在涉外旅游安全事故中,还会引起国际关系问题。因此,必须予以高度的重视。

### 1. 旅游安全事故的处理程序

旅游安全事故发生单位,在事故发生后应当按照如下程序处理:

(1)陪同人员应当立即上报主管部门,主管部门应当及时报告归口管理部门。

(2)会同事故发生地的有关单位严格保护现场。

(3)协同有关部门进行抢救、侦察。

(4)有关单位负责人应及时赶赴现场处理。

### 2. 对重大安全事故处理的程序

重大安全事故的处理原则,是由事故发生地的人民政府牵头、协调有关部门和事故责任方及其主管部门负责处理,必要时可成立事故处理领导小组。

(1)报告事故。在重大旅游安全事故发生后,报告单位应立即派人赶赴现场组织抢救工作,并及时报告当地公安部门。报告单位如不属事故方或责任方的主管部门,应按照事故处理领导小组的部署做好相关工作。

(2)保护现场。在公安部门人员尚未进入事故现场前,如因现场抢救工作需要移动物证时,应作出标记并尽量保护事故现场的客观、完整。如有伤亡情况,应立即组织医护人员进行抢救并及时报告当地卫生部门;与此同时,事故报告单位应当确认伤亡人员的身份及保险情况,并进行登记。如有死亡情况,应注意保护好遇难者的遗骸、遗体。对事故现场的行李和物品,要认真清理和保护,并逐项登记造册。

(3)出具证明文件。在伤亡事故处理过程中,责任方及主管部门,负责联系有关部门为伤残者或伤亡者家属提供有关证明文件。

### 3. 对特大旅游安全事故处理的程序

对特别重大旅游安全事故的调查处理,适用国务院发布的《特别重大事故调查程序暂行规定》。依据这一规定,当特别重大旅游安全事故发生后,应注意以下问题:

(1)报告。特大事故发生单位应立即将所发生特大事故的情况报告上级归口管理部门、所在地地方人民政府和所在地的省、自治区、直辖市人民政府及国务院归口管理部门,并在24小时内写出书面事故报告,报送上述部门。省、自治区、直辖市人民政府和国务院归口管理部门,在接到特别重大事故报告后,应当立即向国务院作出报告。

(2)现场保护。特别重大事故发生地公安部门得知发生特大事故后,应当立即派人赶赴现场,负责事故现场的保护和证据收集工作。对于特别重大事故现场的勘察工作,由特大事故发生单位所在地地方人民政府负责组织有关部门进行。

(3)调查。特别重大事故发生后,按照事故发生单位的隶属关系,由省、自治区、直辖市人民政府或者国务院归口管理部门组织成立特大事故调查组,负责特大事故调查工作。此外,对于某些特大事故,国务院认为应当由国务院调查的,则可以决定由国务院或者国务院授权的部门组织成立特大事故调查组。

4. 外国旅游者在华旅游期间发生伤亡情况的处理

在重大和特别重大旅游安全事故中,经常会发生外国旅游者伤亡的情况,对于外国旅游者伤亡事故,应当特别注意下列事宜:

①立即通过外事管理部门通知有关国家驻华使馆和组团单位。

②为前来了解、处理事故的外国使领馆人员和组团单位及伤亡者家属提供方便。

③与有关部门协调,为国际急救组织前来参与对在国外投保的旅游者(团)的伤亡处理提供方便。

④对在华死亡的外国旅游者,须严格按照外交部外国人在华死亡后的处理程序办理。

⑤对于外国旅游者的赔偿,按照国家有关保险规定妥善处理。

## 三、旅游救援类型及实施

旅游救援,是指当办理了旅游保险的旅游企业或者旅游者在旅游活动中遇到了规定范围内的各种不便时,由特定的组织(企业)为其提供的旅游保障服务。旅游救援最早产生于20世纪50年代的西班牙。当时西班牙人热衷于驾车去周边国家旅游,在遇到车祸或汽车抛锚及人身意外伤亡时,需要给予帮助,旅游救援应运而生。80年代中期,旅游救援服务进入中国,当时仅是为海外来宾提供相应的服务。目前,我国的旅游援助系统尚不健全,亟待完善推广。

1. 旅游救援的类型

旅游救援包括医疗救援和非医疗救援两大类。

(1)医疗救援。包括建立医疗呼救系统,及时送往和安排医疗单位,担保住院押金,垫付医疗费、住院费,医疗追踪服务,运送紧急药品,提供医疗翻译,医疗遣返转运,安排亲友探访,尸体火化或转运等。

(2)非医疗救援。包括旅游咨询,查找丢失行李、证件,紧急信息传递,信用卡丢失,代办登记,代订酒店床位、机(船、车)票,代垫保释金,代聘律师,贷款及诉讼帮助等。

2. 我国现有旅游安全救援机构介绍

我国现有旅游安全救援机构，主要包括在我国开展旅游安全救援业务的国际性救援机构和我国自己的旅游安全救援机构两大类。

(1)国际性救援机构：

①国际 SOS。国际 SOS 的前身，是 1985 年创建的亚洲紧急救援中心(Asia Emergency Assistance，简称"亚急"[AEA])，也是第一家专门提供国际化标准的紧急医疗救援公司。1998 年，"亚急"并购国际 SOS 援助公司后，正式更名为"国际 SOS"，从而成为世界上最大的紧急医疗救援机构。1989 年，国际 SOS 进入中国并建立了第一个北京办事处。目前，国际 SOS 已经为在中国举办的亚运会、世界首脑会议、全球环境基金会大会、奥运会等大型活动提供了现场医疗救援，并和 14 家保险公司及北京、武汉等地的红十字会建立了合作联盟关系。

国际 SOS 的服务模式以会员制为主，即采用先交会费，后享受服务的收费模式。其客户除个人、企业、政府和非政府组织外，还和汽车公司、航空公司、银行和信用卡公司、电信运营商、保险公司等展开广泛的合作。其提供的服务内容不仅有国际化的医疗服务、紧急救援，还包括在国外居住或者旅行的人丢失护照、遇到语言障碍等生活上的问题。只要会员拨打呼叫中心的电话，SOS 诊所就会提供帮助。如果遇到紧急情况，SOS 还会出动专业化的救援飞机。

国际 SOS 可以向旅行客户提供的服务包括：

- 旅行前的准备工作。为客户提供一流的安全信息、建议，甚至当相关国家危机升级时，国际 SOS 会及时通过电话和短信通知客户。
- 旅游信息服务。国际 SOS 救援中心和"化险咨询"联手致力于提供旅行安全帮助的服务，会员将及时获得旅程信息和 24 小时全天候的安全建议，以确保其旅行安全。
- 医疗护理。无论是常见病还是严重疾病，国际 SOS 都可以随时提供国际化标准的医疗建议和医疗服务。
- 国外紧急救援。医疗小组随时待命，一旦发生严重意外，只需一个电话，国际 SOS 就可以为身在异国他乡的旅行者提供快速可靠的救援，包括将患者转移、转运，或遣送回国。

②法国优普环球援助公司。1963 年，法国人 Dr. Pierre Desnos 先生的友人在海外发生意外。他在帮助友人的过程中得到启发，因此创立了一种服务理念：旅行者只需拨打一个电话，援助公司就会立即行动，及时提供各种援助服务。这使得法国优普环球援助公司成为援助概念的先驱和创始者。1989 年 2 月，优普集团驻华代表处在北京成立；2005 年，优普集团获得了中国外商独资企业经营许可，优普旅行援助服务(北京)有限公司正式成立；2006 年，上海分公司开业。

法国优普环球援助公司与多家国内外保险公司开展了业务合作,为国内外客户出、入境旅行提供了紧急医疗援助服务。该公司为旅游者提供优普旅行援助,服务内容如下:

- 24 小时援助热线,具体包括:旅游信息提供、境外诊所/医院介绍。
- 紧急医疗援助,具体包括:安排住院、医疗病情监控、紧急医疗转运、紧急医疗转送回国、运送遗体、骨灰回国或就地安葬。
- 旅行援助服务。具体包括:安排慰问性探访、家长陪住、安排子女的返程、补办遗失的旅游文件、航班延误补偿、法律服务转介。

中国人寿保险公司与优普环球援助公司就中国人寿中国公民境外意外伤害及紧急救援保险条款项下的有关紧急救援服务部分进行合作,向出国进行因公、商务、旅游及探亲活动中的中国公民提供境外紧急救援服务。当被保险人在境外发生意外后,可以马上与法国优普环球服务公司联系,由其垫付救援所支付的费用并在指定的医院就医,之后再由中国人寿保险公司向优普环球服务公司支付费用。该保险的期限分为几天、十几天或者几十天,最长期限为 90 天,适用于出国考察、探亲、访友或者旅游者。与其他旅游险种不同的是,该保险的重点是救援。它的意外赔付最高金额为 5 万元,而救援保额达到 66 万元,最高能达到 100 万元。

(2)国内救援机构:

①国旅总社旅行救援中心。1991 年 2 月,中国国旅旅行救援中心(CITS Travel Assistance)正式成立。这是我国唯一在国家工商管理局登记注册,从事旅行救援的专业机构,在境内外已初步建成一个救援网络。救援中心和境内外多家保险公司及境外多家救援公司有救援代理业务。同时,也接受各单位、驻华使领馆及个人临时委托的救援工作。其所从事的紧急救援业务受到国家相关法律保护。

旅行救援中心的业务范围是:

- 医疗救援。具体包括:医疗咨询及介绍医院和医生,紧急护送病人就医,安排医生出诊,协助病人住院和转院,代付医疗费和住院费,医疗情况追踪,包租救护专机、海外医疗救护专机来华地面接待协调,帮助随行未成年子女回国及病人康复后回国。
- 安排和办理遗体火化及相关手续,并将骨灰转运回国。
- 旅行及个人行政援助。具体包括:安排旅行,代订饭店、机、船、车票,丢失行李、证件、物品查询,现金借贷,紧急信息传递,代聘译员,介绍律师,代垫诉讼费和保释金,代办签证,代客送礼仪鲜花等。
- 咨询服务。具体包括:保单、信用卡情况查询,旅游信息、旅游交通、娱乐信息查询,医疗设施信息查询。
- 旅游保险销售代理。具体包括:中国公民境内、外旅游人身保险及旅行救援销售代理;境外华人入境旅游人身意外保险及旅行救援销售代理。

②广州紧急救援中心。广州旅游紧急救援中心,成立于1998年9月10日。该中心为全民所有制事业单位,隶属于广州市旅游局领导,是广州市社会服务联合行动指挥中心成员单位之一,是向旅游行业提供新型社会化、商业化服务的旅游紧急救援组织机构。广州旅游紧急救援中心与中国人寿保险公司广州分公司建立合作网络,只要在中国人寿保险公司投保,紧急情况下就可获得中心的救援,在保额内的费用由保险公司支付。广州旅游紧急救援中心还与市公安局“110”指挥中心、“120”急救中心、“119”消防指挥中心、“122”交通指挥中心及广州市120网络医院等单位组成了旅游紧急救援网络系统。

3. *旅游救援的实施*

我国尚未形成一套完整的旅游安全救援体系,仅有零星几家专业机构提供旅游安全救援工作。当发生旅游安全事故时,通常采取的做法是,第一时间拨打110、120等紧急救援电话,现场人员会同事故发生地的有关单位组织紧急救援。但是,这些救援的实施往往缺乏专业性,并因在协调上存在的困难而常常导致旅游安全救援工作效率低下。所以,我国亟待构建功能完善、组织协调有力、遍布全国的旅游安全救援系统,以对现有救援机构和人员进行有效整合,统一策划旅游安全救援工作,发挥集体的力量。一旦发生旅游安全问题,旅游景区(点)、旅游企业、社区及参加救援的公安、消防、医院、武警和外围的新闻媒体等,就能够协同作战,迅速地实施旅游救援工作。

经营者或旅游者如果购买了与专业救援机构合作的保险,发生事故时,旅游者只需要通过在事故发生地拨打救援电话,就能得到及时的救援和专业化的治疗服务,并且只要购买的保险是提供提前垫付服务的险种,事故发生后,就会由保险公司通过救援合作机构先行支付所需费用,待旅客回国后再由保险公司向消费者结账,可以免除旅游者为了筹措资金而奔波于异国他乡之不便。

## 第4节　涉及旅游保险的事故处理

### 一、旅游保险概述

旅游保险,一般是指投保人根据合同的约定,向保险人支付保险费;保险人对于合同约定的在旅游活动中可能发生的事故,因其发生所造成的财产损失承担赔偿保险金责任,或者当旅游者死亡、伤残、疾病时承担赔偿保险金责任的商业保险行为。

1."旅游保险"的保障范围

(1)人身意外保障。由于意外造成死亡或永久性伤残而给予一笔预先约定的金额。

(2)医疗费用保障。在旅途中因意外而导致的医疗费用开支。完善的旅游保险应包括"国际医疗支援"服务,万一在外地发生严重事故,受保人可享受国际医疗队伍的服务。如,紧急医疗运送或送返原居地等。大部分的旅游保险都是只保障因意外造成之医疗开支,但亦有少部分的保单可同时保障在旅途中因疾病而带来的医疗支出。

(3)个人财物保障。在旅途中,财物因意外损毁或被盗窃所带来的经济损失。

(4)个人法律责任保障。在旅途中受保人因疏忽而导致第三者人身伤亡或财物损失而被追讨索偿的保障。由于不同保险公司发出的保单条款可能有异,因此,保障范围可有不同。

2.旅游保险的主要险种

(1)旅行社责任险。旅行社根据保险合同的约定,向保险公司支付保险费;保险公司对旅行社在从事旅游业务经营活动中致使旅游者人身、财产遭受损害,应由旅行社承担的责任承担赔偿保险金责任。

(2)游客人身意外伤害险。是指旅游者参加旅游时,为保护自身利益,自行向保险公司支付保险费,一旦旅游者在旅游期间发生事故,按合同约定由保险公司向旅游者支付保险金。

(3)旅游意外伤害保险。这类保险主要是为游客在乘坐交通工具出行时提供风险防范服务。游客所购买的车(船)票金额中5%用于保险。每份保险的保险金额为2万元。其中,意外医疗事故金1万元。保险期限从检票进站或中途上车(船)开始,一直到游客检票出站或中途下车(船)止。

(4)旅游救助保险。中国人寿、中国太平洋保险公司与国际(SOS)救援中心联手推出的旅游救助保险中,将原先旅游人身意外保险的服务扩大,将传统保险公司的一般事后理赔向前延伸,变为事故发生时提供及时、有效的救助。

(5)旅游求援保险。该险种对于出国旅游十分合适。有了它的保障,旅游者一旦发生意外事故或者因不谙当地习俗、法规而引起法律纠纷,只要拨打电话,就会获得无偿的救助。

(6)住宿旅客人身保险。旅客因遭意外事故、外来袭击或随身携带物品遭盗窃、抢劫而遗失的,保险公司按不同标准支付保险金。

其中,"旅行社责任险"与"游客人身意外伤害险"是最重要的。"责任险"保障的,主要是由法院或相关仲裁机构裁决的旅行社应承担的民事赔偿责任,意味着旅行社只承担自己的责任。事实上旅行社不承担责任的情形有:由于游客自身疾病、个人过错及在自由活动时间内发生的人身、财产损害。游客要想获得更为全面的保障,出游时应根据个人意愿和需要自行投保“意外险”。

## 二、境内旅游保险事故的处理

### 1. 旅行社责任险

(1)旅行社责任险的概念。《旅行社责任险管理办法》即将出台,根据新的规定,旅行社责任保险,是指以旅行社因其组织的旅游活动对旅游者和受其委派并为旅游者提供服务的人员依法应当承担的赔偿责任为保险标的的保险。旅行社责任险的保险责任,应当包括旅行社在组织旅游活动中依法对旅游者人身伤亡、财产损失承担的赔偿责任和对受旅行社委派并为旅游者提供服务的人员的人身伤亡承担的赔偿责任。具体包括但不限于下列情形:

①因旅行社疏忽或过失应当承担的赔偿责任。

②因发生意外事故旅行社应当承担的赔偿责任。

③仲裁裁决或者人民法院判决旅行社应当承担的赔偿责任。

(2)旅行社责任险投保、解除合同的规定:

①旅行社责任险投保规定。旅行社投保旅行社责任保险,可依法自主投保,也可有组织地统一投保。旅行社责任保险的保险期限为1年。投保旅行社应当与保险公司依法订立书面合同,同时双方依照《中华人民共和国保险法》的有关规定履行告知和说明义务。旅行社应当在保险合同期满前及时续保。

保险合同成立后,旅行社按照约定交付保险费。保险公司向旅行社签发保险单或者其他保险凭证,并在保险单或其他保险凭证中载明当事人双方约定的合同内容,同时,按照约定的时间开始承担保险责任。

②旅行社解除合同须注意的事项。旅行社要解除保险合同的,应当同时订立新的保险合同并书面通知所在地县级以上旅游行政管理部门,但因《旅行社业务经营许可证》被依法吊销或注销而解除合同的除外。合同解除时,保险公司可以收取自保险责任开始之日起至合同解除之日止的保险费,剩余部分退还旅行社。旅行社的名称、法定代表人或者业务经营范围等重要事项变更时,应当及时通知保险公司。必要时应当依法办理旅行社责任保险合同变更手续。

(3)保险事故应对措施及赔偿责任。当保险事故发生时,由旅行社或者保险事故受害人及相关权利人通知保险公司。保险公司依法根据合同约定,在旅行社责任保险责任限额内予以赔偿。责任限额可以根据旅行社业务经营范围、经营规模、风险管控能力、当地经济社会发展水平和旅行社自身需要,由旅行社与保险公司协商确定,但每人人身伤亡责任限额不得低于20万元人民币。

旅行社可向保险公司书面申请赔偿保险金,并向保险公司提供与赔偿有关的证明和资料。旅行社若怠于申请的,保险事故受害人或相关权利人,有权就其应当获得赔偿的部分直接向保险公司请求赔偿保险金。保险公司收到赔偿保险金的请求和相关证明、资料后,应当及时作出核定,情形复杂的,应在30日内作出核定,并将结果通知旅行社、保险事故受害人或相关权利人。对属于保险责任的,在与被保险人或者受益人达成赔偿保险金的协议后10日内,履行赔偿保险金义务。

旅行社必须就旅游安全情况事先对旅游者给予充分提醒、劝诫、警告,并对有可能发生的旅游意外事故采取有效的预防措施。当旅行社责任事故发生时,旅行社及其工作人员的具体应对措施包括:

①应及时向有关部门报案,通知所在人保公司,拨打当地的报案电话,说明事故情况,并在保险公司要求的时间内向其提供书面材料。

②应采取措施防止损失进一步扩大,由此发生的费用,由保险公司负责承担。

③应取得保险理赔所需的各项材料。

④未经保险公司同意,旅行社不得单方面向第三方承诺赔偿及赔偿的数额。

⑤不得单方面承诺放弃对第三方的追偿权。

⑥旅行社在获悉可能发生诉讼时,应及时通知所在保险公司;旅行社如要提起诉讼,应事先征得保险公司的同意。

⑦旅行社就赔偿问题不能与保险公司达成一致时,应将有关情况报告当地旅游管理部门,请求当地旅游管理部门出面进行协调解决;仍不能达成一致的,旅行社可以向当地人民法院提起诉讼。

⑧旅行社责任保险的索赔时效是两年,时间从旅行社知道保险事故发生之日起计算。

**2. 游客人身意外伤害险**

(1)人身意外伤害险概述。旅游意外伤害险由游客自主购买,旅行社没有义务为旅游者购买旅游意外保险。但是,旅行社应当推荐旅游者购买相关的旅游保险并由旅行者自愿选择,且通常由旅行社代理保险公司向旅游者出售保险。其投保范围,是中华人民共和国境内旅游团队的全体成员,包括旅游者及旅行社派出的为旅行者提供服务的导游、领队人员,均可作为被保险人参加该保险。

旅游人身意外伤害险一般包括3个部分:意外保障,主要是游客在旅游期间,因突发疾病、意外,导致身故或全残,保险公司负责赔付;医疗保险,是游客在保险期间内,因为突发疾病或意外,发生的医疗费用,保险公司负责赔付;医疗补充保险,是游客在旅游期间,因为疾病或意外导致的误工费、交通费、食宿费等费用,保险公司负责赔付。短期的旅游意外伤害险,国内游最高赔付金额为10万元~50万元,境外游为30万元~100万元不等。

由于不同险种的保障范围不同,投保旅行意外险首先要看保险保障的范围,是否包括人身意外、交通工具意外、航班延误及行李丢失等理赔项目。此外,还要看保险除外责任。大多数保险公司仍将参加滑雪、滑水、潜水、赛马、跳伞、急流划艇、攀岩、蹦极等危险性非常高的项目作为免责条款。

在组织国内旅游时,游客人身意外伤害保险期间,从被保险人在约定时间登上由投保人安排的交通工具时开始,至该次旅行结束离开投保人安排的交通工具时止。被保险人自行终止投保人安排的旅游行程,其保险期间至其终止旅游行程的时间为止。

(2)人身意外伤害险的赔偿。在理赔过程中,旅行社充当着保险公司与游客之间的沟通桥梁作用。客人自意外伤害事故发生之日起180日以内产生的医疗费用均可报销(限不超过保额范围),届时可向旅行社提供相关的资料。旅行社将会协助其向保险公司申请理赔。客人须提供给旅行社的保险理赔资料包括:保单原件、被保人的身份证复印件、简单的事情经过、病历及医疗费用发票原件、银行账号复印件、客人的联系电话和参团的团号,由旅行社把资料统一递交给保险公司。保险公司核实后,将向旅行社或客人发出理赔通知书,进行赔偿。

## 三、境外旅游保险事故的处理

旅行社组织境外游时,对旅行社责任险事故的处理与境内游基本一致,但也有一些细微差异。其中需要注意的几点是:

### 1. 最低保险金额

为入境旅游的外国人、出境旅游的中国人办理旅游意外保险时,每位旅游者的保险金额不得低于50万元人民币。

### 2. 投保单的递交

意外险的投保单是理赔时必须要递交的一份非常重要的资料,在理赔时需要逐一核对保单上的编号、个人信息、有效期限、旅游目的地及签名等。

### 3. 病历资料

境外旅行意外险理赔时,病历是必须要提供的一项重要资料。在国外,如果没有病历本,也会有相关的诊断证明资料。

### 4. 收据

收据是理赔资料中最重要的部分。只有交费之后,医院才会给客户开具相关的收据,还应注意在递交理赔资料之前,一定要核实收据是否为原件。

### 5. 疾病理赔

境外旅行意外险对于被保险患者在门诊发生的费用也可以理赔。但是,在疾病的定义上,条款有一定的限制,(疾病)必须是在国外首发的。这一点在办理理赔时须特别注意。另外，出境旅游时，针对财物被盗、丢失的出险，须及时向当地警方报案，向保险公司索赔时，须提供警方报告和购买该物件的收据。对于行李丢失或航班延误的报案，须及时向有关部门航空公司索取丢失或延误的证明，向保险公司索赔时，也是必备的资料。

【补充阅读材料5－1】

## 出国险医疗保障额度可“因国制宜”

境外旅游，必要的医疗保障至关重要。旅游者投保境外旅游险时，要注意不同国家地区医疗险的保额要求。如果出游的目的地包括奥地利、比利时、丹麦、芬兰、法国、德国、希腊、冰岛、意大利、卢森堡、挪威、荷兰、葡萄牙、西班牙和瑞典等申根协议的国家，则必须投保包含医疗险的旅游险。根据申根国家的签证要求，旅游者购买的境外医疗保险金额不得低于30万元人民币（约3万欧元），保险期限不得少于1个月。

针对这个要求，许多保险公司纷纷设计了相关产品以应对，如，美国友邦保险公司境外旅游保险计划的“特别计划”。专家表示，如果为了签证使用，当然保额越高保障越好，签证也容易通过。有经验数据表明，申请法国签证时，泰康保险公司的境外救援险比较容易被接受，另外，还有中国人寿保险公司的境外险也很常见。

而泰国、马来西亚、美国或非洲等国家或地区，则没有强制游客购买旅游医疗保险，这是出行旅游需要考虑的。同时，旅游者在投保时，也要考虑目的地的医药费水平，如，美国、新加坡、日本等国家医药费较高，建议医疗险的保额不要低于20万元；而去泰国、马来西亚等亚洲国家一般出游的行程较短，医疗险的保额可设定在10万元左右。

据了解，现在大多数境外旅游险医疗理赔都已经突破了“先自付，后理赔”的传统模式，保险公司更加为保险人考虑，境外医疗保险责任更人性化，医疗理赔方式更具体，对于需要紧急住院的意外或疾病，旅游者可拨打救援电话，救援公司会在第一时间对保险人进行救助。考虑到保险人外出旅游一般不会携带大量现金，救援公司会安排医疗垫付，使患者得到最及时、最妥善的救治保证。对于发烧、感冒等小病，可自行解决的，被保险人只要保留收据和诊断证明，事后便可得到保险公司的赔付。

（资料来源：www. zjol. com. cn/05gotrip/system/2009/07/10/015661840. shtml）

## 四、旅游保险索赔的办理程序

**1. 旅游者索赔步骤**

(1)发生意外事件后,旅游者首先应向导游员反映,并协同导游员收集相关证据,诸如,医院诊断证明、化验单、意外事故证明等。

(2)确认系旅行社责任后,旅游者可向旅行社提出索赔要求。

(3)通知保险公司,由保险公司查勘并在事故发生 20 日内将有关情况通知旅行社。

(4)如果在交通工具上发生意外,应立即向交通运输业主(如,公交公司、航运公司、铁路部门等)索赔,并及时通知相关保险公司。

(5)如果与旅行社发生纠纷,可向当地旅游监督机构投诉;如果与保险公司出现分歧,可向保险行业协会提出申诉,直至提出法律诉讼。

**2. 具体保险索赔过程**

(1)报案:

①报案时间。在条款规定的时限内及时报案。

②报案方式。上门报案、电话(传真)报案、业务员转达报案。

③报案内容:

- 出险的时间、地点、原因;
- 被保险人的现状;
- 被保险人姓名、投保险种、保额、投保日期;
- 联系电话、联系地址。

(2)案件受理。申请保险金应备文件包括:

①保险合同;

②保险金给付申请书(受益人需在申请书上签名);

③被保险人发生意外伤害事故的证明文件;

④被保险人的门急诊病历和住院证明(包括出院小结和所有费用单据);

⑤被保险人、受益人身份证明和户籍证明。

(3)案件立案条件:

①保险事故确已发生;

②事故者是保险单上的被保险人或投保人;

③在保险合同有效期内发生保险事故;

④理赔申请在《保险法》规定的时效之内。

(4)案件调查。理赔调查是寿险理赔作业中的一个组成部分,但不是寿险理赔的必经程序。对于单证齐全、证明材料充分、保险责任明确的案件可以不调查;

对于某些赔案来说,案件调查是必须经过的一个重要步骤。

(5)案件审核:

①保单状况的审核。通过理赔电脑系统可以准确、及时地确认保单的有效性。

②被保险人和保障范围的审核。实行这一步骤,是为了确定保险人的责任范围和保险公司应承担的责任,有利于保护保险公司免遭骗赔和错误理赔。

③索赔材料和事故性质的审核。对索赔材料有效性、合法性的认定,有利于确定事故的性质和保险公司应承担的责任范围。

④确定损失并理算保险金。遵循保险条款,保护合同双方的利益。

⑤确定保险金给付。受领人医疗费用和残废保险金给付,按保险条款规定应支付给被保险人本人。保险公司不受理指定死亡保险金。给付,必须根据《保险合同》约定和法律规定,支付给正确的受领人。

(6)案件赔付。保险公司作出赔付决定后,通知受领人领取保险金,受益人在收到保险金后,在保险金的收条回执上签名后回复给保险公司。

**[典型案例]**

### 团队运行中发生突发事件,旅行社是否承担责任

旅游者张某投诉四川某国际旅行社(以下简称某国际社),要求该社承担因道路塌方、变更旅游线路后所受到的相关损失案。张某称:2005 年 10 月 16 日晚 10 点,他与某国际社签订了赴九寨沟黄龙景区 4 日游的旅游合同。合同约定 10 月 17 日早晨出发。10 时 17 日,旅游车行至都汶公路时遇道路塌方(道路塌方发生于 10 月 16 日上午,当地新闻媒体于同日晚对此事件进行了报道),交警实施单向通行的交通管制,原定行程无法正常实施。导游员游某在某国际社授权下变更行程,车辆绕道绵阳一线赴九寨沟,由此导致行程延误。张某因此提出异议,要求赔偿时间损失。10 月 19 日,游某擅自取消了黄龙的游览,改为游览松潘古城,并将原定夜宿黄龙改为茂县,致使住宿费用增加了 150 元;游览松潘古城途中,游某还擅自增加购物项目,在游某安排的旅游购物点他花 2000 元购买了一只假玉镯。为此,张某向旅游行政管理部门投诉,要求某国际社承担购买假货的赔偿责任;退还未游览黄龙景区的门票款;赔偿降低服务质量费用 600 元。

**【分析提示】**

受理部门经查证后提出如下处理意见:

①原定行程上的道路塌方事件先于张某与某国际社订立合同之前发生,当地新闻媒体 10 月 16 日对此进行了报道,因此,旅行社不能以道路塌方是不可抗力为

由要求免责。

②张某对变更行程导致服务质量下降所提出的赔偿请求，符合《合同法》第七十八条的规定，某国际社应承担张某多支付的费用并退还黄龙景区门票款；同时，对降低服务标准的行为进行赔偿。

③导游员游某在履行职责过程中擅自改变接待计划，增加购物项目的行为属于职务行为，旅行社应对导游员的职务行为承担法律责任。根据《消费者权益保护法》的相关立法精神，旅游行政管理部门责成旅行社协助旅游者张某退货，并对导游员游某作出暂扣导游证3个月的行政处罚。

本案提出的问题如下：

● 旅行社的违约责任是否成立？

根据《合同法》规定，因不可抗力导致合同不能履行的，当事人有权要求免除违约责任。通常，若旅行社在组织旅游活动过程中发生道路坍塌，相关部门采取交通管制，该因素可以视为《合同法》上的不可抗力。旅行社据此要求免除违约责任应当得到支持。但本案某国际社与旅游者张某签订旅游合同的行为发生在道路坍塌之后，不符合不可抗力“不能预见”的客观要求。换言之，某国际社在明知合同存在可能不能履行的事由，仍与旅游者签订合同，合同不能履行的主要原因已转化为某国际社的过失，所以某国际社的违约责任不能免除。

● 如何计算赔偿数额？

在某国际社违约的前提下，通常要对该社更改行程、降低服务标准、加收费用的行为计算具体的赔偿数额。实践中，一般的做法是：旅游者多支付的费用应当予以退还，在此基础上再计算一定标准的违约金。该违约金的比例，在双方签订的合同中有明确约定的，按照约定执行；未有约定的，可以参照质量保证金的有关规定执行。

● 旅行社是否应当对旅游者的购物损失承担责任？

对此有两种意见：一是，根据“先行赔付原则”，要求某国际社先向旅游者承担损失，再由该社向旅游购物点追偿。理由是，游客的损失是该社工作人员直接造成的，而且旅游者购物后身处异地，该社不承担责任则旅游者的损失将很难得到弥补。二是，虽然某国际社对旅游者的购物损失负有一定的责任，但旅游者作为成年人，对其自行购物决定的后果是明确的。因此，其对自己不谨慎的购物行为应承担责任。司法实践中，采用后一种意见的较多。同时，为了维护旅游者的利益，一般要求旅行社承担相应的协助义务。

（资料来源：www.ab12301.gov.cn/consumer/special.aspx? ID=46 四川阿坝州旅游市场综合执法局门户网站）

## [本章小结]

本章介绍了旅游计划和服务项目变更的处理原则、方法及旅游安全事故、旅游保险事故的处理程序。旅游计划变更,包括旅游计划延长、缩短和取消;旅游服务项目变更,包括项目调价、取消和替换。在不可抗力、情势变更和双方协商等不同的变更原因下,旅行社有不同的处理方法。旅游安全和旅游救援知识也是必须掌握的重要内容。旅游保险事故的处理,分为旅行社责任险和游客人身意外险两种;具体的处理程序和方法又因境内和境外而有所不同。读者要妥善区分并能灵活运用在实际经营中。

## [复习思考]

(1)关键概念。旅游计划、旅游服务项目、旅游安全、旅游救援、旅游保险、事故处理。

(2)课堂讨论题:

- 旅行社服务项目变更的原因包括哪些?
- 在哪些情况下旅行社变更服务项目可以免除违约责任?
- 旅行社责任险和旅游者人身意外伤害险有什么不同?

(3)思考题:

- 旅游计划取消的处理程序有哪些?
- 什么是旅游安全事故?旅游安全事故如何划分类别?
- 我国现有哪些旅游救援机构?其业务范围如何?
- 处理境外旅游保险事故时,应该注意哪些细节?

(4)实训题。在一家旅行社进行实地考察,观察那里旅行社相关人员在面临突发事件时的应对措施。

(5)自测题:

- 旅游费用不包括(　　)。

  A. 游览费　　B. 导游服务费

  C. 航空人身保险费　　D. 旅游意外保险费

- 橙色旅游预警代表(　　)信息。

  A. 建议不要前往　　B. 建议重新考虑

  C. 建议高度关注　　D. 建议关注

- 简述对特大旅游安全事故的处理程序。
- 名词解释:旅游救助保险。

• 根据所学习的知识,对下面的案例进行分析:

刘某等16人参加旅行社组织的云南四飞6日游,按日程计划,应于13日由西双版纳乘飞机返昆明。但由于大雾和雷雨天气,航空公司取消了当天航班,且气象台预报近几天全部是雷雨天气,飞机何时起飞航空公司无法确定。于是旅行社积极采取补救措施,拟改乘大巴返昆明,但与游客协商未达成共识。旅游者坚持按原合同约定乘飞机赴昆明。旅行社只好告诉旅游者,由于航空公司航班停飞,在西双版纳滞留期间所花费的费用由旅游者自理。旅游者仍坚持乘飞机赴昆明。结果,游客在西双版纳滞留4天,17日才乘飞机由西双版纳到达昆明。返程后游客投诉该社,要求承担违约责任,赔偿滞留期间的食宿费及误工费。请结合所学知识,分析旅行社是否应该承担赔偿责任?

# 第六章 旅游服务采购管理与质量控制

**[学习目标]**

通过本章学习应该达到以下目标：

● 知识目标。掌握向相关产业或部门采购各种旅游服务的策略和技巧；熟悉旅行社旅游服务采购的原则；了解构成旅行社产品的旅游服务项目类型及其特点。

● 技能目标。能运用旅游采购的策略为旅行社采购到质优价廉的旅游服务；能够建立起旅游采购协作网络。

● 能力目标。具有采购各种旅游服务的能力；具有熟练地同各个旅游服务部门进行谈判的能力；具有在旅游旺季保障旅游服务供应和在旅游淡季降低购买价格的能力。

**[引例]**

### 上饶三清山旅游联盟集中采购旅游产品

2010年1月21日，由上饶市20家旅行社组成的三清山旅游联盟在年后召开了2010年春季旅游产品采购会。来自全国各地的地接社及组团社代表近百人参加了这次采购会。

上饶三清山旅游联盟，由原上饶市区及周边县市区的上饶市红土地旅行社、上饶市华都旅行社、上饶市向阳旅行社、上饶市华新旅行社、上饶市中国旅行社、上饶市环球旅行社等20家旅行社共同发起成立。该旅游联盟的成立改变了往日饶城旅行社虽多，但规模不大、各自为政的局面。在组团及接待外地游客方面将大大提高饶城旅行社的整体竞争力，为国内外更好地推广上饶的旅游产品提供了一个全新的平台。

目前,旅行社联盟在国内各大中城市已经形成了一种成熟的操作模式。在该联盟成立的第一次春季采购会上,来自全国各地的旅行社代表们对上饶三清山旅游联盟的成立都表示了欢迎。

(资料来源:《上饶晚报》,2010 年 1 月 21 日,第四版。)

上述案例告诉我们,旅游服务采购,是指旅行社向其他旅游企业及与旅游业相关的其他行业和部门购买相关服务项目的行为。旅行社只采购旅游设施在特定时间内的使用权,并不产生所有权的转移。但是,对旅游服务采购过程的管理及采购质量的控制,正逐渐成为旅行社经营的重点。上饶旅行社业通过建立旅游联盟的方式,对旅游服务采购管理提供了创新性的思路。首先,提供了行业自我规范、自我约束和良性发展的范例。旅行社自发组织形成的旅游联盟不但实现了自身利益的最大化,而且提高了所有旅行社的权益,避免了过度竞争带来的行业平均利润和赢利能力的降低。其次,形成旅游目的地整合营销传播的平台。各旅行社形成了统一的计调采购和对本地旅游产品的统一形象宣传,实现了旅游景区资源的充分利用和行业的成熟发展。为此,加强对旅行社旅游服务采购的管理和质量控制,不仅要注重产品质量本身的管理,还要在管理模式和形式上力求有所创新。

## 第 1 节　旅游服务采购管理的意义、特点及方法

### 一、旅游服务采购的战略意义

从世界范围来说,对于一个典型企业,一般采购成本要占 60%。显然采购成本也是旅游企业管理中的主体和核心部分。采购是旅游企业管理中“最有价值”的部分。旅游服务的采购管理,主要致力于协调采购成本和综合成本。在旅行社经营过程中,往往致力于以最少的投入来换取最大的利润。为此,旅游服务采购管理除基本的产品保障和管理监控职能之外,与旅游产品供应商建立供应链来优化采购渠道,进一步提高企业的核心竞争力,将会成为旅游服务采购管理新的重要职能。

战略采购,是指通过跨部门商品行动小组的运作,对不同供应商采取差异化的策略、方法、业务流程及决策规则,以期降低公司采购的食、住、行、游、购、娱等商品及服务的总成本。战略采购是一个以最低总成本整合旅游服务供应渠道的过程,不是以最低采购价格获得当前所需单一产品及服务的简单交易。战略采购是一种有别于常规旅游采购的思考方法。它与普遍意义上的采购的最大区别是,前者的

注重要素，是旅游服务供应链的“最低总成本”，而后者的注重要素则是旅游商品及服务的“单一最低采购价格”，战略采购充分平衡了旅行社内部和外部的优势，以降低整体旅游采购供应链成本为宗旨，涵盖整个采购流程，从旅游商品及服务描述直至付款的全程管理。

影响采购前景的各种发展趋势，对旅行社的采购战略提出了挑战。这就要求企业必须关注采购管理的价值，随着买方市场的形成和发展，采购管理已经成为旅行社企业战略的重要组成部分。旅游服务供应商已经渗透到经营的各个环节。这对全面提高旅行社面向速度经济、客户要求和成本管理的调控能力具有重要意义。战略采购的实现，要求旅行社做到以下三个方面：

#### 1. 采购战略与旅行社企业战略紧密结合

把为业务而采购转变成为客户需求而采购。以用户需求驱动业务采购，以业务采购驱动供应商网络的建设的业务驱动模式可以准时响应用户的需求，从而降低业务采购成本，提高服务速度和质量。这种战略采购需要供应链上各旅游业务部门的密切合作，同时使各部门及供应商的利益得到最大优化。

#### 2. 与关键供应商建立战略性合作伙伴关系

从对采购服务的管理转变为对供应商的管理。保护客户利益，力争建立零缺陷的旅游服务供应商。采购方应及时把质量、服务、交货期等信息传递给供应方，使供应方严格按照要求提供产品与服务。供应方参与到旅游接待过程，了解所供服务的情况并提出调整意见，这对主要的供应链成员及始于供应链的旅游服务供应商来说，要在供应链中发挥作用，必须分享供应链的游客接待信息。参与旅游服务采购的供需双方进入供应链，从输赢变成双赢，建立起一种长期互利的合作关系，结成命运共同体。当然这种关系不是绝对的，是可以调整的。供应商为使自己在供应链中成为不可替代的角色，需要不断作出努力。

#### 3. 将采购重点从降低成本转向提高收入

打破旅游企业“大而全”、“小而全”的商业运作模式；打破条块分割、地区封锁的运作模式，实现旅游服务的外包管理，选择供应商在全国、全球范围内提供旅游商品及服务。根据旅行社的实际需要，建立自身的服务采购体系，建立科学合理的组织机构。

## 二、旅游服务采购的现存问题及管理重点

#### 1. 采购人才缺乏，采购能力不强

旅行社其实就是一个采购商。旅行社采购酒店、旅行车(船)、导游员、景点、餐厅等，在把这些内容组合并增加旅行社的服务之后提供给客户，也就是说旅行社卖给客户的不单单是服务。作为采购商，旅行社还要为其所采购的内容负责。这

就决定了旅行社要掌握更多、更好的资源，作为给客户提供良好服务的基础。但旅行社往往由于自身原因造成采购能力不强，如，缺乏专业的采购人员，采购渠道不畅通，导致预期线路中所需的服务采购不到。我国专业采购行业起步较晚，采购专业人才缺乏是一个普遍存在的问题。

2. 采购本身的成本高时不去采购

采购本身的成本，主要是指进行采购行为所发生的费用。比如，一些国外线路，进行实地考察，会发生相关交通费、食宿费等。这些巨额费用都会使成本增加，利润减少。控制采购成本对一个企业的经营业绩至关重要。采购成本下降，不仅体现在企业现金流出的减少，而且直接体现在产品成本的下降、利润的增加及企业竞争力的增强。旅行社作为一个以营利为目的的企业同样如此。因此，控制好采购本身的成本并使之不断下降，是一个旅行社不断降低产品成本、增加利润的重要和直接手段之一。所以，很多旅行社对采购本身成本很高的服务项目不予采购。

3. 交通、地接的成本高不愿去采购

对于旅游者来说，总希望购买到物美价廉的旅游产品。产品的组件成本高，则产品的成本相应升高，表现在价格上，即意味着售价升高。当价格超过了购买者的购买力时，就意味着产品不合市场需求。以国际游线路中的古巴线为例，旅行社的线路设计中最初有几种方案。第一，经美国前往古巴，但是担心有人在美国滞留，风险太高；第二，经加拿大前往古巴，交通费又太高，时间也太长；第三，经巴黎前往古巴，交通费太高、时间太长的问题同样存在。交通作为旅游采购的重要内容，是旅游产品的重要组成部分。其价格对旅游产品的价格具有重要影响。同样由于这种线路中目的地的消费水平远高于客源地的消费水平，将致使旅游产品中的另外一个重要组成部分——地接成本价格高昂。现在旅游市场竞争激烈，主要表现在价格的竞争上，产品成本高、售价低，利润必然降低。不能以低于别人的价格采购，就意味着产品价格的提升。线路交通、地接成本其实是决定线路价格的重要因素之一，其成本居高不下，导致旅行社无利可图从而不愿去采购。

4. 旅游采购流程不合理

目前，旅游市场上一些长线的报价居高不下，除市场原因之外，旅行社的采购流程不合理也是一个很重要原因。不够合理的流程令不少旅行社不能成为批发商，只能做零售商。比如，一些旅行社在一些跨国旅游线路的旅游服务采购流程设计中，没有建立与旅游服务供应商的直接联系，而是依赖目的地国家旅行社驻中国内地、香港或东南亚的办事处。在这种情况下，旅行社采购到的旅游服务大多经过中间商的多次转手，由于价格高，旅行社的收客量不大，就只能做零售商。

## 三、旅游服务采购的特点

服务采购确实不同于产品或其他物料的采购。美国埃丽里力公司（Eli Lilly

Company)的副总裁和首席采购官 David M. Green 认为,与产品和原料的采购不同,服务采购有以下六个特点:

(1)服务采购难于把握和控制。要应对这个挑战,对服务采购进行分类诊断是关键。

(2)由于服务的无形性,使得确定其范围和要求更加困难。所以,需要一个能够促进供应管理部门和内部客户之间协作和沟通的规范的服务采购流程。

(3)对服务本身或服务供应商的评价,更多的是主观评价。所以,必须对供应商的服务范围和要求给出明确的描述。

(4)有些内部客户认为,其所需要的服务非常特别,很难在市场上找到新的供应商。这时, 供应管理部门就要利用自己所掌握的市场知识,为内部客户提供增值服务,包括选择服务供应商和站在客户的立场上详细地说明服务的要求。

(5)有些服务要求会直接面向企业内部的其他部门,可能会越过已经制订的采购流程。这时,供应管理部门就必须介入,不管是通过公司制度还是已经建立起来的信任关系。这时最好有一个规范的采购流程。当然,也可以把采购职能与评价职能分开,这将有助于供应管理部门参与签约的过程。

(6)有时企业会面临某种服务无法归类的情况。这时,采购委员会或供应商的"关系管理解决方案"能够帮助企业将哪些服务归类。

## 四、旅游服务采购的方法及步骤

### 1.旅游服务采购的方法

①基于质量的采购方法(Quality Based Selection,QBS)。该方法的实质,是把技术资质因素和服务质量作为选定旅游服务供应商的首要原则。通常旅游服务较为复杂,而且很难对旅游商品及服务的供应商进行准确的监督管理。为此,我们以每一次旅游接待服务的及时性和协作质量作为考核旅游服务供应商的主要标准,对于游客接待服务过程完成较好的供应商实行续签合同或奖励制度,从而建立较为完善的旅游服务采购过程。

②基于质量和费用的采购方法(Quality and Cost Based Selection,QCBS)。该方法是中小旅行社通过对服务质量和价格综合评审后确定供应商的方法。在这里,价格作为选择因素应慎重使用,但其仍然必须依从于"双信封制"(Two Envelope System)方法。对于质量和价格的具体权衡,应取决于具体旅游服务的特点。QCBS 方法是旅游企业在兼顾服务特色和上乘服务质量的同时,也兼顾该项服务所带来的经济效益,提供适当的、合理的服务,并提高对中低收入者的吸引力。

③固定预算下的采购方法(Selection under a Fixed Budget,FBS)。该方法是指在预算费用固定的情况下,旅行社选择旅游服务供应商的方法。预算固定的特点,

是能够在有效加强自身成本费用管理的基础上，尽可能获得高质量的旅游服务，并提高对游客接待的服务质量。旅行社并不谋求获得最便宜的旅游服务，但是对成本的控制，仍然是旅行社发展的重点。固定预算下的选择（FBS），适用于简单的，并能准确界定的旅游服务。

④基于服务供应商资历的采购方法（Selection Based on Server's Qualification，SQS）。该方法是旅行社在不采用竞争性招标的情况下，根据旅游服务供应商或地接社的资质与经验，直接选择合适的公司并就其提供的旅游产品或服务进行合同谈判的方法。该方法适用于小型、不宜采取竞争性招标的旅游商品或服务采购任务。

⑤最低费用的采购方法（Least Cost Selection，LCS）。该方法是对旅游服务采购任务的"质量要求"划定一个"最低"合格分值。在"双信封制"评审过程中，如果旅游服务质量建议书评分高于"最低分"，则选取财务建议书报价最低的公司进行谈判；反之，如果旅游服务质量建议书评分低于"最低分"，则被拒绝。该方法适用于标准的或常规性质的旅游产品及服务的采购任务，且这类旅游服务通常都有公认的惯例和标准。

⑥单一来源的采购方法（Single Source Selection，SSS）。该方法顾名思义，是指在委托人不通过竞争性招标而直接确定一家旅游服务供应商进行谈判的方法。故而，称其为单一来源。SSS 方法在使用时必须慎重，且确定该方法更适用于专业性的旅游服务采购需求，或者是简单的旅游服务，不会影响旅行社业务的整体服务质量。

*2. 旅游服务采购的步骤*

①明确采购的服务范围和要求。旅行社进行服务采购的最终目的，是满足企业对旅游服务的需求。为了进行高效率和高成果的采购服务，旅行社计调师应及时了解采购的服务范围和需求，以便能够正确、恰当地规划和管理旅游服务采购过程。由于旅行社向供应商进行服务采购，是在共同利益的前提条件下，以利益共享为目标，以信息通信网络设施为基础，影响和改变企业处理内部安排和外部关系的方法与模式，所以，明确旅行社服务采购的范围和要求，才能使所选择的旅游服务供应商在旅行社要求的范围、时间和可接受的成本范围内提供旅游服务，并满足旅游接待服务的要求。

②建立优秀的采购团队。成功的旅游服务采购依赖于对旅行社业务战略的准确分析、完备的服务采购计划的制订及服务供应商的遴选。为此，建立一个由旅行社内部各有关方面代表组成的服务采购管理团队，是旅游服务采购解决方案有效实施的重要保证。在某些情况下，这个团队还应包括关键供应商的代表。由于旅游服务采购团队包括了旅行社采购部门的成员、企业其他部门的参与者及提供服

务供应商的代表，因而，有关部门能够很好地处理相互间的关系，在确定准确和详细的服务要求时，能够密切配合，分享各自所掌握的信息并共同参与决策过程。

③明确旅游服务采购的战略地位。旅行社通过服务采购，不仅可以把资金和能量集中于具有核心竞争力的项目，以实现内部资源回报率最大化，充分利用外部旅游服务供应商的投资、更新和专业能力，为旅行社提供最优秀的服务，而且能够使旅行社反应能力迅速增强。这是因为，旅行社与游客接待服务相关的大部分业务部门被专业供应商所替代，使其层级机构得到精简，信息传递通道缩短，传递速度提高，加快了对市场和竞争动态变化的反应，使组织能力变得更有弹性，反应更加灵敏。参与旅游服务采购的供应商，在充分发挥各自资源优势的基础上，围绕市场需求结成动态联盟，资源共享、利益共享、风险共担，因而具有高度的机动性和灵活性，能够在短时间内供应旅行需要的商品和服务，以快速响应环境变化。

④选择合适的服务供应商进行采购。有效评价供应商提供相关服务的能力及他们为旅行社提供服务的积极性，是旅行社在选择供应商时进行供应商评价的两大关键因素。供应商能力评价的标准，是以供应商的服务质量、可获得性、成本、供应商服务与响应为基础的。旅行社在确定衡量供应商所提供的旅游服务是否能满足旅行社服务质量要求的评价标准时，可以从该供应商提供的服务及是否具有提供该项服务的经验等方面来进行判断。

⑤规范旅行社的服务采购流程。旅行社采购作业流程的重点是顾客需求，因此要将旅游服务供应商顺利转型成按流程办事的规范服务企业，即让每个供应商都知道游客接待服务的流程；它们有哪些权利与义务；什么样的服务是游客所需要的，以及将什么样的服务提供给游客等。一个规范的旅游服务采购流程，对于旅行社进行服务采购是非常重要的。它是创造游客价值的手段。旅行社通过有效整合流程的所有活动，可以凝聚共识，从而向游客提供其所需要的满意的服务。

## 第2节　旅游服务采购的人员、渠道及协作网络管理

### 一、旅游服务采购人员的管理

#### 1. 旅游服务采购人员的素质及能力要求

(1)旅游服务采购人员的素质要求。旅游服务采购人员至少应具备中等专科以上的学历，最好具有商学背景，如企业管理、流通业管理、流行商品或行销经商的学识和经历。旅游服务采购人员不仅要牢记还要深刻理解知彼知己，百战不殆，还要进一步做到“十知”：知天、知地、知史、知工、知农、知商、知科技、知时、知策、知

对手。其所具备的专业知识与技巧能符合旅游服务采购的工作需要。

(2)旅游服务采购人员的能力要求:

①分析能力。由于采购人员面临千变万化的市场,琳琅满目、令人眼花瞭乱的商品和服务,不同的策略、手段的选择与判定,供应商所能接受的价格、商品服务等,采购人员必须具有准确的分析能力,并能制定出有效的采购决策。

②预测能力。在旅游市场需求动态变化的环境下,旅游商品(或服务)的采购价格与供应数量经常调整变动,采购人员应能依据多种信息,与供应商接触,并从其提供服务的态度,推断采购成本受影响的幅度有多少以及达成交易的可能性。总之,旅行社采购人员必须扩充视闻,具备"察言观色"的能力,要眼观六路,耳听八方,对旅游市场需求和服务供应商的能力进行准确评估。采购人员要有超前意识和敏锐的洞察力善于抢抓商机,做头水生意。

③表达能力。采购人员必须具备优秀的表达能力,才足以将其对消费需求市场的认识,和目标市场细分的结果,正确地表达出来,更何况采购人员不仅要与供应商沟通,也要与供应商的各类管理人员沟通、周旋,还要与现场服务人员、顾客进行沟通,所以,采购人员必须能把难以捉摸的事情晓之以理、动之以情地表达出来以争取优惠的采购条件。

④商品知识。无论是哪一个产业哪一个行当的采购人员,都必须要能对其所要购买的标的物(产品或服务)有基本的了解和认识。对于旅游服务采购而言,对商品或服务的了解要比其他产业还要深入,因为其必须担负起游客满意的相关责任,更何况新旅游产品日新月异,必须时时跟上发展变化,追求新的知识。

⑤领导协调能力。采购人员还拥有特殊的领导协调能力,所谓特殊的领导能力是指采购人员必须将其所了解的旅游商品及服务流行趋势,协助旅行社相关部门人员实现业绩,领导导游人员提升与客户的关系,实现双赢。

2. 旅游服务采购人员的管理方法

①定期轮岗。俗话说:"滚石不生青苔。"采购工作必须"定期轮岗",目的有三:能让采购人员接触到更多的旅游供应商,以增长经验,为日后的升迁打下基础;轮新岗后,一般总会有"新人新作风",对旧供应商会多要求一些较好的交易条件或促销支持;避免同一职务与供应商打交道太久,产生弊端。

②激励士气。采购人员的工作压力较大,每天须面对供应商、公司领导、其他同事,甚至顾客的咨询,有做不完的事,难免心浮气躁。对采购人员的管理不可以高压方式,动不动就简单粗暴地威胁走人,如此的管理不可能产生好的效果。相反地,应让采购人员自觉地把工作做好,多奖少罚。工作做不好的,应与他们个别谈话,了解背后的真正原因,给予业务改正的机会。俗话说"人非圣贤,孰能无过",但不能原谅"品德的瑕疵"。创造一个良好的工作氛围,让采购人员能够全心全力

地为卖场的业绩拼搏。

③考核业绩。对于采购人员,必须要有严格的考核体系,每季度前应至少有一个季度或全年的指标。一个季度"累计总业绩达成率"没有达到80% 的,应考虑换岗。有些人可能不适合干采购,但却十分适合干其他业务或行政工作。企业应适才适用,所以换岗对采购人员并非坏事,而且对现任的采购人员也可形成一种压力。

④考核综合素质。对于采购来讲,综合素质与业绩同样重要,因此采购主管还应对采购人员按季度进行综合素质的考核。目的在于定期考核采购人员,让每一位采购人员知道上级对他(她)们的综合素质的评估与期望。

**【补充阅读材料6-1】**

### 美国采购管理协会制定的采购人员工作标准

(1) 遵从公司基本方针,追求公司最大利益。

(2) 接纳同事忠言,对部属的指示要顾及责任和权威。

(3) 以公正无私的态度,使资金发挥最高价值(即把钱用在刀刃上)。

(4) 加强对材料及制造过程方面的知识,确保采购业务合理化。

(5) 应拒绝任何形式的贿赂。

(6) 对正当来往的交易对象,应以礼相待。

(7) 要有信心及荣誉心,遵守职业道德,要求自己和对方善尽义务,公平买卖。

(8) 不得陷害或欺骗对方。

(9) 随时向同事提供善意的建议,协助同事进步。

(10) 与其他工作同事保持良好的关系。

(资料来源:陈善海.美国采购人员工作标准.福建标准化信息,1996-4 <7>)

## 二、旅游服务采购渠道的管理

### 1.旅游服务采购渠道管理的原则

①调研在先原则。调研当前旅游消费市场特征,不同行业特性适合采用的渠道类型是不同的,旅行社一定要调研游客旅游需求的特性,慎重选择供应商。

②让资金实力和品牌价值说话原则。不同游客旅游服务对供应商品牌价值的要求存在差异,且经营成本也不同,所以在选择适合自己的服务供应商时,旅行社一定要评估其资金实力和品牌形象,同时还要结合自己的人力资源、管理能力、赢利技巧等综合考虑。

③“试点”原则。如果选择自己未曾尝试过的服务供应商时，除了事前的消费市场及经销商资质的调研外，最好能进行小范围、小规模的试运行，通过在游客接待过程中的合作建立良好的协作关系。

④经济性原则。即对自己所采取的服务供应商，旅行社要进行投入产出评估，对经销商提供的商品及服务进行定期评估。

⑤“快速匹配”原则。即物流、信息流、资金流的快速反应与匹配。一个好的服务供应商的基本特征是满足旅行社货畅其流、信息快捷真实、资金周转安全迅速、顾客接待服务品质较高，旅行社的供应商选择不能偏离这个原则。

⑥事先系统计划。旅行社在导入某一服务供应商时需要制订出详细、实效、系统的计划，对成本控制和风险防范给出具体的应对措施。

2. 旅游服务采购渠道管理的要素

在选择旅游服务供应商的标准上，不同性质不同行业的企业有不同的标准。标准的选择也是现在争论比较多的问题，一般应从以下四个方面着手①：

(1)理念：

①认同。能否认同本旅行社的理念是合作的根本，首先看的就是服务供应商能否认同旅行社服务客户的理念和品质要求；

②共同利益。共同利益是合作之源；

③合作意愿、态度。考察服务供应商是否对本旅行社服务特色感兴趣及在多大程度上感兴趣；

④销售信心。考察供应商对旅行社旅游产品的销售前景是否有信心及在多大程度上有信心；

⑤行销意识。要有现代营销思路，能跟得上市场营销环境的变化。

(2)实力

①考察服务供应商的资金实力、网络实力、销售业绩等；

②考察服务供应商是否有良好的社会关系和较好的服务接待经验等；

③是否有高效的市场服务能力、较高的顾客满意度及低成本的终端服务能力；

④营销成本最小化；

⑤专业的服务过程管理能力。

(3)管理：

①地接服务管理的能力；

②对自己企业的物流、人流、资金流、信息、促销等的管理水平；

③供应商网络有无恶意冲突；

---

① 赵晓飞. 营销渠道的选择及评价标准研究. 企业活力，2005，4：42～43.

④旅行社的服务政策能否得到及时正确的贯彻。

(4)声誉:

①同业口碑;

②履约率;

③资信状况;

④能否一心一意踏踏实实做好服务。

3. 旅游服务采购渠道选择的标准

(1)服务和商品质量适用达到一定的质量标准。所需采购服务能够保证旅行社的服务质量要求,这是选择供应商时首先应考虑到的。

(2)价格低。采购服务价格低,对于降低旅行社服务成本有着明显的作用,因而它是选择供应商的又一个重要条件。

(3)联系密切,费用省。在同质、同价的情况下,要选择离本旅行社关系最近的供应商,这样不仅供需联系方便,服务迅速、及时,而且可以节省沟通成本。同时,还要全面衡量及比较服务费用、定购费用、管理费用等项支出。

(4)服务及时。供应商能否按供需双方商定的交货期限提供旅游商品和服务,将直接影响旅行社接待服务的正常开展。服务提供及时、信誉高的供应商自然是选择的对象。

(5)服务好。供应商所能提供的服务项目和条件,如服务态度、方便用户、技术服务等,也是供应渠道选择的重要条件之一。

4. 旅游服务采购渠道选择的方法①

(1)直观判断法。是通过调查征询意见,根据掌握的情况,综合分析和判断选择服务供应商的一种方法。其一般适用于资料齐全的老合作单位、情况熟悉的单位和协作较好的单位。

(2)综合测评法。对所选合作伙伴对照标准打分,进行综合测评、优选。在其他条件符合要求的情况下,重点对供应商服务质量和协作意愿方面进行测评,最后优中选优。

③成本费用比较法。通过服务采购成本比较分析,服务的价格及各种费用支出选择服务成本低的单位。这种方法适用于服务质量、交付时间均能满足要求的合作伙伴。

④招标法。这种方法竞争性强,能广泛地选择协作单位,并获得有利的、便宜的、适用的服务,但手续较烦琐,程序多、时间长,不适宜游客接待中的应急服务采购。

---

① 王慧群. 物质采购渠道. 商业经济,2007,5:31~32.

⑤电子商务。是在现代网络环境下实现商流、物流、信息流一体化的新型比价采购方法。它拓宽了旅游服务采购渠道,促使信息高速传递,降低采购成本,但必须提高业务人员素质,掌握网络知识,增加网络硬件配置。它适宜通用、数量、金额较大的旅游商品及服务。

## 三、旅游服务采购协作网络的管理

【案例6-1】

### 215家旅行社抱团采购门票

在武汉市旅游协会旅行社分会的支持下,武汉215家旅行社开始抱团团购门票,庐山4家景点首先签约,市民参团出游报价可下降5%左右。

门票约占旅游总成本的20%~30%,武汉市民每年用于景点门票的费用支出在4亿元以上。但在旅行社平时各自为战的情况下,购买门票享受不了特别优惠,一般为6~9折。

此次旅行社抱团与景区谈判,在武汉庞大市场诱惑下,景区纷纷让利,给予旅行社的折扣一般都在7折以下,并且年底有返利。首批签约的是庐山龙湾温泉、秀峰、观音桥、石门涧等4个景区。

2009年,集团采购的景点将达到100个,主要集中在安徽、江西、湖北、河南和山西等省份。

(资料来源:陈自力.田湖.武汉晚报,2008-11-5,<第12版>)

【分析提示】

旅游协作网络的建立有助于提升旅行社的竞争力。一方面,可以通过选择合适的旅游服务供应商建立协作体系;另一面,也可与同业建立战略联盟,在采购方面进行统一管理,提高对供应商的砍价能力。

### 1.旅游服务采购的供应链管理

旅游供应链包括住宿、交通、吸引物、酒吧、餐馆、纪念品和手工艺品、食品生产、垃圾处理系统以及对旅游业的发展起支持作用的目的地基础设施等。旅游业供应链是基于旅游活动中的食、住、行、游、购、娱等活动展开,将整个旅游行业包括旅游饭店业、旅游交通运输业、旅行社业、游览娱乐业(旅游资源开发经营业)、旅游购品经营业(旅游商业)等5个行业为旅游者提供的产品和服务直到最终端的旅游者的体验和感受联结成一条有机联系、相互影响的供应链,并通过信息流、物流(产品和相关服务流)、资金流来共享资源、带动整个旅游业供应链的运作。

(1)旅游服务供应链的结构：

①以旅游景区为依托的相关旅游产品和服务，包括餐饮、住宿、购物、娱乐等相关企业提供的配套旅游产品和服务，它们在旅游服务供应链中充当供应的角色。

②以旅行社为核心所构成的旅游中间商，包括旅游经营商和零售商（代理商）。旅游经营商（Tour Operator）是指从事旅游产品的生产和推销的旅行社，主要将航空公司或其他交通运输业的产品与旅游目的地旅游企业的地面服务和产品组合成整体旅游产品，然后通过零售商（代理商）或是自身的零售网直接出售给旅游者。旅游零售商（Travel Agent）是直接与旅游者打交道的旅行社，向旅游者宣传和推销旅游产品，承担旅游消费者决策顾问与旅游推销员双重角色。旅游零售商的典型代表是旅行代理商，其主要职能是代理旅游经销商提供的整体旅游产品，为旅游者提供旅游咨询、代客预订和代办旅行票据、证件等事项，从中获取一定的佣金。

③旅游者，他们对相关旅游产品和服务进行购买。旅游产品的质量取决于旅游者对组合产品的整体期望与感知的差别，由此决定旅游者的满意度，也决定了旅游服务成功与否。

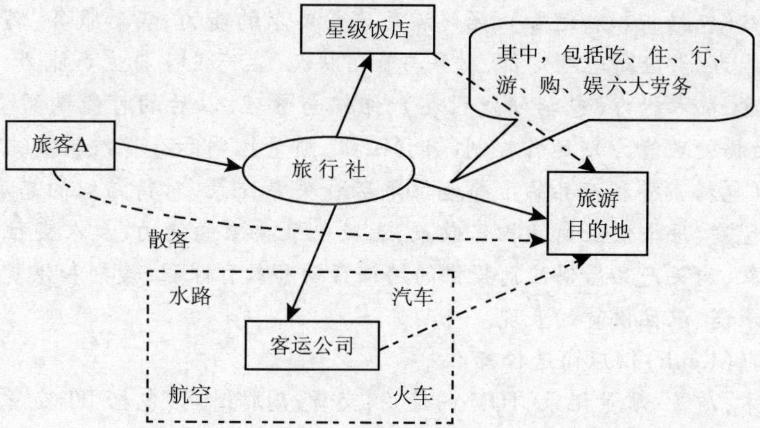


**图 6－1 旅游服务供应链结构**

(2)旅游服务供应链的协作方式：

①数量折扣定价契约。数量折扣定价契约是制造商向零售商提供数量折扣定价策略下，规定制造商所面临的生产批量和数量折扣定价的协调决策问题。

②返销契约。它是针对需求不确定性导致的订货量与实际需求不匹配问题，允许下游成员以低于批发价的返销价格将剩余订货退售给上游成员，从而达到双方共担风险的协调目的。

③转售价格控制。转售价格控制(Resale Price Maintenanee,RPM)是指上游的生产商(供应商)与下游的零售商(代理商)以契约的形式限定最终零售价格水平。通常这种限定采用固定零售价格的方式,作为其延伸,也包括最高限价、最低限价两种形式。如果零售商不按生产商的建议价格销售商品,生产商就会拒绝向零售商供货。

④收益共享契约。收益共享契约和其他一些供应链契约一样,是一种促使供应链达到协作的手段。在收益共享契约的制约下,制造商以低于自身边际成本的批发价将产品卖给分销商,分销商保留其销售收入的一部分,其余则返还给供应商,在这种契约的作用下,能够刺激分销商降低产品的定价,增加对厂家产品的一次订购量和市场对产品的需求,并提高分销商以及生产商的利润。

【补充阅读材料6-2】

## 服务供应商选择标准

1. 迪克森(Dickson)供应商选择标准

净价格(包括折扣和运费)、始终满足质量要求的能力、售后服务、满足特定运输安排的能力、供应商地理定位、财务与资信状况、生产设备与生产能力、以往达成的交易额度、技术能力(包括研发设施)、组织与管理、以后的可能购买量、信息系统(订单数据处理能力)、运作控制(包括汇报、质量控制和存货控制系统)、在行业中的地位(包括声誉和产品的主导地位)、劳资关系纪录、对待组织的态度、对商业表现的渴望度、每个供应商的担保政策、满足包装要求的能力、私人交往中供应商给人的印象、购买产品后供应商提供的培训帮助和教育课程、谈判和供货中的承诺或可能的承诺、以往供货的表现。

2. 基斯(Keith)供应商选择标准

总成本,质量、质量记录、TQM的使用,交货、周转时间(包括JIT交货能力),财务稳定性,环境标准,供应商的技术能力和战略贡献,服务(柔性、担保、技术支持等),工业关系,组织文化方面,考虑所有可能的供应商,风险。

3. 埃尔拉姆(Ellram)供应商选择标准

财务方面(经济绩效、财务稳定性),组织文化与战略方面(信任感、管理态度、前景展望、战略定位、高层管理者兼容性、双方职能部门工作人员兼容、供应商组织结构与部门),技术方面(现有生产设施与生产能力、未来生产能力、供应商设计能力、供应商发展速度),其他因素(安全记录、商业参考、客户基地)。

4. 皮尔逊(Pearson)供应商选择标准

质量、成本、现有技术、设计能力、市场响应速度、生产过程、未来技术评价、经济绩效、管理能力、地点、供应商设施可参观性、组织结构。

（资料来源：史欣杰.供应链伙伴选择研究.暨南大学硕士学位论文,2001－5）

2. 旅游服务采购战略联盟管理

①走资产联结之路。随着旅行社审批指标的放开,旅行社数量已越来越多,旅游市场竞争日趋激烈;外商控股、独资旅行社的全面放开,旅游市场又将重新洗牌,旅行社的资产重组势在必行。目前全国各地的自发旅行社联合体,可以说是旅行社重组的萌芽和过渡。当这种松散的组织无法适应市场竞争而面临淘汰时,市场将促使其走资产整合之路。这种资产重组,既可以是旅行社业内的旅行社集团化,也可以是“六要素”的组合。前者如中旅集团、国旅集团、中青旅集团;后者如宁波中旅集团的向景点发展、福建中旅的向景点和车船业的延伸。

②实施多元化发展战略。即为旅行社寻找新的利润增长点,由单一旅游业务经营向多元化发展,增强旅行社的抗风险能力。2000 年“五一”黄金周,四川省乐山市为走出旅游市场高价“买团”、“卖团”和负价组团的怪圈,成立了乐山旅行社联合体。几年来,从一个由 13 家地接社发起仅 10 多万元资产的旅游企业,现已发展成为具有几百万元资产的实业集团。联合体投资土特产品的展示销售,购置旅游车船,并与峨眉山、乐山大佛两大景区合作壮大实力。2001 年 9 月,由旅行社联合体牵头,乐山市 15 家旅游实体共同筹建了乐山东方大佛国际旅游集团有限公司,通过联合增强了实力,建立了川南新的旅游环线格局,形成旅游一条龙的服务。

③实行专业协会协助发展。目前,类似这种松散的联合体,没有合法资格,其利益是无法得到有效保护的。为解决这一问题,可以由各地的旅游协会牵头建立旅行社联合体分会,面向全市旅行社开放,由成员选举出领导组织。协会与联合体结合的这种经济与社团组织制度创新形式,既可以发挥自律作用,又可以有效维护联合体的权益。如杭州成立的西湖一日游协会,统一印制西湖一日游门票,统一游览景点和服务标准,该协会的 20 多家成员最多的时候一年就给宋城输送游客 40 多万人次。海南省旅行社协会为整合客源,集中营销,组建了旅行社联盟,约定企业之间不许欠账等。这种做法在单独的旅游目的地、地域较小、接待社相对集中的地方容易做到,但地域大了就比较难操作。

④实施联合体品牌战略。这是所有联合体中最有可能的发展之路。就是由几家有实力的旅行社发起成立联合体,原先的旅行社注销,共同打造优势信用旅行社品牌。对后加盟的旅行社按照统一的品牌形象设计;对从业人员、产品、经营场地、经营规模、服务质量等要求组接游客,每年缴纳一定的品牌使用费。

# 第3节　旅游服务采购的质量控制及提升

## 一、旅游服务采购的质量控制范围

### 1.切实把好供应商资质审查关

作为加强服务采购质量监控的第一步，计调师应根据多年来与服务供应商交往的情况，认真比照旅行社的选择条件，从服务质量是否可靠、提供服务是否及时、价格是否合理、有无营业执照、是否有健全的服务质量保证体系、售后服务质量好坏等方面进行调查摸底，填制供应商资格调查表，收集必要的技术资料，并建立合格供应商档案。

### 2.强化采购过程的质量管理

采购方必须建立一套科学、规范、完整的采购制度，制订清晰、优化的采购流程，实行对关键节点和重点流程的审核制度，保证采购过程的公开性、公正性、科学性和可控性。同时，采购方必须强化制度管理，建立行之有效的岗位考核机制，执行严格的责任追究制。实行奖惩有机结合，必须有效控制和减少采购过程中的失职行为和违法行为，保证采购的高效完成。目前，有越来越多的旅行社采取电子化采购方式，实行网上公告、网上计划申报、网上招标或竞价、网上协议供货、网上信息披露等，使采购信息公开、透明，最大限度地避免了因信息封锁而造成的风险。一个高素质的采购人员，首先，必须具备较强的专业知识，而不是为追求采购成本的降低而不顾服务的实际成本，一味打压供应商；其次，能够判断出采购风险的大小，以科学合理的方式掌控谈判格局，提高采购效率。因此，培养和提高采购人员的综合素质，是建立高素质采购团队的重要手段。

### 3.高度重视采购合同的“三性”审查

采购合同的签订，标志着采购行为的发生，也意味着采购合同法律责任的形成。因此，对采购合同的“三性”审查就显得尤为重要。采购合同“三性”审查的具体内容是：

①审查合同的经济性。看采购的产品及服务在同类产品中是否物美价廉，是否有利于节约采购成本。

②审查合同的技术性。看合同执行的标准情况，产品的订货、验收、包装、运输及服务的提供、品质等是否达到要求。

③审查合同的合法性。看合同签订是否完善、合理、有效并具有法律效

力。通过对采购合同的"三性"审查,从而确保有效采购,达到控制采购服务质量的目的。

### 4. 严格落实质量责任追究制度

服务质量问题,可以说绝大多数情况下都是人为因素造成的。因此,旅行社应积极加强计调师自身业务素质的内外培训比例和培训质量,提高计调师的采购能力,为公正、快速、准确地判定供应商服务质量状况提供先决条件。在此基础上,应在旅游服务供应系统全面推行服务采购质量责任追究制度。对采购优质旅游服务的计调师依据有关质量责任追究制度条款,给予相应的物质和精神奖励;对采购劣质旅游服务的计调师依据有关质量责任追究制度条款,给予质量责任追究和处罚。对连续两次以上采购劣质服务的计调师,应调换其工作岗位。

### 5. 深入开展游客满意度评比

开展游客满意度评比,是在当今市场经济条件下提高旅行社服务供应商竞争力的一种有效方法。此项活动开展得成功与否,关键是评比规则的制定。通过开展游客满意度评比,可使那些认为"游客满意"只是在接待服务阶段,只要通过后期的优质服务即可提高游客满意度的错误认识,上升到让游客满意的第一步,是从市场调查了解游客需求开始,然后,在设计、选择、服务的全过程中,努力满足游客的需求。

### 6. 定期评估供应商的绩效,做好供应商持续管理工作

定期对供应商进行绩效评估,建立等级评定机制,不仅可以帮助计调师及时了解和把握供应商在技术能力、管理能力、供应能力、服务能力等各方面的变化情况,对供应商存在的质量风险和履约风险作出科学的推断,而且可以激励供应商更好地遵守合约,保证服务接待质量,形成一个良性循环,建立起旅行社与供应商之间的诚信合作和长期战略伙伴关系。

## 二、旅游服务采购的质量控制方法

采购质量改进的方法,是戴明环,即计划(Plan)、实施(Do)、检查(Check)、处理(Action)的循环,简称 PDCA 循环。采购 PDCA 循环具有两个特点:

(1)采购质量保证体系是大循环;采购部内各层级、班组和个人又有各自的小循环。大循环套中循环,中循环套小循环,环环相套,大小循环通过质量指标相连,大循环是小循环的依据,小循环是大循环的保证,小循环运转推动大循环运转。

(2)采购循环每转一周,采购质量就提升一个台阶。质量管理就像上坡的车轮,不断转动,质量不断攀升(见图 6-2)。

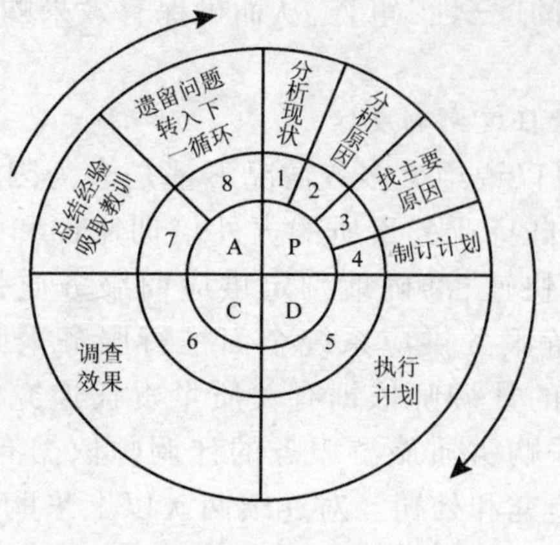


**图 6－2　采购质量 PDCA 循环**

采购质量由众多具体措施来保证。因此,采用以下措施有利于提高采购质量:

**1. 按科学的采购流程办事**

正确合理的采购流程是:需求确定→供应源搜索→分析定价→确定供应商→下订单订货→订单跟踪和跟催→验收→支付货款→记录和维护。

**2. 制定完善的采购手册**

采购手册,是采购的指导性文本。它可以规范采购,使采购有章可循。它的格式并不统一,各旅行社可根据实际情况量身定做,实用就行。但基本内容应包括组织结构、政策、步骤、指令和规定五大内容。

**3. 采用现代化的采购方式**

以下现代采购方式有利于提高采购质量:

①电子采购。又称网上采购。电子采购既可采用旅行社建立的电子商务系统,也可用供应商或第三方,如携程网等建立的电子商务系统。

②信息技术的参与。如,用计算机系统工具完成服务采购,将大量繁杂的工作交给计算机去完成,节约人力,降低成本。

③推行准时化采购(J IT 采购)。J IT 采购按需要的量、在需要的时间采购需要的产品或服务,最大限度地利用旅游服务供应商的能力,节约成本,满足游客需要。

**4. 做好采购预测**

旅游服务采购预测,能判断供求市场在未来一段时间的变化趋势,为采购决策服务,为制订采购计划提供依据。德尔菲法、头脑风暴法、移动平均法、指数平滑法和线性回归法等,都是很实用的预测法。

**5. 编制采购预算**

采购预算,是用数量表示的采购计划。编制采购预算时应遵守三个原则:实事求是原则；积极稳妥，留有余地原则；比质、比价原则。编制采购预算的五个步骤是：审查战略目标、制订采购计划、确定采购所需资源、提出预算数字、汇总。

6. 加强供应商质量管理

供求双方形成质量合作关系，激发供应商关注服务质量、实现双赢。采取的措施有：

（1）制订科学的供应商选择指标。可从价格、质量和服务三方面制订指标。

（2）选择恰当的供应商评估方法。可分别使用供应商走访法、招标法、协商法和层次分析法。

（3）对供应商分类。依据供应商对本单位重要性和本单位对供应商重要性分类，可分为伙伴型、优先型、重点型和商业型四类供应商。对不同供应商应采取不同策略。

（4）控制供应商。采取制造同行竞争、合约、股权控制、管理输出和供应商激励等方式，均能控制供应商。

（5）防止被供应商控制。措施有：再找一家供应商；增强相互依赖，签订长期合同；与其他用户联系。

（6）激励供应商。激励措施有：价格、订单、商誉、淘汰、共同开发。

（7）建立供需双方伙伴关系。双方相互信任，目标协商一致，相互支持和承诺，建立伙伴关系支持系统，共享信息、共担风险、共享利益、长期合作，实现双赢。

7. 提高采购谈判能力

首先，应知己知彼，明确双方的需要和特点；其次，制订谈判计划和谈判目标；最后，以最佳策略与技巧投入谈判。如，投石问路、避免争论、情感沟通、声东击西、最后通牒、适当让步等策略均可采用。

8. 强化产品和服务检验

为确保产品及服务的质量，发现和解决服务质量问题，须监督供应商服务质量是否达标。

9. 做好采购绩效评估工作

判断采购工作质量，寻求改进。评估应选择科学的评估指标，并能持续化、长期化，有全局意识。按照五个步骤，即计划、分析、整合、实施和成熟，实施标杆管理评估，即与最大竞争者和行业领导者进行比较。

以上九大措施均能有效加强旅游服务采购的质量管理，计调师可灵活运用、综合运用，使旅游服务采购质量不断提高。

## 三、旅游服务采购的质量提升策略

1. 培植现代质量管理理念，强化采购质量意识

随着 ISO 9000 标准的普遍采用，质量管理领域发生了观念上的变革。一些新

的质量管理理念不断涌现。这些新的理念极大地促进了质量管理水平的提高。为此，旅行社在旅游服务采购的管理中应培植现代服务质量管理理念，强化采购质量意识。要做到这点，就要求旅行社计调师在组织游客接待活动时，必须树立和强化“质量第一”、“预防为主”、“持续改进”、“协作精神”、“注重质量和效益”、“顾客至上”等理念，增强关心采购服务质量和保护质量的自觉性。质量意识的形成和提高，是一个长期的过程，但可通过以下方法强化质量意识的形成：

①通过学习、宣传，提高旅游计调师的质量意识。通过各种形式的学习、宣传，使计调师提高对采购商品和服务质量重要性的认识，积极主动地提高业务水平和操作技术，提高学法、守法的自觉性，严格按照服务质量标准做好有关工作，树立以质量为核心的职业道德，明确没有采购质量就没有服务质量，也就没有顾客满意度和旅行社效益的意识。

②提高旅行社领导的质量意识。提高采购质量意识，关键在于旅行社领导层，只有决策层具有强烈的质量意识，高度重视旅游服务采购的质量工作，把质量管理作为旅行社经营的重要工作来抓，才能提高游客接待的质量，形成强大的内在动力。

**2. 选择优秀的供应商，构建全新的采购质量管理模式**

采购是旅行社与一个或多个供应商之间的交易活动，选择优秀的旅游服务供应商，构建全新的旅游服务采购质量管理体系，加强对供应商的质量管理与控制，是提高旅行社服务竞争力的重要保证。

(1)提出明确的采购质量要求，选择优秀的供应商：

①对供应商进行调查。企业可根据实际情况，派出一组有资格的调研员对供应商进行访问调查，对供应商是否有可能提供优质旅游服务和产品作出科学的评价。要使调查结果反映实际情况，调查重点应侧重于企业信誉、服务能力、员工素质和资历经验等方面。

②对供应商进行质量管理体系审核和保证能力评估。要采购到优质服务，旅行社必须充分掌握服务供应商的质量管理体系和质量保证能力。为此，旅行社可选派有经验的计调师对供应商的服务质量、质量控制能力等进行审核。通过审核，对旅游服务供应商的合作经验、质量管理与控制能力、质量保证能力、履约能力、服务与技术能力等进行综合评估。

(2)持续改进和提高：

①制订联合服务质量计划。采购旅游服务，需要把服务供应商与旅行社双方的能力对等协调起来，协调的最佳办法，是制订联合服务质量计划。通过制订联合服务质量计划，确立共同遵循的服务质量方针和质量要求，明确服务质量职能，建立起迅速、灵敏的服务信息反馈系统，使各方获得最大的价值，以保证双方沟通渠

道的畅通，持续保持和提高游客服务质量。

②掌握服务供应商的质量状况，对供应商进行监督检查。根据需要，旅行社可派计调师定期或不定期地对服务供应商的服务质量进行全程、全面的监督检查。通过监督检查，有利于全面把握供应商的综合能力，及时发现其薄弱环节并要求其改进，从而从体系上保证游客接待服务质量，满足旅行社的质量要求。

(3)加强对供应商的动态管理。要提高采购服务的质量，应保证在合格的供应商名单范围内采购，同时，应加强对供应商的管理。为此，旅行社应按照采购质量要求，对不同采购服务和商品进行定期质量分级评定并据此对供应商进行等级评定。对优秀的供应商继续保留或提高等级，对不好的供应商进行降级处理或从供应商名单中剔除，实现供应商管理的良性循环。

**3.层层把关，加强采购全过程质量管理：**

(1)明确计调师的质量职责，建立相应的质量控制程序。采购过程涉及供应商的选择、与供应商谈判及成交、对供应商进行质量管理与控制、对供应商的服务质量进行监督等项活动。可见，采购管理是一个系统工程，必须对每个环节进行控制，实行全过程质量管理，严格把好每个环节的质量关。同时，应对采购质量形成的各环节进行分析，建立严格的质量控制程序，做到采购质量管理程序化。

(2)建立健全采购质量管理制度。为保证采购服务和商品质量，必须制定严格的质量管理制度，来规范和约束与采购有关人员的行为，防止暗箱操作。对作出突出成绩的部门和人员应给予奖励；对个别有章不循、损公肥私、采购质次价高的服务或人情货，给旅行社带来经济损失的人，应坚决处理，情节严重的应送司法机关追究其法律责任，以保障采购质量管理工作有章可循，树立质量监督的权威性。

①建立起较完善的服务供应商质量管理制度。对服务供应商的选择、评定、审核、验证，都应建立完善的程序，严格按要求和标准执行。

②建立采购服务质量档案制度。旅行社可根据各自的情况，有重点、有选择地对关键供应商的服务和商品采购建立相应的质量档案。建立质量档案的管理制度，设置专人对质量档案进行管理，以供选择、优化旅游服务供应商时参考。

③建立全过程、全方位的质量监管制度。全过程质量监管的重点，是对采购计划的制订、供应商的选择、供应商质量控制、服务质量补救等环节的监管。

(3)严把采购服务监督关，加强对不合格服务的控制。旅行社应根据采购批量、采购服务和商品的种类与性质、价值及供应商服务质量管理体系的有效性，科学合理地制订监督方案并严格按要求实施，对不合格商品和游客不满意的服务进行质量分析，做到查明原因、分清责任、防范措施落实。

**4.夯实基础，全面提高采购服务质量的管理水平：**

(1)做好采购服务质量信息的收集、整理和传递工作。采购服务和商品质量信息是进行旅游服务采购质量决策的依据，是改进服务采购质量、改善采购各环节工作质量的最直接的原始数据。要使质量信息在采购服务管理中发挥作用，应使质量信息符合及时、准确、全面、系统的要求。为此，旅行社应加强采购服务质量信息的收集工作，建立一个高效、灵敏的质量信息管理系统，对质量信息进行加工、分析、处理，并及时向有关领导和部门提供准确的信息。

(2)编写好旅游服务采购质量文件。为了保证采购旅游服务和商品符合质量要求，旅行社计调师在采购服务和商品时，应提出具体的服务质量要求和商品规格，编制采购质量文件，向服务供应商提出明确、具体的要求，并让供应商充分地理解这些要求。作为旅行社计调业务实施部门，计调部应制定旅游服务采购质量文件的编制、审核、批准、使用和管理等一整套程序，特别应做好采购服务质量文件的编制工作。

(3)苦练内功，不断提高采购人员的素质。采购旅游服务和商品的质量与采购人员的素质有一定的联系。采购工作是一项技术性和业务性都比较强的工作，要求采购人员不但要有高度的事业心和责任感，遵纪守法，坚持原则，秉公办事，而且要熟悉采购业务，掌握一定的知识和技能。对计调师的岗位应作为关键岗位来对待，对计调人员要有明确、严格的要求，如，政治思想表现、职业道德、业务能力、技术水平、文化程度、工作年限、社交能力等，都应达到一定的要求。对计调人员应进行岗位培训，经考核合格方能上岗。对计调人员的聘用应引入竞争机制和激励机制，能者上，庸者下。对在采购中及时发现质量问题并妥善处理，避免造成重大经济损失的应予以奖励；对由于不负责任或内外勾结采购低档次旅游服务和劣质商品者，应给予惩罚并解聘。

## [典型案例]

### “桂海”事件引爆地接社“阵痛”

2005 年 5 月 13、14 日，桂林桂海旅行社接待了由南京黄河旅行社发来的两个旅游团。可直到 17 日——第二个团在桂停留的最后一天，“黄河”却未按约定支付两个团光由“桂海”垫付了的 10 余万元的团费。“桂海”认为，“黄河”恶意欠款，当日下午，该社导游员请游客垫付剩余景点门票，并停止为游客支付晚餐和返程车票费用。

组团社恶意欠款，既造成了地接社的经济损失，又扰乱了旅游市场秩序。据业内人士估计，近几年仅国内社被拖欠的桂林地接社团款，至少也有数百万元人民币。桂林地接社因被欠团费而起诉外地组团社的案子每年都有 10～20 起，但能追回团费的才不过50%。在本来就面临生存压力的情况下,地接社被欠团费,无疑是“雪上加霜”,且因团费不到位影响旅游服务质量,也不利于旅游经济的发展。

【分析提示】

相比组团社,地接社处于弱势地位,是地接社被拖欠团费事件屡屡出现的一个重要原因。

首先,双方旅行社地位的不对称,使得在结算方式上,地接社的风险远远大于组团社。尽管国家旅游局一再强调旅行社要“先付款,后接团”,但从实际操作看,组团社采取的往往是分阶段付款,即在发团前向地接社进行部分支付,游客离桂时如未发生质量问题,双方结清团款。这种结算方式,使一些恶意欠款的组团社有机可乘。

其次,随着旅游市场竞争日益激烈,地接社接团愿望迫切,在对组团社的筛选上往往不够理智。其实,早在“桂海”与“黄河”合作之前,就有桂林同行提醒“桂海”小心。但“黄河”为表诚意,在与“桂海”合作的头几次,每次都在发团前将全额团费汇至“桂海”,使“桂海”放松警惕,使其在接5月13、14日两个上百人的大团时,被恶意欠款。

最后,地接社维权成本太高,使得部分组团社存在侥幸心理。地接社可以通过司法途径追讨欠款,但所需投入的精力、财力却很大,钱即使要回来,生意也相当于白做。如果不幸遇上“黑社”,出事后消失得无影无踪,地接社即使胜诉,也无法执行。

(资料来源:www.ce.cn/travel/lygl/lxs/200505/26/t20050526_3918061.shtml 中国经济网)

## [本章小结]

本章介绍了旅游服务的类型、旅游服务采购的原则、策略和旅游服务采购的程序及方法。旅游服务包括旅游交通、旅游住宿、餐饮、旅行社接待、旅游吸引物及其他服务等类型。旅行社采购旅游服务应遵循保证供应、保证质量和降低成本三项原则。旅行社通过集中采购、分散采购和建立采购协作网络等策略保证旅游服务的供应。旅游服务采购程序和方法的研究,会使读者熟悉旅行社旅游服务采购的各种策略并能够灵活运用于实际经营中。

## [复习思考]

(1)关键概念。战略采购、旅游服务采购原则。

(2)课堂讨论题:

- 服务采购管理对旅行社发展的战略价值体现在哪些方面?
- 旅游服务采购管理存在的问题有哪些?

- 旅游服务采购管理的主要措施是什么？

(3)思考题：

- 旅游服务采购的主要方法有哪些？
- 旅游服务供应商的选择应依据哪些标准进行判断？
- 旅游服务采购的主要步骤有哪些？
- 旅游服务采购人员应具备哪些素质和能力？
- 旅游服务采购协作网络管理的重点是什么？

(4)实训题。旅行社在进行旅游服务采购过程中，如何对采购过程进行持续的优化管理。

(5)自测题：

- 旅游服务供应链的协作方式包括(　　　)。

A. 数量折扣定价契约　　B. 返销契约
C. 转售价格控制　　D. 收益共享契约

- 旅游服务采购合同需要审查的三性包括(　　　)。

A. 经济性　　B. 技术性
C. 价值性　　D. 法律性

- 简述旅游服务采购质量提升的主要路径。
- 根据所学知识对下面的案例进行分析：

甲旅客等32人分别在1999年春节前夕报名参加乙旅行社组织的“昆明—西双版纳四飞8日游”，缴纳团费并签订了旅游合同。旅客们原本想在春城昆明过一个愉快的假期，但未曾想到，却因当地旅行社的违约，服务质量低劣，使大家生了一肚子的气。真是花钱遭罪，受到了不应有的待遇，导致32名客人联名投诉。

甲旅客等32人的投诉理由是：在旅游途中，导游员擅自取消了西双版纳之行中的“热带雨林”项目。由于当地旅行社安排不妥、服务不周，致使12名游客误了昆明—西双版纳的飞机，不得不改乘第二日的航班与团队会合。客人中有的人行李上了飞机，而人却未上飞机；有的夫妻二人被分为两批乘机，致使互相牵挂。入住的西双版纳“龙腾”宾馆远没达到合同约定的标准，晚间洗澡热水不足，昆明游览时未提供“空调车”等。甲旅客等人提出要求赔偿。

# 第七章 旅游消费心理及应用

## [学习目标]

通过本章学习应该达到以下目标：

● 知识目标。掌握不同类型旅游者的消费心理和行为特点；熟悉服务企业的营销策略；了解旅游企业整合营销的重要作用。

● 技能目标。通过针对旅游者购买心理进行分析学习，能够对不同类型的消费者制定不同的营销组合策略。

● 能力目标。具备分析不同旅游者消费心理的能力，判断旅游者的心理阶段并制定相对应的决策。

## [引例]

### 杭州旅行社根据游客需求推出订制旅游线路服务

临近“十一”长假，越来越多的杭州“自驾一族”开始选择这样一种新颖的出游方式——花数十元到上百元不等，到旅行社购买一条个性化出游线路，然后“按图索骥”去旅行。

“订制旅游”到底有多贴心？今天，记者试着打通了杭城一家旅行社的服务电话，咨询象山一天半自驾游的行程安排。得知我们是4人出行，预算控制在1500元以内，导游小姐的建议如下：

第一天，下午2点从杭州出发，晚餐选择在象山县城大排档吃海鲜，烧杂鱼、葱油花蛤是必点菜，餐费控制在250元以内；饭后直奔松兰山海滩，欣赏与众不同的大海夜景。临近凌晨12点，可驱车至附近“如家”等经济型酒店，房费有超低折扣。第二天，早餐选择在“大目涂”宾馆对面的“胖子面馆”，吃一碗当地出名的海鲜面，然后驱车至石浦,观看渔船进港场景,在临港排档吃一餐200元的午饭,返程途中顺道去奉化雪窦寺游览,到“农家山庄”吃上一顿红烧野猪肉、盐烤芋艿,酒足饭饱后,3个半小时就能回到杭州了。

根据导游小姐的建议,记者大致算了一下行程的油费、路费、食宿费和景点门票费,总计预算是1200元。而在一些旅行社的“象山两日游”中,价格同样是每人300多元,但景点却只有松兰山海滩和中国渔村两处。同时,记者又在网络上搜索了一下导游小姐推荐的食宿地点,果然是各大论坛“驴友”们的“优先推荐项”,甚至连名不见经传的小面馆也赢得了很多赞誉。

“这种专业水准,是市民自驾出游难以达到的。”浙江康辉国际旅行社的王某告诉记者,如今网络上非常流行“自助攻略”,但资料往往不全面。旅行社则可以按照客人的游览、食宿要求,设计出一条旅游线路,甚至可以具体到游客在异地游玩时转乘几路公交车等。订制这种旅游路线的设计费从几十元到几百元不等。

不仅是旅行社推出了“订制旅游”服务,网上也开始“叫卖”旅游线路。记者在淘宝网上看到,名为“印象西街”的卖家推出了一条“阳朔旅游路线策划”,每条售价10元,打出的口号是:“根据你的时间进行合理安排,以免被宰!”还附带出售桂林特产等折扣产品。

有了专业的“自助攻略”,出游变得更方便了。最近,家住杭州市翠苑三区的张小姐刚刚购买了一条安徽宏村4日游线路。她告诉记者,她只需“按图索骥”即可,还可将沿途的新发现反馈给旅行社,再订制出更有个性化的自驾线路。

(资料来源:www.china.com.cn/news/txt/2008-09/27/content_16542030.htm,中国网)

## 第1节　旅游者的消费心理

### 一、旅游消费心理分析

旅游消费,是一种感觉消费或精神消费过程。我们必须对旅游者的消费心理和行为特点进行分析,才能制定有效的对策。

**1. 对旅游产品的要求**

旅游产品应具有综合性。所谓综合性,是指集知识性、娱乐性、参与性于一体。多数旅游者因为受时间限制,期望在单位时间和一定的经济支出内获得尽量多的收益。另外,随着旅游行为的普及,旅游资源的不断开发,使得人们对旅游项目的选择越来越精细,逐渐由满意型向择优型转变,因而对旅游项目的期待也越来越高。所以,以单一形态出现的一般化自然景观和人文景观对人们的影响力已明显降低,而多元化、个性化、新颖性的特色旅游,正越来越受到旅游者的青睐和偏爱。

2. 对旅游目的地的要求

(1)信息通畅。旅游行为是一种跨地区、跨国界的广泛的人际交往活动,具有明显的外向性或涉外性,且多数情况下,旅游消费者和旅游目的地是第一次接触,不可能充分地了解有关旅游目的地的各种信息。旅游消费者在作出消费决策前,获取旅游目的地相关信息的渠道较少、成本较高、不确定性较大。旅游消费者对旅游目的地的陌生性、未知性就形成了旅游消费中的信息不对称现象。

信息的不对称,导致旅游消费者对旅游热点的选择过于集中,使得"看不见的手"在突发的市场失衡面前失去调控能力。这种突发的市场失衡,是指"井喷式消费"。主要表现在:首先,尚未建立为游客提供服务的各种动态信息机制;其次,尚未建立对信息及时反馈、综合评价、详细分析、加以社会利用的机制;最后,尚未建立多向交流机制,各级信息系统信息分割、滞后、利用率低。这样就导致了各个旅游城市和景区(点)"冷热不均"的矛盾突出,旅游容量成为旅游消费中的严重问题。

(2)市场规范。旅游行业管理欠规范,行业素质尚待提高。近几年来,我国已制定与修订的重要旅游行业法规涵盖旅游行业岗位规范、旅游安全、旅行社管理等各个方面。各种法规的出台,有助于行业管理的规范化和行业素质的提高。但在旅游经营过程中,不少旅行社、饭店的服务质量不高,旅行社业务雷同,旅游饭店过于追求星级化、高档化,旅游安全不能确保,甚至"宰客"现象大量存在。这些问题是旅游消费的不利因素。

3. 自身心理的满足

(1)对时尚的追求。动机是激励行为的主观因素,是人的需要的表现形式。旅游动机,则是人们外出旅游的内在动因。旅游消费在某些方面,是社会时尚在消费经济活动中的反映,是人们在生活消费中的一种行为模式的流行现象。旅游消费流行的渠道多、速度快,往往自发地形成一种"消费导向",为众多消费者接受或趋从。

同时,旅游消费者范围广泛。旅游消费所引起的对某种商品或劳务的需求,既有周期性又有不确定性,即使再出现大量需求,也不是简单的重复。旅游消费产品具有新奇性。"新奇"区别于"一般",因而具有很强的吸引力,消费者常因好奇而引起对该产品的注意,并逐步产生追求感和购买动机。

(2)对文化的追求。旅游,本质上是一种通过物质的和非物质的产品组合,以服务为中介的精神文化消费。文化消费贯穿于旅游消费的全过程,体现在每个旅游要素的不同环节上。旅游消费实现了某些文化消费的功能,一是启蒙和教化;二是社交和繁荣创作;三是享受和愉悦身心;四是益智和发展个性;五是促进社会和谐,提高人们的文化素养;六是扩展消费和启动市场。近年来,旅游活动中对文化需求呈现加重的趋势,特别是在求知、益智与社交上的追求最为明显。

(3)求解脱的心理。由于竞争日趋激烈,繁忙的日常事务和复杂的人际关系使人们容易产生高度的精神紧张和身心疲惫,精神长期得不到松弛,将对人的身心产生极大的副作用。为缓解精神压力,人们借助旅游消除紧张、平静心态,获得心灵慰藉,是一种积极的休息方式。①

## 二、不同年龄游客的消费心理

旅游者消费的全过程是人的认知活动、情感活动和意志活动综合作用的结果,也就是说,旅游者在消费活动中要经历感觉、知觉、记忆、思维、想象、情感、意志等过程。但是,不同的旅游者在具体的购买活动中所表现出来的行为特点,却具有很大的差异。对不同旅游者按其年龄进行分类,其消费心理和行为也有所不同。

### 1. 青年旅游者的消费心理

青年,主要是指年龄在15~30岁之间的人。据统计,在我国这部分人占人口总数的1/5左右。青年人富有朝气,精力充沛,是旅游者中最活跃、数量最多的庞大人群。青年旅游者的消费心理和行为有如下特点:

(1)追逐新潮时尚。青年人思维活跃、富于幻想、有冒险精神,对事物有很强的敏感性,对新鲜事物有强烈的好奇心。这使得许多青年旅游者成为新旅游产品的最早尝试者和最有力的推广者。

(2)追求个性张扬。自我意识的加强使青年旅游者非常喜欢那些能体现自我个性的商品,追求明显的消费个性,显示自己的与众不同,以此来满足表现自我的心理要求。一些高科技含量的旅游纪念品和一些DIY旅游商品十分受青年旅游者欢迎。

(3)重情感、易冲动。青年旅游者的购物决策带有较强的冲动性,容易受环境因素的影响。在理智和感情冲突时,感情作用更大一些,冲动性消费多于计划性消费,往往忽略旅游商品的综合性,片面强调款式和色彩。

### 2. 老年旅游者的消费心理

在老龄化社会日趋成熟的今天,旅游已经成为老年人提高生活质量和体现社会和谐的重要方式之一。老年人也已成为旅游市场中不可忽视的一大群体。老年群体旅游消费心理主要受以下几个因素的影响:

(1)生理因素。人体对外界的认识过程,包括对外界信息的获取、传输及大脑和神经的分析与综合活动。伴随年龄的增长,老年人的视觉、听觉、嗅觉、味觉、触觉等器官都会有不同程度的衰老和退化,造成其获取外界信息相对困难,对新事物

① 林增学.假日旅游消费心理及对策分析[J],桂林旅游高等专科学校学报.2002,9(55~57).

接受能力下降,甚至排斥新事物,引起老年人与周围环境沟通的困难,并产生对周围环境的不满和隔绝感、孤独感。

(2)社会因素。

①由于子女忙于工作,老年人通常与子女分居而缺乏交流。

②大部分老年人退休后,从职业角色转变为闲暇角色,曾经在职业历程中取得的满足感、荣誉感和成就感,以及被认可感骤然减少或丧失,容易产生被冷落、忧虑、孤独、无所适从等情绪体验。

③现代社会逐渐形成的尊老、敬老风气及老年人社会福利条件的提升,客观上为老年人离开其现有生活环境,消除低落、糟糕的情绪创造了条件。

(3)主观因素:

①身体健康需求。老年人在作出旅游决策时,健康因素常常作为其考虑的重要因素之一贯穿于整个决策的过程,并对决策结果产生重要影响。在现实中,老年人一方面,对有益其健康的户外旅游活动具有浓厚的兴趣;另一方面,又常常对自身健康状况能否胜任旅游活动存在顾虑。

②怀旧心理。老年人神经系统的衰老使之容易产生回归心理现象,即对近期经历记忆模糊,而对早期经历记忆相对清晰、深刻。此外,老年人可能对某些早年经历有清晰记忆并产生重温的兴趣,却对这些经历发生地点和背景记忆模糊,因而产生故地重游的动机。此心理还表现为老年人的旅游偏好,即与新型旅游产品(如,主题公园、探险旅游及相对繁华、喧闹的旅游目的地等)相比,老年人通常对传统旅游产品(如,观光旅游、度假旅游和传统文化底蕴深厚的旅游目的地等)更具兴趣,注重精神体验。

③补偿心理。老年人大多经历过曲折,年轻时的诸多需求由于种种客观条件的匮乏而未能实现。而今,各种客观条件较以前明显改善,闲暇时间也随着老年人离开工作岗位而变得充裕。主观上,老年人对年轻时诸多未能实现的愿望的补偿心理愈发旺盛,更多的是对高层次精神生活的需求。

④炫耀心理。美国经济学家凡勃伦发现,某些消费者,即所谓的“有闲阶层”,存在着商品价格越高反而越愿意购买的消费倾向。他认为人们占有财物的真正动机在于获得荣誉,实现歧视性对比,即凡勃伦效应。老年人作为特殊的有闲阶层,在消费心理相对保守的群体环境中,容易把某些高档消费形式作为其在群体内部获得尊重和认可的特殊方式。例如,通过旅游来炫耀自己和子女的经济实力与社会地位等。①

## 三、不同性别旅游者的消费心理

“以男性为主的消费主义正在转变为以女性为中心的消费主义。”这是中际广

① 刘睿,李星明.老年群体旅游心理类型与特征分析[J].旅游论坛,2009,4:189~192.

告协会主席卡·波尔在我国讲学时阐述的一个观点。这一带有总结性、预测性的观点,确切地反映了现代消费市场发展的态势。据美国旅行数据中心统计,在每年进行商务旅行的3500万美国人中有近40%是女性,并有急剧上升的趋势。因此,研究女性旅游消费的动因和心理,是国家制定有关政策和旅游业开发女性旅游消费市场,进行市场营销的前提和基础。

1. *女性旅游者的消费动因*

生活方式的改变是女性旅游消费的基础。现代经济发展逐渐改变着女性的生活方式,突出表现在消费社会化、享受时尚化、追求知识化和家庭趋于小型化等方面。

① 消费社会化,使女性有了更多的休闲时间。消费社会化,是社会分工的必然结果,人们凭借着社会服务,从繁重的家务中解脱出来,由此增多了休闲时间,滋生了旅游消费的主观愿望。女性是家务劳动的主要承担者,劳动强度、劳动时间随着社会化服务的发展在递减,使得她们具有了越来越多的闲暇时间,助长了旅游消费的需求。

② 追求时尚、享受时尚,是女性旅游消费的心理动机。旅游消费是一种新型的、可持续消费的商品,非常容易成为一种时尚并自发地形成"消费导向",为众多的女性所接受或趋从。由于现代女性注重生活品质、经济独立,拥有一定的经济基础和消费个性化观念,了解最新咨询和时尚动态并通过追求时尚、高档次、高质量、高价格的名牌商品,或具有以奇异、超俗、典雅、洒脱的消费方式来显示自己某种超人之处的观念。这是女性共存的一种消费心理和个性化表现形式。所以,女性对旅游时尚的追求是上述心理在消费内容上的一种折射。

③ 追求知识化,提高了女性消费的品位。现代女性注重修养和学识,积极塑造自己的文化层面和精神层面,有着多层次、多方面的文化追求。旅游消费本身就是一种文化消费现象,能够起到启蒙、教化、社交、愉悦身心、发展个性和提高文化素养的作用。所以,旅游消费会被更多的知识女性所接受。另外,旅游过程本身就是一种审美的活动,只有具备较深美学方面的修养,才能体会到山川大河、文物古迹的内在之美,才能感受到自然、历史对人心灵上的震撼。因而,旅游消费的这种特质,对追求知识、完善自我的现代女性来讲,具有极大的吸引力和魅力。

④ 家庭小型化,便利女性的旅游消费。随着社会和科学技术的飞速发展,人们对婚姻和家庭的固有概念,似乎受到有史以来最为严峻的挑战。家庭的类型由几代同堂的大家庭逐渐趋于小型化。家庭成员广泛就业,收入增加,同时又使日常性消费支出相对减少,为出门旅行提供了经济上的保障,并减少了由于要照顾老幼

而形成的后顾之忧。①

2. **女性旅游者的消费心理**

(1)家庭自我型的女性旅游者。在这一类的女性旅游者中,家庭是最基本的元素。家庭观念比较突出的女性旅游者,对自己的私人用品要求不高,而对家庭共同消费的物品则要求很高,在购买各种旅游产品时的风格特点就是"货比三家",不会草率作出决策,通常会向家人或者其他重要的人了解信息之后才决定是否购买,而不会购买可有可无的旅游产品及服务。如果家庭需求得到适当发展,同时女性旅游者的情感也得到适当满足或寄托,家庭自我型的女性旅游者也比较有可能成为忠实的旅游消费者。

(2)表现自我型的女性旅游者。女性消费者表现自我,在旅游消费生活中体现为喜欢借助于旅游商品和品牌来展现自己的个性、品位和独特的生活方式。这类女性旅游者在各种年龄阶段都可以看到,只是表现自己的方式不同而已。青年女性更多的是追求时尚消费;中年女性,更多的是通过大量购买时装来表现自己;而到了老年,比较突出的女性特点,则是喜欢参加各种集体性活动。因此,在女性旅游者中,如果以表现自我为主,她们会喜欢能够提升外表形象的旅游产品、服务或品牌,也喜欢能够表现自己独特个性的旅游产品和服务。另外,对于能够以群体活动方式进行的旅游消费也比较感兴趣。

(3)发展自我型的女性旅游者。发展自我,在女性旅游消费生活中的突出表现是,女性旅游者希望借助于特定的旅游产品、服务和品牌来提升自己的社会形象、地位和价值,同时,也希望通过旅游产品和服务的消费来展示自己的成功或理想中希望达到的社会地位和生活品位。

(4)情感自我型的女性旅游者。情感自我,在女性旅游消费心理中的作用,是使女性旅游者消费旅游产品和服务时比较重视自己的主观感受。如果情感自我比较发达,女性旅游者会偏好能够抒发或者表达自己内心感受和体验的旅游产品和服务,喜欢能够满足情感需求的旅游消费类型。因此,具有一定象征意义的旅游产品和服务通常会引起此类女性旅游者的兴趣。如,高星级饭店专门针对女性旅游者设计的女性酒吧等有情调的地方,就是比较好的情感类产品。

(5)心灵自我型的女性旅游者。心灵自我,是女性对自己在内心生活方面的感觉和思考,追求的是内心的平衡和宁静,把产品或品牌作为身外之物,所需要的消费是低水平,且数量不多的。心灵自我突出的女性旅游者最偏好文化、宗教、历史、哲学等方面的旅游产品和服务。心灵自我比较发达的女性旅游者,消费心理中的和谐与平衡使她们的内心比较强大,购买和消费的理性程度比较高,对一种旅游

① 郑昌江. 女性旅游消费动因的分析[J]. 商业研究,2002,5:143~144.

商品或品牌,只要能够满足基本的需要,就不断地重复购买,对旅游产品和商业品牌的忠诚度较高。

作为旅游企业关注的焦点,女性市场在现代旅游经济中的作用日益凸显。只有真正重视女性旅游消费,依据女性的消费心理特征把潜在的消费需求引入实际的消费行为中来,才能推动整个旅游市场的繁荣。①

## 第2节 旅游服务企业的心理对策

### 一、旅游服务企业的营销心理策略

旅游服务企业要想获得经济效益与社会效益,应当有充足的客源。其首要任务就是如何设法引起潜在旅游者对旅游目的地的兴趣和关注,使潜在的旅游动机得到充分激发,最终作出旅游决策,转变成旅游地的现实旅游者。其次,旅游企业应当设法使旅游者在旅游地更大限度地消费。所以,它所面临的又一重要任务就是如何刺激旅游者在旅游地的消费欲望,促成更多的消费行为。因此,在旅游服务中,服务企业应该把握客人的心理,从客人心理入手,做好旅游促销,提高企业的经济和社会效益。

1. 诱导策略

(1)新奇诱导策略。是指旅游服务企业利用旅游者追新猎奇的心理特点,通过生动形象的产品广告、宣传资料或实物,全面展示旅游产品的新颖、别致和奇特之处,突出其与众不同的个性,以引起旅游者的关注,激发其消费欲求的一种促销方法。

旅游产品有无突出的个性,是决定其是否具有市场竞争力的关键因素。譬如,湖南常德市中小型餐馆异军突起,成功之处,就在于它们在促销过程中打足、打好了“特色牌”。其中,梁山寨酒家内摆设着仿古家什,张贴着梁山泊108位好汉的肖像,满屋皆是大坛的酒,寨王及孙二娘(服务员)见客必称“壮士”、“女侠”。捧起菜单,更见“水泊梁山”、“浪里白条”映入眼帘。它向食客们展示的是梁山泊的古风、古韵与绿林豪情,生意火暴靠的是产品“文化特色”所产生的强大吸引力。

(2)名人诱导法。是指服务员根据人们仰慕社会名流,崇拜权威人士,喜欢仿效名人以抬高自己身价的“慕名”心理,着力渲染社会名流曾经消费过某种旅游产品的事实,引起轰动效应以激发人们的消费动机,引起消费行为的一种促销方式。

---

① 胡庸.中国女性旅游消费者心理及市场营销策略[J].贵州工业大学学报(社会科学版),2007,4:49~54.

1998 年上半年，美国旅华市场处于相对疲软状态，1～5 月份同比增长率不到 5%。6 月，美国总统克林顿访问中国的西安、北京、上海、桂林、香港等城市取得圆满成功，引起了世界各国媒体的极大关注。这些城市相继在美国旅华市场上推出"总统之旅"，充分利用克林顿总统访华的轰动效应促销，结果 1998 年下半年，美国旅华游客大幅度增加，同比增长率提高了 15% 左右。

(3)利益诱导法。是指服务员在促销时刻意突出旅游产品价格中隐含的各种附加值，使旅游者感到旅游产品物有所值甚至超值，从而作出消费决策的一种推销方法。

广州某五星级酒店订房部小余在酒店无法满足客人预订标准客房(128 美元/天)的要求时，机智地向客人推销豪华套房(370 美元/天)，她在报价后，立即告知客人如入住该房，"可以远眺风景十分优美的白云山公园，还能免费享受机场接送、美式早餐和使用健身房设备与桑拿浴，使用商务中心的服务设施也可获九折优惠等"，并建议客人不要急于作出决定，到酒店参观客房后再作决定。最后，客人欣然预订了豪华套房。

2. 暗示策略

旅游活动中的游说、劝说、吆喝、提示等营销方式太直接、太显现，易引起旅游者的逆反心理；暗示却具有"润物细无声"的潜移默化的效果。它无须讲道理，却能让旅游者在不知不觉中受到影响，接受其所传达的观念。

服务企业中的暗示策略，是指服务人员通过语言、行动、表情或某种符号，对旅游者的心理和行为产生影响，使其接受某一观点、意见，或按暗示的一定方式活动，从而激发其消费欲望的促销策略。

(1)宣传暗示策略。宣传，是旅游促销的主要形式和必要工具，现在的旅游宣传大多采用直接提示的方式，将本地旅游资源或产品的优势显性直观地传达给受众，留下的印象不够深刻、持久。而暗示却能调动大脑皮层的运动，引发人的思考。它一旦被人接收，产生的体验就比较深刻。所以，如果通过服务人员在服务中巧动脑筋、巧设玄机，以不同的心理暗示方式将资源或产品的优势传达给旅游者，激起他们的兴致，促进其消费，便会产生互补、促进的效应。

(2)参与暗示策略。参与性旅游产品要求旅游者亲身参与，成为活动主角。旅游者的意愿程度和主动程度就会成为其中的关键。由于现代旅游大多以团体的形式进行，作为群体中的个体，其反应不仅受自己认知的支配，还受到周围人直接或间接的暗示与影响，即群体中的个体行为总是与群体中的他人有或多或少的联系。①

---

① 秦远好，刘德秀. 略论旅游服务中的诱导策略[J]. 桂林旅游高等专科学校学报，2000，11：23～26.

## 二、旅游服务企业的谈判心理策略

### 1. 把握顾客的购物心理

把握顾客的购物心理，是做好旅游服务工作的前提条件。旅游者是由不同性格、不同阶层、不同性别、不同文化背景的人所组成，因而他们的购物心理也就不同。所以，服务人员必须了解旅游者的购物心理，有针对性地为旅游者提供个性化的商品销售服务。例如，针对青年旅游者“热情、主观、偏激”的心理特点，服务员应该多向他们推荐和介绍反映时代潮流，具有高新技术含量的旅游商品，满足他们追求时尚、展示个性、喜欢冲动的购物心理需求。针对老年旅游者“自尊、猜疑、固执”的心理特点，商店推出的旅游商品必须注重内在质量与外在形式的统一，给老年旅游者以实实在在的感觉；提高服务员的服务质量，尽量减少老年顾客购物的等候时间；耐心地做好售前的介绍服务工作。针对女性顾客比较敏感和自我意识强的心理特点，在其购买过程中，服务员要不失时机和恰当地给予其赞扬和肯定，适当宣传商品的独特优点，积极地调动情感，促进其冲动性购买。

### 2. 提供优质的旅游商品

提供特色突出、品种丰富、包装精美、质优价廉、服务完善的旅游商品，是做好旅游购物服务工作的基础。

①特色突出。旅游者不是因为购物才去旅游，而是因为旅游才购物。所以作为旅游商品，应该区别于其他商品，应该具有纪念性、艺术性、实用性和地方特色。没有特色就没有代表性和象征意义，也就失去了作为馈赠和纪念的价值，也就不能引起旅游者的关注。此外，商品要有文化内涵。同一种商品，游客希望自己在旅游时购买的商品与在其他时间、其他地方购买的商品有所不同，希望它蕴涵着当地的某种文化，把自己的购物消费变成一种文化消费，能够得到精神上的满足。

针对游客的这种消费心理，投放旅游市场的耐用消费品，首先，在设计包装上要有地方特色；其次，销售中要讲究商业文化氛围的营造与渲染；最后，可以把企业文化融入旅游商品之中，让商品成为企业文化的载体。如，在工业旅游中，游客在厂家购物时若能得到一份展示企业创业精神的纪念品，或说明所购商品是该企业生产的第几件产品的纪念章，或该企业知名企业家的亲笔签名纪念卡等，都可以大大增加该旅游商品的文化含量，增强旅游购物的精神消费特色。

②品种丰富。由于旅游者个性的差异、需求的不同及经济条件的差异，对旅游商品的需要也就不同。有的需要高档商品，有的需要低档商品；有的欣赏珍贵的工艺品，有的喜欢廉价的纪念品；有的热衷于实用性商品，有的热衷于珍藏性商品。为此，商店应该提供丰富多样、品种齐全的旅游商品，以满足不同层次旅游者的需要。旅游商品要实现系列化、多样化、配套化的生产。旅游商品供应商要设计和生

产花色品种繁多、规格齐全的旅游商品，以满足旅游者的不同需求。

③包装精美。常言道："人靠衣服马靠鞍。"好的包装不仅起到保护商品的作用，而且具有美化商品、宣传商品、推销商品的功能。旅游是一种寻求美、欣赏美的活动。在旅游活动中，旅游者对美的追求特别强烈。现代商品的包装，本身就应该是一件艺术品。设计精美的旅游商品不仅能给旅游者以美的享受，引起对商品的好感，而且能使潜在的购买心理变成现实的购买行为。

④质优价廉。服务企业要提高对旅游商品的质量管理。商品的质量问题是阻碍旅游购物市场发展的首要问题。售后服务是游客购买耐用消费品的最大顾虑。加强市场管理力度，严禁假冒伪劣商品充斥市场，杜绝商家的短期行为，创造文明、公平的购物环境，树立良好的商业形象，是服务企业管理的关键与核心。设计、生产品种多样、档次不一、货真价实、需求弹性大的轻工业品投放旅游消费市场，增强同种商品之间的替代性和不同商品之间的互补性，提高商品的可选择性，尽量满足游客的需要，扩大消费额。

⑤服务完善。服务企业要完善销售，提供全方位的购物服务；建立完善的销售服务网络，重点抓好主要客源地的售后服务，开辟多种方便游客的销售与结算方式。如，即时成交，异地提货；预付定金；信用卡结算等，为游客提供全方位的服务。购物前，通过介绍、参观、讲解、咨询、培训，增加游客对产品的感性认识；购物中，适时提供参考意见，帮助决策；购物后，提供搬运、托管、代理邮寄、托运等服务。尽可能消除游客购物的后顾之忧。这也是减少购物决策心理阻力的重要途径。

**3. 保持良好的服务态度**

服务员的服务态度，对游客的购物心理具有重要影响，是做好旅游购物服务工作的保证。俗话说："微笑招客，和气生财。"旅游购物服务人员要注意自己的言谈举止、动作表情、服务态度。要以诚挚、善意的微笑和关切，清晰、热情的语言向游客打招呼；用简单、明快、有效的语言向游客介绍商品；要不厌其烦地向游客出示商品由其挑选等。特别是对待女性顾客，由于她们情感细腻而丰富，对服务态度比较敏感，服务员更应该注意礼节，尊重对方。

**4. 抓住恰当的销售时机**

抓住恰当的购物时机，是做好旅游购物服务工作的关键。一般来说，游客进商店有三种目的：一是想购买商品，二是想了解一下商品的行情；三是浏览参观。因此，服务人员一定要善于观察游客的举止神情，判断游客的心理状态，当观察到游客想购买商品时，就要热情地上前打招呼，不失时机地为他们介绍商品，诱发游客的购买行为。

总之，购物过程是游客旅游消费行为的重要一环，服务企业只有把握好旅游者的购物心理，把握购物谈判的主动性，才能做好服务工作，为旅游行业带来满意的经济收入。因此，旅游商品销售人员应该深刻了解游客的购物心理，积极采取切实有效的策略，创造出良好的旅游服务软环境，为游客提供优质、高效的旅游购物服务，使游客高兴而来、满意而归，促进旅游商品的销售，推动旅游经济的发展。[①]

## 三、旅游服务企业的选择心理策略

旅游服务企业所面对的广大旅游者，在年龄、性别和阶层上具有很大的差异性，无论在获取信息、购买方式、商品投向或消费态度上都有着明显的不同。因此，企业在选择目标市场时，就应当充分运用各种细分要素，分析、研究不同年龄段、职业、社会阶层、性别客人购买行为的其他因素及其差异，以便给自己的产品和服务定位，找准目标顾客、占领目标市场。这里仅以女性细分市场为例，基于不同女性游客独特的心理特征，提供对路的旅游产品和服务。

### 1. 对普通女性的旅游心理策略

(1)追求时尚与美感，注意旅游产品的宣传与外观。爱美心理与追求时尚是女性消费者普遍存在的一种心理。随着现代女性社会交往机会的增多，加之感情细腻，往往能及时地觉察到市场的流行趋势，并乐于追求时代潮流。现代女性渴望通过旅游来增长知识、开阔视野。她们注重自身的健康，希望通过旅游活动来满足自己的社交需要、尊重需要、自我实现等多重需求。

女性普遍有着爱美的天性。心理学研究表明，女性最终选购的商品有一个共同点，即外观及包装一定是漂亮和精美的。所以，在旅游产品的广告宣传中，应包括大量精美的图片，详尽介绍旅游地的美丽风光、民俗风情、特色餐饮和购物的有关内容，刺激女性的爱美情绪，引发她们的购买欲望。此外，爱美的天性会让女性把风景美丽的旅游地作为首选。爱清洁的心理令女性比男性更加关注旅游过程中的舒适程度和整洁程度，如，乘车环境、住宿条件和旅游地的环境等。

(2)具有较强的情感特征，喜欢从众与炫耀。女性的情感世界较男性细腻，且想象力丰富，对各种新鲜事物非常敏感，对美的追求比较强烈，通过购买和使用旅游产品，可以抒发自己的某种情感，展示自己的个性，获得某种心理满足。

女性的感性大于理性，只要被大家认同的、被朋友广泛称赞的，女性就理所当然地认为就是最好的、最适合自己的。这就是女性的从众心理。女性喜欢被别人夸赞，喜欢赢得别人的羡慕。一次旅游如果能获得这样的效果，她就一定能成为忠实的“旅游发烧友”。

(3)购买旅游商品挑剔，注重商品的实惠和细节。女性对于旅游产品与服务质量的关注远远胜过男性。女性挑剔、细致、耐心，在开支上更精打细算，购买商品

① 孙海琴. 从旅游购物心理角度谈旅游商品开发与服务的策略[J]. 沿海企业与科技，2008，8：134～136.

时“货比三家”。她们对旅游服务有着更高的要求，包括导游人员的素质、餐饮住宿的卫生条件、交通工具的舒适度及客房内有没有精美的时尚杂志、有没有鲜花等。因此，全面提高服务水平和服务质量，做好售前、售中、售后服务的每个细节，是争取女性游客的有效途径。

“物美价廉”是女性购物的基本标准。此外，女性是“打折优惠”或赠送礼品促销活动的积极响应者。适时发放一些纪念品，赠送的价值不一定很高，比如，一个精美的笔记本、一本相册、一套旅游明信片等小礼品，都会深受她们的欢迎。因为此举满足了女性喜欢小恩小惠的心理。服务企业也可灵活运用季节折扣、数量折扣等策略，来激发持观望态度的潜在女性游客的购买行为。

(4)现代女性旅游消费趋向个性化。现代女性在消费上更多地喜欢表现自己的个性心理特征，故要求商品也要有特色、有个性。旅游市场上出现的女性旅游网站及专门针对女性游客的 SPA 游、美食游、美容游、购物游等，就是为了满足现代女性的个性心理。这也从一个侧面说明女性社会地位的提高、女性收入的增高和女性个体独立意识的提升等。

2. 对不同年龄段的女性旅游心理策略

不同年龄阶段的女性，旅游需求的侧重点有很大区别。25 岁以下的女性精力充沛，喜欢广交朋友，追求个性、时尚、潮流、刺激的心理特别强烈，但由于这个阶段的女性经济上大多还不独立，所以她们的消费能力并不很强，一般会选择近距离的、花费少的旅游产品。

25～35 岁的女性收入较高，家庭负担不重，现代化大都市的繁华最能吸引她们的目光。针对她们追求美、赶时髦、有经济实力的特点，各种海滨度假游、温泉游、SPA 专项游、欢乐购物游等应运而生；此外她们也喜欢惊险刺激的旅游活动，探险寻幽、河源漂流、水上蹦极、模拟实战枪击、冬季滑雪、海滨冲浪等，也是她们勇敢的选择。

35～55 岁的女性家庭观念重，往往为顾及家人和孩子而影响出游，“全家温馨度假游”对她们的诱惑最大；对小孩子有吸引力的游乐场所、科技馆、天文馆、主题公园等知识性和参与性较强的旅游活动，也会成为她们考虑的目标。

55 岁以上的女性大多怀旧心理强烈，品牌忠诚度高；注重产品的质量和功能；注重营养和保健。健康生态游、红色旅游、世界遗产地、宗教圣地等符合她们的怀旧和慕名心理。由于年龄和身体原因，她们旅游的节奏会放慢，更注重旅游产品的质量而非数量。

3. 对单身女性的旅游心理策略

(1)商务旅游——商务一族

在近 20 年，女性以企业家、经理、专业人员等各种身份走进商业领域。女性从事商务活动的比率迅速增长。

(2)满足为自己买单的酷炫心理——年轻一族

女性单身出游,以未婚女子或已婚无子女的女性居多。她们是国民中最自由、最富有的阶层,被称为“青年贵族”。她们“有钱”、“有闲”,思想前卫,追求时尚,暂时没有家庭羁绊,购买力很强,特别爱购买名牌产品。旅游企业几乎无不看中这个客源层,组织对路产品,开展专题促销活动,如,划船旅行、野外生存训练、周末写生、文学旅行、美容游等。

【案例7－1】

2005年,上航国旅的公民旅游公司接待了20多位上海女性。这些女性想要测试自己皮肤特质与羊胎素的匹配度,让该社专门安排一个去日本实地考察的团队。结果这群“爱美之人”飞到了日本,去资生堂等知名护肤品厂家参观“取经”,满意而归。

(3)追求一种漂泊放逐的生活方式——理想一族

单身旅游,是“理想一族”女性钟爱的生活方式,那种失重的漂泊感所带来的成就感和满足感,在旅途中被完美演绎。一个人上路,给自由的心灵适当留白,“离开”是为了更好地生活、更投入地工作。一次单身旅行就是一次新的生命的开始。三毛便是其中的杰出代表。

(4)追求自我成长,实现自我价值——成熟一族

现代女性在长期紧张工作、喧嚣的城市环境、繁杂的家务影响下,造成生理、心理和精神上的疲劳,为解除身体、精神、心理的压力,于是女性产生了度假、休养、观光等旅游动机,通过旅游满足个人成就和个人发展的需要。休闲、运动、放松精神,回归自然、享受自然、观赏美景,体验传统文化,增长知识、提高文化修养,增加阅历、获得他人尊重及更多的自我挑战和尝试等自我价值提升的动机,是成熟一族女性单身出游的主要心理。

美国桑塔·莫尼卡酒店集团推出一项名为“女士与酒”的旅游套餐。它包括提供一瓶葡萄酒、一顿丰盛的正餐、按摩服务及参观附近酿酒厂。该酒店的销售主管黛布拉表示,为了迎合女性需要,她们特别加入了水疗和其他专为女性提供的服务。让独立女性享受自由的旅游和生活,是她们的宗旨。[①]

① 于萍. 女性旅游心理探究[J]. 旅游经济,2008,5:157～159.

# 第3节 旅行社的相关心理对策

## 一、针对不同阶段旅游者的心理对策

在旅游活动中，旅游服务过程可分为三个阶段，即初始阶段、中间阶段和终结阶段。三个服务阶段的旅游者心理活动特点具有明显差异，旅游服务策略应显著不同。①

### 1. 服务初始阶段

初始阶段，对整个旅游服务过程具有基调的作用。服务人员在初始阶段的良好表现，使旅游者乐观看待旅游活动中所发生的事情，甚至会原谅后面两个阶段服务人员的错误；恶劣的表现则会起到相反的作用，严重的会导致旅游活动的中止。

(1)旅游者的心理表现。大量事实表明，在旅游活动的初始阶段，一方面，由于旅游者接受新的经验，在心理上具有紧张高涨的心态表现；另一方面，由于旅游者从日常生活中暂时脱离出来，在心理上又具有解放感高涨的心态表现。

一般说来，当一个人确定了要出游某一旅游目的地之后，其注意力经常是集中和指向这一旅游活动事项，显得十分兴奋和激动。为了使旅游活动能够顺利出行，他会在物质和精神两个方面开始做一些较为周全的准备工作(尤其是初游者和单身旅游者)。如，以什么方式旅游、花多少钱、和谁一起出行、需要搜集什么资料、携带什么行李和药品等，全方位地予以考虑和准备。同时，还会对将要前去的目的地及其活动项目、接待安排是否有趣，那里的气候条件、交通状况等在头脑中进行充分地设想。

(2)旅行社的服务策略。在这一阶段，服务人员必须摆正自己在服务活动中的位置，要使旅游者受到充分的尊重。导游人员作为“民间外交大使”，不仅代表个人，而且代表一个国家和民族的风貌。身处异地的旅游者是通过导游员来认识这个国家或地区的。因此，导游人员的形象尤为重要。他(她)是审美信息传递的第一要素。导游员作为旅游者直接体察的对象，必须自觉地重视自己的仪表，要设法给客人留下一个美好的第一印象。

对于导游人员来讲，在服饰上要尽量端庄、雅致和整洁。要避免标新立异，既

---

① 吴晓丽. 旅游活动中旅游者的心理探究及服务策略[J]. 山西大同大学学报(社会科学版)，2008，6：52～54.

不应过于土气,也不宜装扮得过于妖艳。所以,要给旅游者留下良好的印象,必须情绪稳定、精神饱满、乐观开朗、动作轻盈,要有端庄的仪表、优雅的姿态、真诚的笑容、热情体贴的言语及熟练、稳妥的操作技能。

2. 服务中间阶段

(1)适时的解说。旅游者到达旅游目的地,开始对旅游地的景点或活动项目进行参观、参与时,心情自然激动、兴奋。对于那些见所未见、闻所未闻的新鲜、奇特、壮观、引人入胜的自然景观、文物古迹、现代化建设、娱乐设施、特色活动项目等都将一览无余。在此情况下,旅游者一般是先睹为快,而后再听根由。因此,对于不考虑旅游者感受的导游解说,旅游者常常是十分反感的。

(2)旅游购物的引导。旅游者在游览过程中,大都对购物怀有极大兴趣。旅游者在旅游期间购物与平时购物不同,主要是购买旅游纪念品和具有收藏价值的艺术品,以此显示自己的经历,提高自己的声望和地位。尤其是旅游快临近结束时,购物的心情会更加迫切,常把注意力集中在商店里,话题也多集中在购买什么样的物品上。

(3)与当地居民的交往。在游览过程中,大多数旅游者还十分重视与同行的旅游者和当地人进行友好交往,从交往中获得满足、尊敬、声望和愉悦,尤其是生活在中、低阶层的人,对此会倍加关注。

服务中间阶段,是旅游服务工作的实质阶段。在此阶段,以旅游者在服务初始阶段的第一印象为基调,旅游者和服务人员之间矛盾冲突的发生和解决,心理差异的协调、优质服务的提供、加深和改变旅游者对服务人员及组织的最初印象等,都在这一背景下展开。因此,该阶段对服务人员的素质、心情、积极性有很高的要求,单纯依靠服务人员的自觉行动是远远不够的,必须要辅之制度规范。制度规范可以保证最低限度的礼貌。

3. 服务结束阶段

这一阶段,服务人员与旅游者的交往即将结束,开始收尾工作和告别离去的旅游服务过程。按照人的记忆规律,最初发生的事件和最后经历的情况形成的记忆是比较鲜明的,而中间阶段的记忆则会受到抑制。旅游服务的结束阶段,影响旅游者最后印象的形成,是补救旅游组织工作缺憾的重要机会。

在这一阶段,消除旅游者的不满情绪,转变旅游者对旅游组织或服务人员的不良印象,形成良好的最终印象就成为主要任务。旅行社可以利用的时间最长、机会最多。导游人员在回程中,要有意识地引导旅游者回忆旅途中各种各样有趣的场面,在现场群体气氛感染和导游人员主观引导下,利用记忆的合理化趋向,强化愉悦场景,忽略不愉快记忆,使旅游者形成整体的美好印象。

## 二、针对旅游宣传的心理策略

### 1. 品牌心理策略

旅游品牌,是旅游商品的一种名称、标记、符号或是它们的综合运用。就旅行社产品而言,品牌的建立必须是具有鲜明特色的产品。旅游客源市场是一个异质的市场,旅游者的需求是多种多样的,而且随着经济社会条件的变化和人们生活内容及消费形式的变化,旅游需求也在不断变化。因此,旅行社应该适时地提供异质性旅游产品,以满足不同旅游者的不同需求。

在组合旅游产品中要注意抓住特色最强的东西。要把握住区域优势,将旅游资源和产品进行有机整合和提升。如,黑龙江省把"冰雪旅游"作为品牌推出,而对于上海这一中国代表性的现代化大都市,则离不开其"海派"的文化背景。因此,在设计和组合旅游产品时,绝不能离开这一大的、整体性的品牌。

但这并不意味着一条旅游线路或旅游者的一次旅游,就要把所有重要的景区(点)包揽无余,一定要做好组合搭配工作。对不同旅行社来说,要使组合而成的旅游产品有不同的内容、不同的特色,除景区(点)外,在食、宿、行、娱等方面,各旅行社产品应尽量有所不同。这也是在具有相同或相近的地域优势的情况下,在遵循整体品牌的同时,创造自己的旅游产品品牌特色。

### 2. 名人效应策略

广告大师赛缪尔·约翰逊曾指出:"承诺,实实在在的承诺,是广告的灵魂。"而名人广告,就是利用名人的推荐,加强对消费者承诺的表现。因为广告的目的在于引导人们作出相应的反应。所以,广告必然以影响消费者的心理为前提。

在广告传播中,利用名人来证明产品的优点,可以大大加强产品的可信度,提高产品的销售额。由于人们总是首先对自己熟悉的人或事发生兴趣、作出反应,所以,广告首要作用就是为产品建立熟悉感。名人在大众心目中有极强的影响力,其广告能使消费者对产品产生强烈的熟悉感。名人在广告中的出现,使消费者很容易认识并记住广告的产品。因此,名人做广告,能起到桥梁的作用,拉近产品与消费者的距离。

### 3. 产品消费引导策略

根据消费者求新、求奇、求异的心理,产品策略是征服游客之心的方法之一。世界上著名的旅游胜地都是以其独特的地貌景观、建筑景物、历史遗迹、风俗民情等,来吸引四面八方的游客前往游览的。但消费者往往知其一而不知其二。所以,旅行社在旅游宣传中就必须突出宣传特色景点的信息给广大消费者,并能牢牢抓住消费者,让自己的旅游产品占据一定的市场地位。保证项目的具体内容能实实在在地落实到每个"点"上。

随着旅游业的不断发展,旅游产品不断地增加、更新。在旅游宣传中突出旅游产品的个性和品质特征,是旅游宣传必不可少的法宝之一。

## 三、针对其他旅游服务企业的心理对策

旅行社和其他旅游服务企业共享多种资源。因此,可以根据旅游行业自身的特点和整合营销的内涵,对这些资源进行多方位、多层次的全面整合,具体表现为以下几个方面:

### 1. 对旅游企业营销资源的整合

整合营销,强调将广告、直接回应、促销和公关活动等各种营销技能整合在同一营销计划当中,并通过统一的组织保持传播信息清晰、持续和传播效果的最大化。这就要求旅游企业:

(1)整合营销组织,实施组织营销。改变过去"以人为主"、过分依赖销售人员的销售方法,学习跨国旅游集团的营销经验,建立一套严密的营销组织系统,让广告宣传、特价推广等成为旅游企业营销系统的共同行为,以此确保营销工作的稳定性、连续性、一致性,体现组织营销的整体优势。

(2)统一营销计划,各部门协同作战。众多有效、高效的营销手段和工具(销售、广告、产品管理、售后服务、市场调研等)统一方向,形成合力,共同为企业的营销目标服务。

### 2. 对旅游企业内部资源的整合

一方面,旅游企业的服务理念只有通过服务人员的行为才能表现出来。服务人员的一言一行、一举一动乃至其仪表、神态都会对产品的质量和顾客的满意程度产生直接的影响。这就要求旅游企业除须重视外部营销外,更要注意实行以创造满意员工和不断提高企业员工服务质量为重点的内部营销,只有满意、快乐的员工,才能带给游客满意、快乐的体验。

另一方面,整合营销的成功执行会涉及许多方面。它不仅需要营销活动中每一环节上的人员(包括公共关系、广告、人员销售和销售促进等几个方面的专业人士)的积极配合,而且还要求其他环节的人员(如,服务人员、管理人员、财务人员、研发人员等)的配合。营销已不再仅仅是营销人员的责任,而是已经成为企业每个成员都应该承担的职责。

### 3. 对顾客资源的整合

旅游产品的无形性及生产和消费的同步性,使得旅游者无法在决定购买和消费旅游产品之前检查和验证其质量。只有亲身体验和消费过的游客,才对旅游企业产品的质量具有真正的发言权,这类游客也就成为旅游企业最大的成本和资本。

因此,旅游企业在营销时应该对顾客资源进行整合,真正重视旅游者的消费需

求和行为反应,与消费者进行良好的沟通,在充分发挥旅游者对产品创新主观能动性的基础上,实行个性化营销、定制化营销,根据每位旅游者的特定需求提供其愿意支付和企业能够获利的个性化产品和服务。

4. 对行业资源的整合

世界旅游业发展的客观规律是"合作促进发展",即无论是国内还是国际的旅游业或是某一旅游企业,都只有打破壁垒,加强联合才能加快发展。

一方面,经济全球化条件下游客需求更趋于个性化、创新化,单个旅游企业仅凭自身实力难以满足新的游客需求。针对这种变化趋势,旅游企业需要在充分保持和发展其核心竞争潜力的基础上,与供应商、经销商甚至顾客、竞争对手等建立灵活的战略联盟关系。

另一方面,旅游产品具有综合性,即旅游者在旅游过程中所需要的旅游产品,涉及食、宿、行、游、购、娱等多方面。多数旅游者在进行旅游购买决定时不仅会考虑某项旅游产品,而是将多项旅游产品综合起来进行权衡。这就形成了旅游产业链各企业之间一荣俱荣、一损俱损的关系。因此,各旅游企业只有形成全产业链的意识,加强与产业链上其他旅游企业的合作,开展联合营销,才能创造和满足更多的旅游需求。

5. 对社会资源的整合

旅游企业只有注重企业、游客、社会三方共同利益为中心的整合营销,才能不断扩大企业的正面社会影响,减少其负面影响,让市场接受自己及自己的产品和服务,真正实现企业的可持续发展。

此外,政府或者各种利益集团的支持与策略,对旅游企业的发展也具有至关重要的作用,会为其带来良好的经济效益。

最后,旅游企业将其发展过程中优秀的东西、积淀的东西,结合民族文化或地方文化的传统与变化着的社会,进行梳理、总结、扬弃、合成、提高、升华,内聚为企业的精神力量,构成企业的灵魂体系与神经系统;外化为市场上的产品力量。产品依托文化能产生出极大的附加值,从而延伸品牌的形象,加强消费者对品牌的忠诚度。①

① 肖爱连. 中国旅游企业整合营销策略[J]. 湖南涉外经济学院学报,2007,2:11~14.

# 第4节　旅游企业的合作营销模式

## 一、旅游景点企业之间的合作营销

旅游景点企业之间的合作营销，具体包括①:

1. 联合开发国内外新旅游客源市场

旅游企业要发展壮大，就必须不断地扩大市场容量，至少是绝对市场份额的增长，而旅游企业要想进入一个新市场，尤其是国际市场，往往会受到许多条件的制约。其风险之大和所需做的工作之多可想而知。因此，旅游企业可以联合开发国内外新旅游客源市场。合作项目主要有政治环境、法律环境、经济环境、技术环境、文化环境、消费者状况、行业发展状况、同行对手情况、同类产品情况的调查分析等;产品投放到市场后，可以联合做广告、制造舆论、壮大声势、引导消费。

2. 联合进行旅游形象和旅游景点的宣传促销

随着旅游市场竞争的日益加剧，区域品牌的竞争已逐渐取代以往单一景区和景点的竞争。以区域整体为基本单位，开展市场调研和促销宣传，与孤军作战相比，可起到事半功倍的效益。因此，旅游景点企业应以优质旅游资源为支撑，共同塑造旅游的整体形象。

(1)统一标志。根据区域旅游整体特色，设计富有感染力的区域旅游形象符号及整体旅游形象口号，提高区域旅游形象的知名度。

(2)联合宣传、促销。共同制作既能反映区域整体旅游形象，涵盖吃、住、行、游、购、娱各个方面的旅游手册。旅游宣传品中要体现统一的区域旅游形象标志和主题口号。同时，组织举办旅游推介活动，力争每年开展一次联合促销活动。

3. 进行品牌联盟，合作打造旅游精品线路

多个旅游景点企业可以联合起来，统一线路、统一价格，共同打造一个强有力的市场品牌。如，针对华中旅游市场，黄山市推出了山水风光、徽州文化、休闲度假系列产品，供武汉旅行商及市民选择。其中包括:“徽州文化、自然山水(黄山—南屏—宏村—牯牛降)”和“青山绿水休闲之旅”等旅游线路。

## 二、旅游接待企业之间的合作营销

旅游接待企业数量众多，如，各种酒店、度假饭店、商务饭店等，可以建立度假

① 占辉斌. 黄山市旅游企业合作营销模式研究[J]. 黄山学院学报，2009，2:50～52.

饭店营销合作伙伴关系、商务饭店营销合作伙伴关系等。

1. 销售渠道共享

对旅游接待企业来说,有效的分销是非常重要的,但单个旅游接待企业销售渠道大多短而窄。而通过渠道共享,企业既可借助合作伙伴的渠道把产品安全、及时、高效、经济地从生产者手中转移到消费者手中,又可降低渠道建设成本,提高分销效率。

2. 实行旅游接待企业之间的连锁经营

如,景区周围地区的饭店,可以实行不同商业方式的连锁经营,实行区内与区外饭店的连锁经营,将周边现有的饭店以契约方式组织起来,进行一系列制度创新,如,连锁经营的内容、服务标准、利润分成、违约赔偿、入盟与退出的规则等。这样,既可以投资、收购或参股的方式建立自己的酒店业,同时也可以有选择地与地方饭店建立契约型的连锁经营关系。

## 三、旅行社之间的合作营销

旅行社可以组成旅行社联合体,整合各个成员单位散布在全国各地的接待网络吸引客源,统一品牌、统一服务标准、统一管理模式、联合营销,规范旅游市场,建立较为科学的销售体系和价格体系。如,浙江 27 家旅行社成立了“大拇指”、“走遍之旅”两大联合体;贵州 8 家旅行社组建了专列旅游“联合舰队”。这些对于旅行社都具有很好的借鉴作用。

1. 共享客户信息资源

客户资源,是企业发展最重要的资源,如何获得客户,是每个营销人最关心的问题。旅游景点企业、旅游接待企业和旅行社的服务对象是相类似的目标客户群,只要在进行客户资源共享时做到不伤害客户感情、不侵犯客户隐私,扩大各方市场规模便是一件皆大欢喜的事情。

2. 共建旅游网站

面对互联网技术的迅猛发展,大多数旅游企业,尤其是中小型旅游企业,由于技术上的原因,网站内容单一、点击率不高、预订量不大,加上日常维护费用,单位销售成本不低。因此,它们可以共同建立旅游网站,以便更好地为顾客提供全方位的服务。

3. 共享旅游销售渠道

如,饭店与旅行社之间的合作。饭店可以通过旅行社来销售房间,保证一定的客房销售数量;而旅行社则可获得一定数量的佣金,并可保证在客房紧张时优先得到客房安排。

4. 联合开展旅游人才培训

旅游人才培养是一个综合性的工程,单个旅游企业虽然都有对自身旅游人才培训的愿望,但会由于培训费用相对较高而选择放弃。联合进行旅游人才的培训就能很好地解决这一问题,如,相关旅游企业可以将旅游院校作为旅游人才的联合培训基地,实现联合培养旅游人才的目的。

## 四、合理的利益分配机制

旅游企业合作营销是一个系统性工程,涉及各参与者的多方利益和协调发展。为保证旅游企业合作营销产生良好的经济效益并朝着良性发展的方向前进,离不开政府的领导和协调,以保证旅游合作营销稳步运行。

旅游企业合作营销是建立在利益基础之上的。要使合作能够健康发展,只有使每个旅游企业贡献的资源及从合作中得到的利益相对平衡,才能保证合作的稳定,并发挥竞争力。为此,在旅游企业合作营销过程中,需要建立合理的利益分享机制来协调各方旅游企业利益的分配,以实现利益在各合作旅游企业之间的合理分配,从而解决不同合作旅游企业在合作中的利益冲突,为旅游经济的健康发展提供保证。

**[典型案例]**

### 老年人旅游线路

目前,老年人已占到旅游市场出游总量的1/3强,但全国旅游市场专为老年人"量身定做"的旅游产品却少之又少,且十分单一。面对这种巨大反差,在山西省旅游局的支持下,省城一家旅游公司借鉴外地开发老年旅游的先进经验和做法,组织成立了本省第一家老年旅游俱乐部,目的就是要打造山西老年旅游的文化品牌,逐步推出一系列适合老年人特点的文化旅游新产品,并借此平台构筑老年朋友联谊、交流、学习的社会舞台,提升山西省服务业总水平和山西旅游新形象。

山西老年旅游俱乐部拟推出的老年旅游产品已有11条。这些产品充分考虑到老年人的生理特点和生活习惯,表现出四大特色:一是讲究文化品位,突出休闲功能。如,西口—边塞—古战场文化之旅、北国渔乡之旅、棋文化—山药蛋派文学之旅、黄河文化之旅等,均彰显出富含文化内涵的休闲理念。二是旅游行程舒缓、宽松,线路设计力求科学合理。全程以健康、快乐、文化、休闲为主题,行程基本以中短线为主,出游时间适度延伸,以5天~15天为度,有别于通常的"走马观花、匆匆过场"式旅游。比如,西口—边塞—古战场文化之旅,全程虽然有7天,但只安排了7个景点,平均一天一个,完全避免了"蜻蜓点水"式游览的弊端,合理调节了老年出游的节奏。三是旅游出行时间全部选择在春、夏、秋,顺应自然规律,注重养生保健。四是全程配备出行医护(健康顾问)和热心导游员,保障旅游效果和老年人的安全性与舒适度。

## [本章小结]

本章重点介绍了青年旅游者、老年旅游者和女性旅游者这三大群体的消费动机和行为,对旅游服务企业的营销心理策略进行了详细阐述,并在进行市场细分基础上选择不同的营销组合;此外,还对旅行社的相关心理对策进行了分析;重点提出了在旅游企业中进行整合营销的必要性,通过五种资源的整合,促进整个旅游行业的进步和发展。

## [复习思考]

(1)关键概念。新奇诱导策略、利益诱导法、整合营销。

(2)课堂讨论题:

- 老年群体旅游消费心理主要受到哪些因素的影响?
- 诱导策略是什么? 包括哪几种?
- 旅游服务企业如何提供优质的旅游商品?

(3)思考题:

- 女性旅游者的消费动因是什么?
- 阐述服务企业的谈判心理策略。
- 针对不同阶段的旅游者,旅行社有何对策?
- 旅行社针对旅游宣传的心理对策是什么?
- 旅行社和其他旅游服务企业可在哪些方面进行资源整合?

(4)实训题。试对我国的大学生旅游消费心理进行分析,并以此制定相应的营销组合和策略。

# 第八章 旅行社电子商务及应用

## [学习目标]

通过本章学习应该达到以下目标：

● 知识目标。掌握电子商务协同网络的建立和管理；熟悉电子商务在现代旅游业中的运作模式；了解构成旅行社产品的旅游服务项目类型及其特点。

● 技能目标。能运用电子商务，为旅行社计调业务提供质优的服务；能够建立起旅行社电子商务协同网络。

● 能力目标。具有管理电子商务协同网络的能力；具有熟练地操作在线询价、预订和采购的能力。

## [引例]

### 旅行社电子商务成功案例——中青旅的青旅在线（www. cytsonline. com）

中青旅是国家旅游局认定的国际旅行社；北京市新技术产业开发实验区认定的新技术企业，通过了 ISO 9001：2000 质量管理体系国际认证。中青旅控股股份有限公司经营入境旅游、国内旅游、出境旅游业务；省际旅游客运；保险兼业代理；互联网信息服务。中青旅秉承“发展决定一切”的价值取向，坚持“以资本运营为核心，以高科技为动力，构建以旅游为支柱的控股型现代企业”发展战略，通过调整业务结构、创新经营模式、掌控相关资源、确立竞争优势，提升核心竞争能力，实现企业可持续发展。2004 年底，中青旅控股股份有限公司与全球 500 强之一的美国胜腾旅游服务集团（胜腾 TD）成立的合资旅行企业——中青旅胜腾国际旅游有限公司宣布开业。合资公司既定目标为2006年成为中国散客休闲旅游市场最大的电子分销商、散客商务旅游市场上位居前三的电子分销商。

## 第1节 旅行社电子商务的应用与发展

### 一、旅行社电子商务的概念及特征

旅行社，是指以营利为目的，从事为旅游者代办各种旅游手续，招徕、接待旅游者，为其安排食宿、交通、游览、娱乐、购物等有偿服务的经营企业。其性质是旅游中间商，是通过提供旅游中介服务获取收益的企业。在电子商务应用于旅游业的过程中，旅行社是最早应用电子技术开展旅游商务活动的。

电子商务目前在业界尚未形成统一的认识。旅游电子商务同样如此。唯一的共识，即旅游电子商务，是电子商务在旅游业中的应用；旅行社电子商务，是电子商务在旅行社中的应用。世界旅游组织在《E – Business for Tourism》中将旅游电子商务定义为，通过先进的信息技术手段，改进旅游机构内部和对外的连通性，也就是说改进旅游企业之间、旅游企业与上游供应商之间、旅游企业与旅游者之间的交流与交易，改进旅游企业内部业务流程，增进知识共享。这里，我们将旅行社电子商务定义为通过先进的网络信息技术手段，实现旅行社商务活动各环节的电子化，包括通过网络发布、交流旅行社基本信息和旅行社商务信息，以电子化手段进行旅行社宣传促销，开展旅行社售前、售后服务，通过网络查询、预订旅行社服务产品并进行支付及旅行社企业内部流程的电子化及管理信息系统的应用等。下面，我们详细分析旅行社电子商务的内涵。

首先，从技术基础的角度看，旅行社电子商务是采用数字化电子方式来进行信息数据交换和开展旅行社商务活动的，如果将"现代信息技术"看做一个集合，将"旅行社商务活动"也看做一个集合，"旅行社电子商务"无疑是这两个集合的交集。即旅行社电子商务，是现代信息技术与旅行社商务活动的结合，是旅行社商务流程的信息化和电子化。旅行社与电子商务接轨，将从根本上改变旅游企业小作坊式的手工操作方式，使企业整体利益的最大化和运作效益的最优化成为可能。大的旅行社集团可以开发建设自己的电子商务系统；中小旅行社不必投资建设复杂的电子商务网站和系统，关键是选择最适宜而有效的策略。如，借助电子邮件、电子商务软件与旅游者和旅游供应商进行及时的信息沟通和交流，借助专业的旅游电子商务平台，实现网上销售、网上拼团等。在线路设计上，旅行社可以借助网络与旅游者实现互动，让旅游者自己设计喜爱的线路。旅行社可以根据这些潜在的需求提供多样化的线路、制定不同的价格,迎合个性化旅游活动的主流。

其次,从应用类型和环境来看,旅行社电子商务可分为三个层次:一是面向市场,以市场活动为中心,促成交易实现的各种商业行为(包括:网上信息发布、网上公关促销、市场调研)及实现交易的电子贸易活动(包括网上业务洽谈、售前咨询、网上交易、网上支付、售后服务)等。二是利用网络重组和整合旅行社企业内部的经营管理活动,实现旅行社企业内部的电子商务,包括旅行社建设内部网络,实现内部管理的信息化等。三是旅行社基于因特网(Internet)的商务活动的开展,还需要外部环境的支持,包括整个旅游业电子商务的通行规范,旅游行业管理机构对旅游电子商务活动的引导、协调和管理,以及旅游电子商务的支付与安全环境等。

最后,从旅游产业链环节要素来看,旅游电子商务是旅游产业链中旅游地和消费者之间各个商业环节(吃、住、行、游、购、娱)的整合平台。全新经营方式的登场,将使得整个旅游行业重新洗牌,尤其是传统旅行社业。据一些业内人士预计,一旦旅游市场全面开放,网络旅游迅速成熟,那么,我国现有数万个大小旅行社的90%将不复存在。以自订行程、自助价格为主要特征的网络旅游将会在不久的未来成为国人旅游的主导方式。旅游电子商务是旅游产业链的新型带动力量。谁能在网络旅游市场中成为最后赢家,取决于谁能提供更多的附加价值。这是制胜的关键。传统旅游业者拥有对旅游规划的专业知识,是新起的竞争对手短时间内无法超越的。因此,传统旅游业者如能凭借经验优势,迅速转型为专业的网上旅游顾问,专注于为旅客规划行程及其他服务,提供更加专业的旅游信息,并让简单、制式的交易动作及信息公告通过网络完成,降低交易成本并能同时提供更专业的咨询服务,才能跟上时代发展的潮流。

旅游电子商务在网站建设、信息安全、认证和支付等方面与传统产业的电子商务没有过多的区别。但是,旅游行业自身的性质决定了旅游电子商务和其他行业的不同之处。

(1)聚合性。旅游产品是一个纷繁复杂、由多个部分组成的结构实体。旅游电子商务可以把众多的旅游供应商、旅游中介和旅游者联系在一起。因此,旅游市场的规模将因导入电子商务而扩大。

(2)有形性。旅游产品具有无形性的特点,随着信息技术的发展,网络旅游提供了大量的旅游信息和虚拟旅游产品,网络多媒体为旅游产品提供了"身临其境"的显示机会。因此,旅游电子商务使无形的旅游产品慢慢变得"有形"起来。

(3)服务性。旅游业是典型的服务性行业。旅游电子商务也以服务为本。因此,旅游网站必须能提供在线交易的平台,提供不同特色、多角度、多侧面、多种类、高质量的服务来吸引各种不同类型的消费者。

(4)便捷性。旅游电子商务克服了传统旅游服务的缺憾,可以为消费者提供全面的目的地资讯,具有明显的导购行为;另外,也可以解决服务的信誉问题,突破时空界限,为消费者提供全天候、跨地域的服务,并可用相关银行卡在线支付旅游费用,方便了购买。

(5)优惠性。除提供方便、快捷的服务外,更重要的是旅游电子商务提供的产品价格具有竞争力,从而给消费者带来实惠。这些网络虚拟的旅游服务公司,不但提供消费者在任何时间完成定位购票,还有优惠折扣,消费者是"一举多得"。

(6)个性化。越来越多的旅游者强调个性化旅游,希望按照个人意愿安排整个旅游行程,这就要求旅游产品朝着个性化方向发展,而旅游电子商务正好具有这方面的优势。

## 二、电子商务在计调业务中的应用价值

### 1.降低计调业务成本,弱化旅行社代理职能

对于旅行社而言,最大限度地降低运营成本是提高竞争力的重要策略。互联网是旅行社计调业务降低运营成本十分有效的途径。互联网研究与发展中心发布的《CH 中国电子商务指数报告》测算结果表明,电子商务比传统交易方式节省11.61%的费用和9.34%的时间。通过电子商务方式可以降低旅行社的交通与通信费用、减少企业办公费用和人工费用支出,从而大大地节约生产成本。

### 2.提高业务营销效益,弱化旅行社信息职能

旅行社市场营销,包括市场需求预测、新旅游项目开发、定价、广告、物流、人员推销、促销、服务等项内容,企业营销活动实际上是一种信息收集和传递的活动。企业需要收集各类的信息,如,消费者需求变化、旅游热点、现行营销策略的效果等,同时,将企业信息,如服务信息、营销策略等,尽可能广泛地传播出去。因此,信息化对于提高旅行社营销效益有着直接、明显的作用。

### 3.开拓新的市场,提供增值服务

互联网没有时间和空间的限制,每天24小时不停地运行,遍布世界的每一个地方。这种新的销售渠道是旅行社营销渠道的有益补充,可以吸引那些在传统营销渠道中无法吸引的顾客在网上消费。另外,互联网除可帮助旅行社增加开拓市场的宽度和广度外,还可帮助旅行社进一步细分和深入市场。互联网的方便、快捷,且不受时间和地理位置的限制,为旅行社创造了新的市场机会。

### 4.提高顾客满意度

在激烈的市场竞争中,提高顾客满意度非常重要。但是由于旅游市场中顾客的需求千差万别,要想满足每个顾客的需求是一件非常困难的事情。然而,借助电子商务,旅行社便可提高服务效率、定制顾客满意的个性化产品、提供优质的售后服务。因此,电子商务可以成为提高顾客满意度的良策,为旅行社赢得良好的口碑。

5. 提高管理决策水平

信息化使旅行社信息的传递更加快捷，给企业管理带来前所未有的便利。企业通过建立自己的内部资料网络数据库，将企业内部信息汇集在数据库内，便于员工随时查询；也可在网络上存放较为机密的资料并设定存取权限，例如，销售数字、市场占有率、新旅游项目开发、竞争者分析等。不同级别的员工可以浏览在其权限之内的资料。这样，员工可以最大限度地获取资料，从而提高工作效率和积极性。另外，企业通过内部网可以随时召开虚拟会议，交流各自工作情况和出现的问题，彻底改变传统的工作流程，使信息传递更加准确、及时，有利于提高企业计调业务管理的决策水平。

6. 改变传统交易模式，降低企业营销成本

网上交易改变了传统的交易模式，使顾客与企业直接见面，省去了中间商的层层加价，降低了旅行社旅游线路的报价，把更多的优惠转移给旅游者，减少了顾客的旅游花费。互联网的大容盘、高速化、互动性，改变了受时空限制的服务方式和较低的服务效率，可将顾客的需求及时、快速地反馈给旅行社，有利于旅游企业与顾客的双向沟通。另外，旅行社企业的各种信息在网络上以数字化形式存在，可以极低的成本发送并及时修改，如，市场调研、客户满意度调查、广告、营业推广活动等，省去了常规营销方法的大量费用，可以实现旅行社营销费用的降低。

7. 适应现代旅游者散客化和个性化浪潮

当今社会，旅游者逐步走向消费成熟化。他们不仅需要传统的包价旅游团队，而且越来越多的旅游者希望根据自己的特殊兴趣和爱好，有针对性地选择主题鲜明、重点突出的旅游方式。传统旅行社的经营模式已经不适应现代旅游者的散客化和个性化需求。旅行社可以利用互联网向旅游者分类提供超大量的旅游信息。旅游者在网上查询自己感兴趣的有关旅游产品各类要素的信息。旅行社提供必要的组装指导服务，就可以形成因团而异、因人而异的时尚旅游产品。互联网技术的广泛应用，使这一涉及面广泛、需求复杂的个性化旅游产品得以实现。

8. 改变传统促销方式，建立良好的客户关系

网上促销的宣传面广泛、网页设计图文并茂、表现手法灵活、内容易于更新、成本低廉，且可与互联网用户进行双向信息交流，以满足不断变化的市场需求。可随时给用户提供最新、最实用的旅游信息，以便吸引更多的旅游客源，真正起到促销的作用。同时，利用电子商务充分了解顾客，加强与顾客的沟通，与旅游者建立良好的合作关系，不仅有利于树立良好的企业形象，而且有利于顾客忠诚度的提高，为旅游企业赢得社会形象和企业利益的双赢。

## 三、电子商务对传统计调业务的冲击

从某种角度上说，旅行社是一个信息行业。一方面，传统的旅行社计调业务，

是分别将交通部门、饭店、餐馆、旅游景点、商店、文化娱乐等旅游企业提供的单项旅游产品统一采购进来,进行优化组合,形成具有吸引力、符合市场需求的包价旅游产品并销售给旅游者,组织旅游活动。在此过程中,旅行社担负着特殊的信息整合职能、咨询服务职能和组织调度职能。因此,开展旅行社电子商务是旅行社的发展机遇。另一方面,随着计算机和通信技术的发展,互联网的不断普及,旅游信息的交流不再受时间、空间的限制。旅游供应商和终端消费者之间能够建立直销关系,专业旅游电子商务网络正在成为新型的中间商。因此,电子商务条件下旅行社又面临着巨大的挑战。可见,对旅行社而言,电子商务是一把双刃剑,关键是怎样把它运用得当。

1. 传统计调部的代理职能受到冲击

旅行社的传统经济来源,除导游等服务收入外还包括代理佣金。根据1992年美国旅游行业销售情况统计,航空公司80%的国内机票和85%的国际机票是通过旅行社出售的;酒店业25%的国内预订和85%的国际预订、海上旅游业中的95%、汽车租赁业中的50%、铁路客运业中的37%,都是通过旅行社来实现的。也就是说,旅行社充当了旅游供应商的代理商。

网络的发展使旅行社计调部的代理职能受到严重冲击。首先,很多航空公司和饭店开始进行网络直销,极大地减弱了旅行社的代理职能。其次,出现了专门从事旅游业务的互联网服务提供商,如,携程旅游网、e龙旅行网等新型中介。它们也削弱了旅行社计调部的代理职能。

2. 旅行社的产品组合功能受到冲击

旅行社属于服务行业,本身并不生产有形产品,而是依靠自身对旅游信息的垄断及业务经验,批量购入旅游产品要素,经过设计和组合后再零售给旅游者。通过这种优势,旅行社确定了其在旅游产业中的龙头地位,而网络的出现打破了这种传统的关系。

网络上各种旅游信息资源都是共享的。旅游供应商的企业网站及综合性门户网站(如,国内知名的新浪、网易、搜狐等)的旅游频道都会以各种方式发布旅游信息。这些信息具体而丰富、图文并茂,大到旅游目的地概况、风土人情,小到天气预报、单个酒店特色等。旅游者通过网络可以自由查询、组合自己有兴趣的旅游产品,直接向旅游供应商进行订购,可以实现个性化的自助游。旅游者通过网络自己组合旅游产品,削弱了旅行社的产品组合功能。

3. 旅行社的咨询功能受到冲击

旅行社的旅游咨询业务受到网上信息检索的挑战。过去,旅游者和旅游地的时空差距较大。旅游者除借助旅行社的专业优势外,没有更好的途径来获取旅游目的地的信息。1990年,美国《旅行代理商》(*Travel agent*)杂志的调查表明,约

97%的旅游者在外出旅游前都曾前往旅行社咨询和预订;旅行社向来访者推荐航空公司的产品时,有83%的人接受其建议。其中有13%的人根据旅行社的建议改变了搭乘其他航空公司航班的原计划;有44%的人是按旅行社的推荐选择了酒店;在向旅行社询问包价旅游产品的消费者中,有28%的人事先并无确定的旅游目的地,而是征求旅行社的建议。

网络为消费者提供了获取信息的新方式。消费者在网上只需输入几个关键词就可以检索到相关旅游地的许多信息。现在越来越多的旅游者趋向于通过网络获取旅游信息。2000年Concierge公司一项关于旅行及生活方式的调查显示,在美国,互联网已经成为人们出游度假的首要信息来源。该年度有超过5900万的美国人使用互联网获取目的地的旅游信息或检索旅游产品价格。这一数字在过去的3年里增长了4倍。美国旅行协会(TIA)2001年的调研显示,70%使用互联网的旅游者减少了对各地旅游局信息中心的使用量,同样也减少了对航空电话中心的使用量,60%的互联网旅游者减少了对其他旅行预订电话中心的使用量。由此可见,网络减弱了旅行社的咨询功能。

【补充阅读材料8－1】

## 旅游电子商务的发展趋势——以服务为中心

| 目前发展态势 | 未来发展趋势 |
|---|---|
| 以达成交易为关注中心 | 以提供个性化服务为关注中心,服务是销售的前提 |
| 以交易效率为中心,将通过流程自动化提高效率视为开展电子商务的重要效益之所在 | 利用信息技术,旅游企业与旅游者开展一系列的交流,设计符合个性化需求的旅游产品,提高利润 |
| 提供的信息局限于旅游产品基本数据,对旅游产品的描述过于简单。一些“信息密集型”的、复杂的旅游产品,如包价旅游、游船旅游、度假旅游产品等,无法得到有效描述,影响了游客对这些信息的预先感知 | 对旅游产品、服务的特征描述详尽周全;多媒体技术得到应用,以更好的形式展示旅游信息;旅游企业与客户的双向沟通更加方便 |
| 组合性旅游产品是预先设计好的,一般不能变动 | 在低成本的前提下,旅游者可通过网络自行组合旅游产品,能实现旅游线路的个性化定制 |
| 针对大众的一般需求设计,或粗略划分的细分市场 | 在市场细分上做得更精细、更准确 |

资料来源:彭影.北京首都旅游股份有限公司电子商务战略研究.西南交通大学硕士学位论文,2007,4.

#### 4. 改变旅游业传统经营模式

电子商务在旅游企业中的应用,从根本上改变了传统旅游业的经营模式,旅游企业的性质也将发生变化。其中,变化最大的是旅行社。传统旅行社职能将被逐步淡化和削弱,中间商市场逐步减少。电子商务的应用和普及,使旅游者可直接通过网络进行旅游活动的信息查询、线路安排和票务、酒店预订等,足不出户即可获得关于旅游地的充分资料。可见,传统旅行社帮助游客设计线路、安排交通及住宿等职能,在旅游电子商务中已非必需之物。旅行社将面临网络旅游营销方式给传统旅游营销方式带来的困境。未来旅行社必将转化角色,由代表供应商利益向代表消费者利益转变。

#### 5. 改变旅游市场格局

电子商务使传统旅游市场格局发生了巨大变化。它打破了地区垄断,扩大了旅游消费者的选择范围,开拓了新的旅游客源市场。例如,通过电子商务,旅游商家可面向全球消费者展示其产品和信息,而消费者也可在全球选择可消费的旅游产品。可见,旅游电子商务为企业开拓出一种新的网上市场流通渠道,有利于突破时空障碍,且由于其较少涉及物流问题,可大大降低旅游企业的经营成本。据互联网研究与发展中心发布的"中国电子商务指数报告的测算结果"表明,电子商务比传统交易方式节省 11.61% 的费用和 9.34% 的时间。网上销售商品的平均价格要比零售商店同样的商品低 13%。当然,新的商业通道与信息流通渠道的引入,也势必使旧的信息通道与市场交流渠道得到调整与优化。由于旅游业具有高关联性,旅游电子商务可把景区、旅行社、旅游饭店及相关行业放在同一网站吸引更多的顾客。这种建立在优势互补基础上的新的运行机制,将形成一种共赢局面,促进各行业间交叉联合,使旅游业的发展改变过去依赖规模经济扩大的旧模式,逐步跃上系统经济发展的新水平。

#### 6. 传统旅行社构筑的销售渠道价值链的颠覆

旅行社销售渠道,是指旅行社通过各种直接或间接的方式,将旅游产品转移到最终消费者手中的整个流通结构,又称销售分配系统。具体地说,分销渠道中的成员(即作为中介的旅行社)具有生产、销售或代理销售、组织协调、分配、提供信息等主要功能。网络营销渠道是信息发布的渠道,也是销售产品、提供服务的快捷途径。网络营销渠道是企业间洽谈业务、开展商务活动的场所,也是进行客户技术培训和售后服务的理想园地。网络营销渠道基本上包括了传统销售渠道的所有主要功能,同时,网络营销渠道却减少了流通环节,不仅可以节省给中间商的佣金,从而降低流通成本,使企业有可能以较低价格向公众出售其旅游产品,还加强了旅游产品生产者对其产品的控制力,充分体现了旅游电子商务的优势。

7. 对旅行社的讨价还价能力提高

由于旅游供应商和客源市场都很分散,造成信息不对称,大量分处在不同地方的旅游供应企业,如饭店、餐馆、景区及交通等,将产品直接销售出去存在很大的困难。所以,为节省销售成本(如,广告费用、在各地铺设销售网点的费用及相应的运营管理费用等),他们将部分利润转让给旅行社,由旅行社统一包装销售,因而旅行社是各产品供应商的主要客户。为争取旅行社客源,供应商销售政策也一直倾向于旅行社。电子商务的出现,为分散于各地的供应方和需求方提供了一个直接交流的网络平台,实现了旅游供应商进行网上直销。像我国的一些大型酒店纷纷以酒店网络营销联盟或自建的方式设立商务网站[1],通过网络平台获得和了解每个游客的需求,并允许顾客直接进行在线房间预订,这就节约了付给传统中间销售商的高额佣金,使网络销售成本低于传统销售成本。因此,网上订房价的折扣很大,吸引了大量的游客跨过旅行社直接与酒店联系,从而削弱了传统旅行社的功能,提高了旅游供应商对旅行社讨价还价的能力。

## 第2节　旅行社电子商务的运营机制

### 一、旅行社电子商务的交易模式

1. 旅游企业电子商务的交易模式架构

(1)电子商务模式。所谓的电子商务模式,是指在网络环境中基于一定技术基础的商务运作方式和营利模式。具体可以分为网络经纪模式、网络广告模式、内容提供商模式、网络销售模式、全面服务提供商模式等多种模式。基于目前旅游业的现状进行综合考虑,可采用以网络经纪模式为主的商务模式。

(2)以网络经纪模式为主的商务模式。网络经纪模式,是指企业作为市场的中介商,通过网络平台将买卖双方的供求信息聚集在一起,协调其供求关系,并从中收取交易费用的商业运作模式。网络经纪商实质上是为消费者提供虚拟的"在线会议室",消费者通过"轮流发言"来寻找合适的交易对象。即适合商家对商家、商家对消费者的交易,也适合消费者对消费者、消费者对商家的交易。

2. 旅行社电子商务的交易模式类型

(1)B2X 形式。目前,旅游电子商务网站的主流商业模式,按照参与者的性质划分,可分为 B2B、B2C、B2B2C 等 B2X 形式。

①B2B 模式。该模式下的旅游网站主要面向各类旅游企业。具体形式包括:旅游企业之间的产品代理,如,旅行社代理预订票务、酒店等服务,旅游代理商代理

旅游线路产品。组团社之间相互拼团,共享客源和旅游服务资源。开展客源地组团和目的地地接社之间与委托、支付有关的商务活动。地接社批量订购当地的饭店客房、景区门票等旅游产品和服务。此外,新兴的旅游企业面向一些非旅游企业、机构、机关等的商务旅行管理服务,也可被认为是更广义的 B2B 模式。B2B 模式将企业间商务活动的部分或全部环节实现电子化运作。通过有关数据信息的交换、传递及银行的电子支付和结算,能够提高旅游企业间商务活动的处理效率。

②B2C 模式。该模式下的旅游网站主要面向旅游散客。具体形式,是旅游散客通过网络查询信息,设计旅游活动日程表,预订饭店客房、票务等服务,或报名参加旅游团。该模式能够方便游客远程搜索和预订旅游产品,克服信息不对称和市场信息不完整的影响,最大限度地发挥市场潜力与经济能量。

③B2B2C 模式。该模式下的旅游网站同时面向旅游企业和旅游消费者,充当整个行业上下游信息资源的整合者角色。具体形式,是旅游网站通过互联网发布和收集信息,对全国酒店、票务预订的市场信息和游客的消费信息进行全面整合,并以电子商务手段提供对资金流与信息流的技术支持,把供应商和消费者连接起来。该模式下的网站处于整条产业链的核心节点,是最大的旅游中介商,能够做到及时、快速地响应客户服务,是 20 世纪 90 年代以来最具现代商业精神的商业模式。

在上述 B2X 模式中,旅游网站在信息处理方面发挥了不可替代的作用,提供各类旅游资源的丰富信息和对信息的商务活动的处理,本质上成为服务信息的流转平台。产品和服务的价值,主要体现在游客信息搜寻成本降低、价格风险成本降低,以及预订过程方便、快捷等方面;收入来源以广告费、订购费为主,辅之以手续费、交易费等其他赢利方式。

(2)C2 X。随着 21 世纪初 Web 2.0 概念与技术的发展和逐渐成熟,基于 BLOG、RSS、P2P、IM 等技术的网络应用日渐深入。旅游电子商务的商业模式创新源于客户贡献的网络效应。通过使用 Web 2.0 技术对商务运作方式的具体环节进行改造,可分为 C2C、C2B 等 C2X 模式。

①C2B 模式。该模式通过旅游专业垂直型门户网站或综合门户网站的旅游频道建立一个虚拟开放的网络社区,由游客提出需求,旅游企业通过竞争满足游客需求,或是游客通过网络结成群体与旅游企业讨价还价。具体实现形式有两种:反向拍卖,即游客提供一个价格范围,求购某一旅游产品和服务,由旅游企业竞价(出价可以公开也可以隐蔽),游客选择质价比最优提供者成交。网上组团,即游客在网上发布自行设计的旅游线路,吸引相同兴趣者加入,待会聚到一定数量后再请旅行社安排行程或者直接预订,以增加与旅游企业议价和得到优惠的能力。

②C2C 模式。该模式目前以交换旅游为代表。交换旅游,是一种由游客友情

赞助或共享自己的房屋给对方居住的互助游形式。交换旅游最初以共享自己的房屋为形式实现互助,逐渐衍生到交换各自房屋、加入俱乐部提供房源等新形式。

(3)BAB 模式。B2B 模式,主要是基于旅游企业之间利用信息技术从事商务活动建立的直接关系;B2C 模式,主要是基于旅游企业和游客之间建立的商务活动关系。在这两种模式中,后者主要是一种纯粹商业领域的活动,而前者可以看做是一种企业间资源整合的方式。但是,在这种整合方式中,不能解决建立一个企业之间进行商务活动的、可信的电子商务环境问题。因此,在电子商务领域出现了一种新的模式——BAB(Business Agent Business)。BAB 是基于 B2B 提出的新的电子商务模式。其本质,是解决企业间的信任问题;目的,是创造一个包括信息流、资金流、物流、知识流在内的、有信用的电子商务环境。旅游企业及旅游者能够从 BAB 平台得到的服务主要包括以下几种:

①全程在线旅游服务,全程风险控制。通过第三方信誉评价机构或者旅游行政管理部门等,为协议会员与旅游企业之间、旅游企业与顾客之间的在线交易服务承诺提供全面的支持和风险控制机制。

②对各种类型的交易活动提供与在线自动服务匹配的人工撮合服务。

③资源配置服务。根据旅游企业需求,对物质类、信息类、知识类和资本类资源进行多方之间的配置和整合,提供多种特色鲜明的专项服务,充分发挥资源的潜在价值,$1+1>2$,共同把蛋糕做大,实现共赢。

④个性化推荐服务。利用 Web 挖掘技术、社会网络分析技术准确地挖掘出旅游企业、景区及游客的潜在需求及未来可能的服务对象,从而更有效地进行推荐和撮合。

从目前的发展来看,旅游电子商务的主要交易模式,按双方当事人的不同,有旅游企业间的电子商务(B2B)、旅游企业对旅游消费者的电子商务(B2C)及游客"点菜"、企业竞标接盘电子商务(C2B)、旅游消费者对旅游消费者电子商务(C2C)等多种。其中,技术相对成熟的,是 B2B 和 B2C,两种最基本的交易模式(见图 8-1)。

### 3. 旅行社电子商务的实现方式

电子商务的实现方式主要有三种形式:EDI 形式、Internet 形式和 Intranet 形式。

(1)基于 EDI 网络的电子商务,是指利用 EDI 网络进行电子交易的商务活动。EDI,是指将商业或行政事物按照一个公认的标准,形成结构化的事务处理或文档数据格式,以及从计算机到计算机的电子传输方法。简言之,也就是按照商定的协议,将商业文件标准化和格式化,并通过计算机网络,在贸易伙伴的计算机网络之间进行数据交换和自动处理。

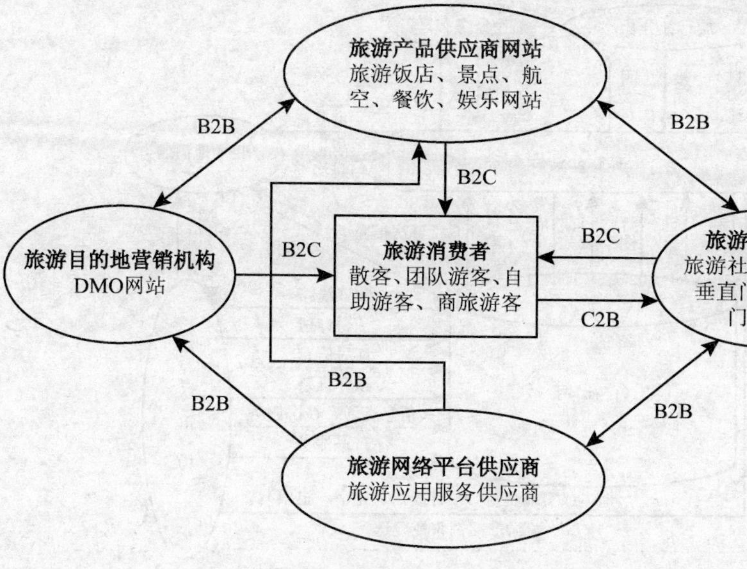


**图 8-1 旅游电子商务交易模式**

(2)基于 Internet 网络的电子商务,是指利用 Internet 网络进行电子交易。Internet 是一种按 TCPllP 协议组织起来的松散的、独立国际合作的国际互联网络。

(3)基于 Intranet(企业内联网)网络的电子商务,是指利用企业内联网络进行电子交易。Intrallct 是在 hitemet 基础上发展起来的企业内联网,是在原有局域网上附加一些特定的软件,将局域网与 Internet 连接起来,从而形成的企业内部的虚拟网络。

## 二、旅行社电子商务的管理模式

旅行社电子商务经营管理模式划分为四种:水泥、水泥 + 鼠标、鼠标 + 水泥和纯鼠标四个模式(见图 8-2)。

1."水泥"模式

"水泥"型的旅行社一般都采取部门块状管理模式,信息化程度很低,仅仅建立了自己的企业网站,业务仍离不开手工操作,基本上是附属于大型旅游企业的分销商,还谈不上企业内部信息管理系统的建设,多数的地方性小型旅行社企业都属于这种类型。该类旅行社线路产品信息、服务信息、交易信息几乎无互动沟通,各部门独立运行,缺乏实时协调。交易特征以电话预订为主,几乎无信息化应用,在信息发布、产品预订、产品营销和销售、支付手段和保证方面缺乏保障,大多依赖老顾客和长期合作企业等传统渠道来赢利。旅行社的赢利模式是应用一些网络营销

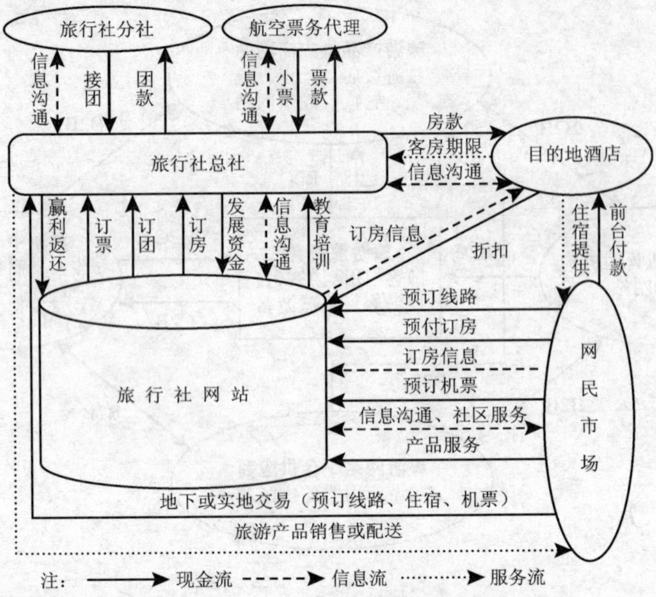


**图 8－2　旅行社电子商务管理模式**

方式来宣传企业，带动网下的销售。从严格意义上讲，这种模式还不属于电子商务运营模式。

典型的“水泥”模式旅行社，除运用短信平台和财税管理外，电子商务运用很少，主要还是靠报纸、期刊等媒介对旅游产品进行宣传，并在网下进行预订、交易和支付。旅行社内部基本是计算机操作，主要用于产品电子化、处理文件、在线使用即时通信软件洽谈业务，通过电话或传真确认，使用现金、汇款、转账、支票等方式支付费用。旅行社用于电子商务的实施资金主要是网站的维护和旅行社每台电脑的维护。

2.“水泥＋鼠标”模式

“水泥＋鼠标”型的旅行社，采取的是联营模式，通过与门户网站、专业旅游网站或 ASP（应用服务提供商）和 PSP（网络促销服务商）建立合作（或称第三方代理），利用互联网的优势，可以避免自建网站的投资风险和网站推广的困难，达到旅行社电子商务化的目的。大多数大中型旅行社企业具备一定的信息化基础，采用这种模式，结合旅行社企业内部的信息管理与网络维护中心，只需要引进电子商务项目核心技术或一些专业技术服务，就可促进网上与网下销售相结合。如，中青旅在线（www. cytsonline. com）、携程旅行社（www. ctrip. com）就是如此。旅行社在运营电子商务项目前，一般通过托管方式将制作好的网页放到 ISP 或门户网站的服务器上,使得当地或整个网络的潜在客户能查找到本旅行社及其产品和服务的相关资料;或者旅行社拥有自己的服务器,通过与 IT 技术公司联合实施电子商务项目。此类旅行社以传统赢利渠道为主,网上赢利为补充,把旅行社信息、产品与服务信息、交易信息、目的地信息、其他附加信息更广泛地传递给旅游者,除电话预订外还可通过 E – mail 预订赢利。这种模式是传统业务在互联网上的扩展,不仅可以利用企业自身长期以来建立的传统业务优势,还可通过电子商务项目的建设,降低业务运营成本,提高核心竞争力。

3. "鼠标 + 水泥"模式

在"水泥 + 鼠标"模式发展基础上,某些旅行社建立了 Internet、Intranet,完备的交易信息通过互联网发布,实现信息管理电子化与网络化经营管理,以网上实时电子支付交易赢利为主。在信息化、网络化、电子商务和电子支付的支撑下,通过网上信息平台和交易平台的结合,在实施旅行社电子商务经营管理的同时,又能与其他传统旅行社及其业务接轨,甚至是改变原有旅行社传统旅游产品的经营,不断拓展和扩宽经营范围,如,华夏旅游网、春秋国旅网等。登录春秋国旅网,游客可以通过网上订票—网上支付(游客需要开通电子支付)—打印 A4 纸电子客票—实现机场自助登机。春秋国旅利用它在全国各地旅行社的销售网络和 IT 平台,经过自主开发销售和离港系统,成为国内第一家自建售票系统和离港系统的航空公司。

4. "纯鼠标"模式

纯鼠标型的旅行社企业,与提供网络技术与服务内容的 IT 企业相似,通过搜集整理自己和其他旅游供应商的旅游产品和服务,将企业产品和服务推介、促销和营销、游客免费咨询互动、企业网站论坛或 BBS 等资源重组,降低了成本、提高了效益、开拓了新市场。通过建设 Internet、Intranet、Extranet,旅行社加强电子商务的后台建设,可逐步安装 ERP、CRM、SCM,汇集成整体,消除"信息孤岛"。通过网上预订与网上支付,逐步完善在线支付,实现企业赢利。

这种模式的典型企业有优客网(www. uoko. com)。优客网主要提供旅游信息搜索服务。其赢利主要靠会员收入、点击率和广告。随着企业发展壮大,纯鼠标型的旅行社企业业务最终还是要走向网上与网下相结合的道路,完成由中介服务到自主旅游产品交易的转变。

## 三、旅行社电子商务的运营模式

电子商务的本质是网络交易。因此,笔者考虑从其交易方式角度来分析,更容易把握各网站的类型特征。旅行社电子商务网站的运营模式大体上可以分为三种类型:

1. 门店型

门店型旅游企业电子商务网站，往往是由以往的大型旅游企业自行开发形成的。因此，这类企业带有很深的门市经销烙印，即使已经拥有了自己的电子商务网站，也会因为经营理念、企业内部利益分配等因素而自觉不自觉地忽略电子商务，而主要依靠自己原有的门店进行旅游产品的营销活动。中国旅行社总社、中青旅在线可以认为是门店型的代表。它们都开设了自己的电子商务网站，但是都不接受网络支付，同时二者均具备大规模的分社、门店营销体系，符合门店型的主要特征。

从这两家企业网站的具体运营来看，对于企业而言，网站主要是一种信息渠道。这两家企业没有开设付费信息业务，而且他们对网站公开的信息仍不能确保真实可靠，均在网站发表声明，信息以各自门店为准。网站内没有较为明确的第三方广告，只有一些友情链接。由于涉及企业保密内容，暂时无法查证这两家企业是否通过友情链接获取广告费。就其整个网站运营过程而言，基本不发生资金流动。对比其他大型旅游企业的情况，笔者认为，基于历史原因造成的松散型组织结构，对于中旅、青旅的电子商务运营模式有着较大影响。旅游电子商务网站对于此类企业而言，主要只是作为一个信息发布的渠道。此类企业的门店，是企业主要经营活动的发生场所，各项收支主要产生于门店交易活动。对于旅游者而言，首先是通过网络可以非常便捷地了解大量旅游信息，一旦确定出游意向，则可到该企业的门店与销售人员面谈，进一步咨询出游计划，当场使用现金支付。

这种电子商务运营模式的优势，是对电子商务网站的要求不高，技术门槛低，不需要太多的人力、物力投入；能通过电子商务网站快速、简易地向旅游者传递信息，刺激出游欲望；符合我国公民“面对面”交易的传统消费心理，便于市场拓展；具有较高的安全性。这种电子商务运营模式的劣势，是除扩大市场影响范围，获取广告收益外，电子商务网站自身的赢利点欠缺；电子商务网站主要是作为一个广告渠道和信息渠道，而不是作为一个市场渠道；由于电子商务网站在赢利方面的欠缺，可能造成企业对内部信息沟通的忽视，使网站与门店各自公布不同的信息与价格，从而影响企业公信力；即使建立了电子商务网站，也仍然受门店所在地域地限制，潜在客户群总量没有明显增加。

2. 网络型

无论旅游企业是否拥有自己的门店，若其主要依靠网络进行交易活动，与旅游者之间的结算也主要发生在网络之中，即可认为是网络型旅游电子商务企业。“携程”可称网络型的典型代表。它没有门店，通过网络转账方式直接进行网络销售。其主要从事机票代订、酒店代订业务，也从事旅游线路业务。从目前携程网站电子商务服务项目来看，其主要收入途径，分别为销售收入、代订佣金和批量折扣。携程刊登的友情链接不确定是否能收取广告费,且没有开设付费信息服务。要求客户上网才能与之进行交易。消费者需注册为他们的会员或者购买会员卡,但是会员能享受到的服务不多,主要是折扣。从目前各个方面反馈的情况来看,折扣也并不是非常大。“e龙”尽管在各地设有少量收取现金的营业点,但其业务主要通过网络实现。从目前e龙网站的资料来看,其营业点仅有收取现金一个功能,且数量极少,分布范围也不广。因此,还应将其看做网络型旅游电子商务企业。

此类型企业通过从协作单位收集大量的旅游信息,经加工处理后向旅游者发布。其收入来源,主要是通过自身的电子商务网站获得的销售收入、代订佣金、广告费、批量折扣。其支出,主要是向协作单位支付的产品采购费用和进行营销活动的支出。对旅游者而言,在此类企业进行旅游交易,首先,需要登录网站,浏览免费或付费信息,一旦产生出游意向,可以自行选择或组合一套旅游产品,使用银行卡通过网络付费,购买该旅游产品。

这种电子商务运营模式的优势,是能快速、简易地向旅游者传递信息,刺激出游欲望;具有多个赢利点、多种收入途径;以网络划账的方式进行产品采购与销售,时效性最强,有可能通过时间差实现额外的赢利;能面向世界开展营销活动;能向旅游者提供较大范围的选择空间。这种电子商务运营模式的劣势,是能满足此类服务要求的电子商务网站技术含量高,需要专业人员来建立与经常性维护,并存在一定的网络安全风险;在我国,网络交易尚缺乏法律保护;我国消费者对于网络交易方式仍未习惯;旅游业务存在一定的F2F特征,旅游者除预订占位的需求之外,缺乏网络支付的必要动机因素。

3. 综合型

一些传统企业可能已经建设有电子商务网站,并对电子商务给予了足够的重视,同时,也保持有自己的门店体系,通过两种途径同时展开营销活动。这种类型的企业表现出一种综合型的特征。上海春秋旅行社是典型的综合型赢利模式。企业自身拥有较完整的门市网、两驾飞机、一个电子商务网站,可以同时通过门店体系和网站体系进行营业活动。该企业的核心业务是代订机票,就连网站名称都特意定为“春秋航空旅行网”。酒店代订和旅游线路产品销售也是其业务范围。收入途径,分别为销售收入、代订佣金和批量折扣。但其网站刊登的“友情链接”不确定是否能收取广告费,且没有开设付费信息服务。

综合型旅游企业电子商务运营模式拥有最为完整的赢利途径,能从旗下的门店体系获得销售收入、代订佣金、批量折扣,也能从电子商务网站获得销售收入、信息收费、广告费、佣金和折扣。但对企业内部的信息沟通要求高,必须做到内部实时信息共享,存在一定的技术门槛和较高的员工素质要求。旅游者在此类企业购买旅游产品的方法最为灵活多样,即可通过网络购买,以满足时效性的需求,也可从门店购买，以满足安全性的需求。旅游者具有最大的选择权。这种电子商务运营模式的优势，是能快速、简易地向旅游者传递信息，刺激出游欲望；收入途径最多；能同时满足时效性和安全性需求，兼顾多种消费习惯；潜在客户群庞大。这种电子商务运营模式的劣势，是同时保持两大营销体系，人力、物力、财力投入较大，技术门槛高，员工素质要求高，网络交易尚缺乏法律保护，有一定的风险性。

## 四、旅行社电子商务的赢利模式

### 1. 春秋旅行社的赢利模式

春秋旅游网的赢利模型是由网站、春秋国旅总社及各网点、上游的旅游企业（各地分社及合作旅行社、航空票务代理商、目的地酒店）和网民市场构成。其目标市场主要为观光和度假游客，由于春秋国旅强大的资源支撑，线路预订成为网站的主营业务。春秋旅游网推出的所有线路价格均与春秋国旅总社和各分社一样。因此，众多的线路选择和实惠的价格无疑成为春秋旅游网最大的卖点。在线路预订上，春秋还采用了旅游线路竞拍的方式，尝试由市场来决定价格的办法。同时，春秋旅游网也经营酒店和机票预订业务，但大多也是通过传统旅行社来完成的。网站的信息提供和社区的营造，基本上是围绕自己的预订业务设置的，并没有建立一个庞大的目的地信息库。

春秋旅游网的利润来源，主要由以下几个方面构成：

（1）线路预订代理费。这是春秋旅游网的主要利润来源。它是在春秋国旅的组团赢利中形成的，通过春秋国旅以赢利返还的形式获得。

（2）酒店预订代理费。顾客可以有两种支付方式：一种，是预付方式，由春秋国旅向目的地酒店预订；另一种，是前后支付方式。相应地，网站也就有了两种赢利渠道。前者是由春秋国旅以赢利返还方式获得；后者则是以目的地酒店赢利返还形式实现。

（3）机票预订代理费。这也是通过春秋国旅的订票差价以赢利返还的形式实现。

（4）春秋国旅提供的发展资金。网站本身也是春秋国旅的一个营销渠道和宣传窗口。有的网友网上浏览相关信息后，选择了到春秋国旅各旅行社进行实地交易。因此，作为对网站赢利漏损的补偿和未来发展的支持，春秋国旅总社会向网站提供一定数量的发展资金。

春秋旅游网这类依托自然传统资源开展全面旅游电子商务的网站，有着自身的先天优势：

（1）春秋旅游网直接拥有春秋旅行社的旅游线路，在团队旅游线路的数量和价格方面，自然有“携程”不能比及的优势。

(2)从营销投入上看,依托强大的旅行社资源作为品牌支撑,春秋国旅的规模优势、品牌知名度和美誉度及顾客忠诚度,都转化为春秋旅游网的品牌优势,同时也为网站节省了大量的线上和线下营销支出。

(3)从产品价格竞争上看,春秋旅游网产品有一定的价格优势。由于市场的不规范,酒店虚假预订的事情时有发生。因此,国内酒店给予网站的报价普遍要高于传统旅行社。春秋旅游网依托旅行社,在酒店预订方面基本上都可拿到旅行社的报价,因此,价格比"携程"略低一些。还有安全的交易、有保证的售后服务等。

不足之处,是这类网站除企业与上游企业和市场的沟通之外,网站还需要与企业内部的各个部门进行信息沟通,沟通层次过多,降低了信息传递的速度,在B2C电子商务环境下表现为对客户服务的不及时和沟通成本的提高。在一定程度上会影响顾客满意度和网站的运营效率,从而影响营利的实现。总的来说,这类与传统资源整合的旅游电子商务网站,相对而言更适合目前国内旅游市场发展状况,将会是今后旅游电子商务的发展方向之一。

2."携程"网的赢利模式

"携程"最初的目标是做旅游门户网站,靠广告赢利。随着"网络泡沫"的破灭,"携程"及时转向,借助3次具有代表意义的收购或合作,实现了业务转型。"携程"通过收购当时国内最大的订房中心和北京最大的票务中心,形成了"酒店+机票"的主营业务,从而实现了初步赢利,并成为中国旅游业第一家在美国纳斯达克上市的公司。"携程"与上海翠明国际旅行社合作,将业务范围拓展到具有较高利润的出境旅游市场。"携程"旅行网的赢利模式,主要由网站、上游旅游企业、目的地酒店、航空票务代理商、合作旅行社和网民市场构成。其目标市场以商旅客户为主。

携程网的赢利来自于以下几个方面:

(1)酒店预订代理费。这是"携程"最主要的赢利来源。虽然"携程"也明确了网上支付与前台支付的区别,但大多只提供到目的地酒店前台支付房费的办法。所以,"携程"的酒店预订代理费用,基本上是从目的地酒店的赢利折扣中获取的。

(2)机票预订代理费。这是从顾客的订票费中获得,等于顾客订票费与航空公司出票价格的差价。

(3)自助游与商务游中的酒店、机票、预订代理费,其收入途径与前两项基本一致。

(4)线路预订代理费。"携程"通过与其他一些旅行社的合作,也经营一些组团业务,但这不是"携程"的主营业务。

(5)广告收入。"携程"还承做21CN、上海热线、央视国际等知名门户的旅游频道。其中有可观的广告收入。

(6)会员收入。"携程"会员可直接购买VIP会员卡,获取消费的特别积分,同时,会员拥有更多的价格优惠。"携程"是中国率先宣布赢利的四大网站之一。2002年全年的交易额超过10亿元人民币。类似赢利模式的网站还有e龙网(www.elong.com),也在2002年3月宣称赢利。

这类网站作为预订中介代理,其优势在于:

(1)其赢利过程是在网络上实现。赢利模式可以构成一个封闭的完整的路线。顾客的消费可以比较完整地转化为企业的营业收入。

(2)这种模式下的企业信息化程度相对较高。企业内信息沟通层次较小,沟通速度相对较快。

(3)由于这类企业本身并不具有产品资源,所以,经营中固定成本相对较小,企业运行风险较小。

不足之处是:

(1)由于自身无产品资源,所以其赢利与否或赢利多少,关键取决于其能从上游服务提供商手里拿到的价格。许多旅游企业由于自身电子商务的开展缺乏强有力的旅行社和客房资源支撑,在数量和价格上都不存在优势。

(2)支付"瓶颈"。我国旅游电子商务还具有明显的"中国特色",订房不是信用卡支付,而是旅游者到达时与宾馆结算。机票也不是电子机票,需要上门送票、上门收费。

(3)网络信息沟通的实时响应能力较差。相对而言,国内游客还是习惯于通过面对面的交谈进行线路预订、酒店设施等方面的信息考察。

总的来说,"携程"一类的专业旅游电子商务公司的营利模式是成功的。随着网民市场的不断成熟,这类模式会逐渐获得更多的认同。由于酒店预订、机票配送业务具有较高的标准化,其中,酒店预订由于完全不涉及物流,顾客预订也不用首先交纳订金,网站此部分的赢利是通过酒店返还的佣金而获得,不涉及网站与顾客的资金往来。因此,订房成为最适合网上开展的旅游业务。而机票预订,因为涉及送票这道少量的物流,网上交易的优势稍逊于订票。可见,从最适合在网上开展的订房业务做起,再到订票,发展成熟后,再逐步实现旅游线路等产品的网上经营,是互联网企业发展电子商务的最佳方式。"酒店+机票+旅游线路"三大模块为综合性旅游互联网企业提供了一种典型的赢利模式。

3. Expedia的赢利模式

相对于"携程"提供的旅游服务而言,Expedia提供的产品更加丰富,如,车船出租、邮轮旅游、分时度假等,也更加人性化,服务也更到位。如,Expedia的游客旅游建议服务可以针对游客的个人需要,提供有关旅游目的地的住宿、餐饮及娱乐购物等更多方面的情况,且能设计好最佳旅游线路。这一切只需要Expedia的注册用户一封 E - mail 就可以解决。而“携程”网虽然也提供旅游信息查询服务,但这只是单个信息,不能一次性提供整个旅游行程计划。

在 Expedia,公司的利润主要来自于预订机(船)票、宾馆、车船租赁和旅行预订上。Expedia 提供的旅游组合套餐很有竞争力,如,“机票 + 宾馆”等形式活泼,种类多样;“携程”主要利润来自于预订宾馆、机票。每成交一笔,“携程”网大概能从中获得 3% ~5% 的佣金。同时,携程和 Expedia 都有顾客订制和顾客自选服务。这种项目的推出很受自助旅游者的欢迎,避免了团体走马观花式的旅游,而更加注重于个性化和人性化。更重要的是扩展了赢利的渠道。“携程”与 Expedia 营利模式的比较分析,见表 8 - 1。

**表 8 - 1 “携程”与 Expedia 营利模式比较分析**

| | 携程旅行网 | Expedia |
|---|---|---|
| 网站定位 | 集宾馆、机票、度假预订、旅游资讯及特约商户服务为一体的综合性旅行服务公司 | 集机票、宾馆度假预订、车船租赁、旅游资讯及特约商户服务为一体的综合性旅行服务公司 |
| 市场定位 | 商务旅客为主(约占 88%)、观光和度假游客为辅(约占 12%),中高收入白领阶层 | 商务旅游客人、自助游散客、观光和度假游客以及集团客户 |
| 利润源和收入结构 | ①酒店预订代理费,是从目的地酒店的赢利折扣返还中获取的<br>②机票预订代理费、顾客订票费与航空公司出票价格的差价<br>③自助游中的酒店、机票预订代理费以及保险代理费,其收入的途径也是采用了赢利折扣返还和差价两种方式<br>④在线广告 | ①机票预订代理费<br>②酒店、车船预订代理费<br>③商旅代理费<br>④特约商户营销代理费<br>⑤度假产品的预订<br>⑥网络广告<br>⑦合作旅行社的会员加盟费,为集团客户提供服务的营业收入 |
| 资金流方式 | 除了酒店预订大多采用酒店前台支付的方法,对于其他两项主营业务,顾客可以选择在线支付,也可以选择线上浏览、打电话至呼叫中心确认和线下支付的方式 | 主要是网上在线预定、互联网的交易额占到了整个交易额的绝大部分 |

从以上分析可以看出,旅游预订网站的营利模式大都体现了网络经济的聚集效应和收益递增的优势,既能以丰富的信息和产品吸引消费者,同时又凭借规模经济、标准化和高销售量从合作伙伴处获得更优惠的价格。此外,我国旅游电子商务的交易方式具有明显的中国特色:酒店预订以电话预订、前台支付为主;机票预订以电话预订、上门收付为主;线路预订也以电话预订、网点支付为主。

## 第3节　旅行社电子商务的发展路径及对策

### 一、旅行社电子商务发展策略

#### 1. 利用“金旅工程”公共商务网旅游电子商务平台

“金旅工程”,是国家信息网络系统建设的重要组成部分。其公共商务网定位为国家级旅游电子商务网——以“金旅雅途网”为代表(www. yahtour. com)。它自身不经营旅游业务,而是作为促销服务供应商与应用服务供应商,为旅游企业提供电子商务平台。该网站可为相关企业提供酒店、机票、游船、旅游线路的大宗交易。旅游企业可在系统上发布信息,宣传企业形象和产品、进行招商合作、销售旅游线路等。“金旅雅途”网还针对旅游企业的个性化特点制订了专项解决方案,为旅游企业网络建设及业务流程优化整合提供全方位的服务与支持。到2006年3月底,已有36900多家旅游企业加入。

#### 2. 通过大型旅游电子商务平台实施电子商务

这类网站信息量大、更新及时,有较高的访问量,能够产生大量的交易。由于其既为企业提供了销售渠道和交易平台,又能以良好的个性化服务、多样化的旅游产品充分满足旅游者的多样化需求和比较选择愿望,再加上其强大的交互功能,是中小旅行社理想的电子商务平台。如,中国旅游在线(www. tolcn. com)、U游网(www. lyuc. com)等。它们能为中小旅游企业提供网上信息发布、在线营销、网上洽谈、网上旅游交易、在线调研、售后服务等。中小旅游企业通过这种方式实施电子商务,免去了自建网站的投资风险和网站推广面临的困难。旅游网站也可通过向旅游企业收取一定的加盟费用,以维持其正常运营并赢利。

#### 3. 加入各地政府主导建立的旅游目的地营销系统DMS

目的地营销系统DMS,是一种旅游信息化应用系统,是旅游目的地通过互联网进行网络营销的完整解决方案。它把基于互联网的高效旅游宣传营销和本地的旅游咨询服务有机地结合在一起,在提升目的地城市形象、满足消费者资讯需求、方便旅游交易、增加游客访问量、提高旅游整体服务水平等方面都起着积极作用。对旅游企业而言,目的地营销系统中的“旅游企业营销应用系统”和“企业交流应用系统”可成为当地企业技术服务、信息交换、旅游营销和旅游交易的平台,满足旅游企业形象宣传、产品发布与促销、网上预订与支付、广告管理、营销资源数据库建立等方面的需要,为企业提供高效、低成本的沟通手段。DMS是“政府搭台、企业唱戏”,政府做形象、企业做生意。其绩效依赖于各级政府的重视和资金投入。中小企业采用这种实施模式成本较低，但要注意自身资讯的维护和运用，建立高效能的信息员队伍。

4. 参与旅游联合体的网络化联盟

旅游联合体，是企业间为增强市场竞争力而建立的战略联盟。网内的企业可以分工协作，充分利用资源，并可及时解决突发事件；可以相互协助提供客源、相互补充:有利于扩大经营，建立稳定的战略伙伴关系。从成员构成上看，既有旅行社之间、旅游饭店之间的同质旅游联合体，也有旅行社和旅游饭店之间不同层次旅游企业组成的联合体；既有区域性的，也有跨地区联合体的统一品牌，统一建站模式不仅有利于中小企业间的网上交易，而且有利于消费者的选择。这类旅游网站主要适合 B to B 模式，业务针对性强，更能体现专业化的优势，可为中小旅游企业实施电子商务提供便利。

## 二、电子商务协作网络的管理

1. 基于加盟旅游协作网的联合体模式

目前，全国共有各种不同的旅游协作网近 30 家。其中，具有代表性且发展相对成功的，如，天马旅游协作网、“龙之旅”旅游协作网、中国八方旅游联合体等。旅游协作网是在自愿基础上建立起来的松散型契约式旅游联合体。旅游协作网本着网络化、品牌化、规模化的发展原则，通过推行名牌战略，走联合之路，加强旅游新产品开发，建立统一经营网络与互联网络，扩大市场占有率，形成规模化经营。

从成员构成上看，旅游协作网既有旅行社之间的同质旅游联合体，也有旅行社与旅游饭店之间不同层次旅游企业组成的联合体；既有区域性的，也有跨区域的旅游联合体。旅游协作网成员是在没有资产纽带前提下成立联盟大会，制定联盟章程，形成一定的约束机制，做到统一品牌形象、统一建站模式、统一操作模式和促销活动，以此弥补在资金、规模方面的劣势，减少内部竞争，巩固其在旅游行业中的地位。旅游协作网一般会定期或不定期召开成员大会，组织成员单位参加培训考察和旅游促销等活动。申请加盟的旅行社除定期缴纳一定的会费外，还要具有一定的实力、业务规模及良好的诚信经营体系。同时，联盟成员要对联盟的理念、章程及相关义务和责任有高度的认同感，自觉遵守联盟的约束机制。

2. 基于加盟大型旅行社电子商务平台的联合体模式

大型旅行社由于人力、资金、技术等方面的优势，旅游信息化发展程度比较高、电子商务发展比较成熟和完善。其中，以春秋旅行社组建的网络经营联合体、“广之旅”发起成立的“旅游名店城”、辽宁诚信联盟等为代表。作为实力强大旅行社组建的旅游网站，可以提供丰富的旅游线路和旅游产品，通过专线与成员旅行社的业务数据库保持实时连接，实现旅游产品网上实时查询预订。单体旅行社，特别是中小旅行社由于自身实力的差距，不能随时满足旅游者的出行需要。而此类网站拥有大量的特色旅游线路，并通过网络汇总加盟旅行社的旅游者出行需求，可以满足旅游者随时出行的需要。因此，对于网络成员旅行社而言，其竞争力明显得到提高。

以春秋旅行社为例，春秋旅行社和申请加入"春秋"网络的旅行社签订合作合同，规定春秋旅行社与加盟方的旅游业务合作属于协议性联营，加盟方通过电脑网络系统与春秋旅行社共享信息，为春秋旅行社组织客源，同时接待由春秋旅行社组织的散客。对春秋旅行社而言，其发展区域网络合作伙伴的原则是"强强联合"；而对各个网络成员旅行社而言，他们借助春秋旅行社的电子商务系统开展网络化经营，有利于节省成本，扩大经营空间。

3. 基于大型旅行社自建电子商务平台的发展模式

这种模式的旅行社电子商务发展目标，是建立高度信息化的在线旅行社。网站信息系统的建设成本及中后期的维护成本都比较高，需要大量人力、财力和物力等资源的支撑。所以，这种发展模式的旅行社一般是实力雄厚的大型旅行社。典型的电子商务网站有"携程"旅行网、青旅在线、国旅在线、杧果网、春秋航空旅游网等。

大型旅行社将网站视为旅行社的一个部门，运营目的有两个：一是旅行社及其产品进行网上推广；二是实现自身赢利，从而实现"网社合一"。旅行社网站提供酒店预订、机票预订、"酒店 + 机票"式的商务套餐、自由行服务及签证服务、用车服务和量身定制旅游线路的服务等。其中，由于旅行社强大的资源支撑，线路预订是网站的主营业务。旅行社网站依托强大的旅行社资源作为品牌支撑，旅行社的规模优势、品牌知名度等都转化为网站的品牌优势。同时，旅游网站依托旅行社实体，其酒店预订、线路预订的价格会比一般旅游网站低。网站的业务收入主要包括旅游线路服务费、酒店和机票预订代理费等；其目标市场主要针对拼团散客、自助游散客和商旅客人等。这种模式的实质，是依托旅行社的产品开发和网络优势，提供有保证的服务、开发个性化散客旅游产品，满足旅游者的个性化需求。

4. 基于目的地公共旅游信息网的发展模式

目的地公共旅游信息网站，主要是指在政府主导下创建的旅游电子商务平台。其主要包括"金旅工程"建设下的公共商务网、中国旅游网和各地方政府自建的旅游官方网站等。此类网站属于非营利性网站，是一个中立的旅游电子商务交易平台。旅行社可加入这个电子商务平台进行旅游信息发布、网上促销、网上交易，开展 B2B 和 B2C 电子商务，建设与公共旅游信息网相连接的旅行社网站。旅行社主要面向拼团散客、自助游散客和商旅客人，以旅游产品预订、交易收入等作为其主要的获利渠道。由于中国旅行社业普遍存在"小、弱、散、差"的问题，旅行社借助非营利性的行业电子服务平台实现信息化，是一种集约利用资源的模式，避免了旅行社独立开发建设网站所需人力、财力和技术的投入，节约了成本，提高了效率。

## 三、电子商务协作网络的发展对策

### 1. 旅游电子商务系统的功能模块设计

顾客通过电子商务网站，应能享受便利的网上旅游服务。建立令顾客满意的电子商务网站，对于公司保持与顾客的良好关系起着重要作用。新的系统紧紧围绕以为顾客服务为核心，整合顾客服务、企业内部 ERP 系统、合作伙伴电子商务系统的信息资源，力争为客户提供更完善的服务，为企业管理者提供更高效的工作平台，为合作伙伴提供更方便的合作渠道，全面提高企业的核心竞争力。

### 2. 能真正运用网络营销策略

企业想借助电子商务获得更高的顾客满意度，就必须合理地运用网络营销策略。如，利用网站开展个性化旅游服务，使客户得到最满意的方案。这需要全面收集、提炼和整合不同消费者的需求特点，然后，将这些信息加以细分，并提供相应的产品和服务，使消费者可以自由选择旅游目的地、饭店、交通工具、旅游方式及导游员等。另外，企业还应做好网站的宣传推广工作，使更多的消费者能了解网站、使用网站、推广网站。

### 3. 加强与相关部门的合作

加强与交通部门的积极合作，推行电子票务（机票、车票、船票等），抢占市场份额。电子票务的出现可以提高供需双方的效率，节约印票、取送票的成本。加强与银行合作，解决网上安全支付问题。信用卡技术及网络安全技术的发展与提高是在线购买的前提。因此，应借鉴发达国家的经验，普及信用卡、电子现金、电子支票等电子支付方式，使网上付款变得安全、方便、快捷、高效。另外，国内各大银行应充分认识到旅游电子商务的巨大商机，尽早介入旅游电子商务，为旅游企业的网上营销提供信用担保。

### 4. 网络安全问题要绝对有保证

网上交易能否做到保密和安全，直接关系到买卖双方的利益。在网上“黑客”横行的情况下，安全问题已经成为推广电子商务的关键。这一问题已引起有关各方的注意，并已经设计了一些保密方案，但仍需有个提高的过程。从政府角度，需要为旅游业应用电子商务建立必要的法制条件，如，第三方认证机构的设立及网上交易纠纷的处理办法等。而企业自身也要加强安全保护措施，如，从事电子商务的旅游网站要安装确实有效的防火墙，防止“黑客”攻击，保障网民的隐私权和财产安全，使游客对网络安全有信心。只有这样，在旅游业中才能更容易开展电子商务。

5. 完善旅游网站建设

目前,我国旅行社网站存在着内容空洞、没有吸引力、访问量差强人意等缺点。所以,完善网站建设对于发展旅游电子商务来说至关重要。网站建设方面最重要的内容就是强化旅游信息的开发。传统旅游业的劣势,在于信息的不对称性,在传统旅游市场上,游客获取信息的渠道较少,成本较高,不确定性也大。旅游公司给他们提供的信息很不充分,有时甚至带有明显的欺骗性。旅游网站应该建立完善的旅游信息体系,包括旅馆预订系统、旅游线路动态信息网、旅游管理系统、旅游咨询、车船票预订、信息反馈等内容,形成一份完整的“套餐”。同时要注意确保信息的直观性、细致性、准确性、时效性、动态性,尤其要重视信息反馈的环节。因为,它是一个旅游企业与旅游者互动的环节,能体现游客对旅游企业提供服务的满意度,在很大程度上决定着旅游企业的生死存亡。传统的信息反馈方式大多是旅行社向旅游者打电话、寄反馈卡、召开招待会等形式,不仅费用高,且反馈速度慢。而互联网的电子信息传递是双向的,商家可以发送和收到信息,从而大大提高了信息反馈的速度,有利于旅游企业及时收集信息,改进工作,缩短旅游产品的生产周期,促进旅游企业的良性循环。

**[典型案例]**

### 旅行社电子商务新契机——“携程”模式

旅行社行业电子网站发展至今,行业龙头“携程”旅行网的带头作用是不容忽视的。“携程”旅行网创立于1999年,总部设在上海,目前,已在北京、广州、深圳、成都、杭州、厦门、青岛、南京、武汉、沈阳等10个城市设立了分公司,员工超过5000人。作为中国领先的在线旅行服务公司,“携程”旅行网成功地整合了高科技产业与传统旅行业,向超过1400万人的会员提供集酒店预订、机票预订、度假预订、商旅管理、特惠商户及旅游资讯在内的全方位旅行服务,被誉为互联网和传统旅游无缝结合的典范。

“携程”发展至今,其所获得的社会知名度和网站点击率已经说明“携程”模式的成功,这主要归功于以下几点:

1. 专业化经营

几年来,“携程”一直谨守在旅游业“深耕细作”。它规避互联网企业“大而全”的缺陷,走多元化、专业化道路,而不走雅虎、eBay、Google的路子,盯住一个模式做到极致,如,沃尔玛、星巴克、麦当劳。这种电子商务也不纯粹是互联网时代纯网络化的东西,而是线上与线下的结合。“携程”网的收入只有30%来自线上,而且这些收入主要来自于订房业务。不涉及配送,也无须网上直接支付。另外70%的收入,来自于线下的电话订房和订票。1999年"携程"网收购了"现代运通",开始从纯粹的线上业务走到线下业务。

2. 统一全国市场

在明确找到了自己的角色定位后,"携程"把网络化与信息化的优势发挥得淋漓尽致。一个成熟发达的产业领域,无不以统一市场和现代化大企业的形成为特征。"携程"出现之前,中国旅游服务业看不到这一点;而"携程"的出现,把中国旅游服务业的市场化程度提升了一大步。"携程"的这一步,在于它很好地利用了现代互联网,充分发挥了现代信息业的运作理念。以机票分销为例,在"携程"之前,没有一家全国性的公司能够统一处理全国各地的机票。传统机票市场的运作,基本上都是大批发商转给零售商,零售商再以柜台形式面对各地区的客户。可以说,这样的运作时间长、效率低,且以地域为中心"各自为战",全国几十个票台,每个城市都有很多分点,无法形成一个统一的反应与服务体系。而"携程"击中了传统旅行社的软肋。在上海"携程"总部,全国各地的机票业务都可以通过呼叫中心及IT后台统一处理,出票时间、机票价格都能得到监控。

3. 信息整合,建立核心资源优势

"携程"通过对全国酒店、机票预订市场信息(上游信息)和旅游消费者信息(下游信息)的全面整合,把供应商和消费者连接起来。"携程"一只手掌控着全国数十万会员客户;另一只手,则与全国数千家酒店、所有的航空公司紧密相连。它很好地充当了供应链整合的角色,而这一点(即供应链整合),是20世纪90年代以来最具现代商业精神的运作模式。

4. 先进的制度与先进的管理

"携程"创立之初,就将CRM、平衡记分卡、六西格玛等管理模式引入"携程"。"平衡计分卡"是一个体系,用数据化的指标全面衡量每个人、每个团队的业绩。而"六西格玛"管理则使"携程"拥有这样的意识:把客人打给呼叫中心电话的等待时间控制在国际通行的20秒以内;接听比例从80%提高到90%以上;服务客户的电话时长缩减到今天的150秒左右。这些精细化的管理制度使企业变得精确而高效,完全具备了现代公司的快速、精准、反应灵敏、高速进化等典型特征。

5. 务实而谦逊的企业文化

虽然"携程"在市场运作上大开大合,强势出击,但在企业文化上,却是谦逊而务实的。在上海"携程"公司总部庞大的电话呼叫中心里,每天拥有600多人,几乎占了"携程"员工总数的一半。其所提供的快捷查询和快速预订使客户得到优惠的价格和满意的服务。正是这个呼叫中心,完成了"携程"网70%的线下旅游收入。

“携程”凭借其简单而专业的商业模式、IT 企业文化和程式化的管理，经营着一家拆分旅游服务产品的旅行社。从 1999 年开始到现在，“携程”在风险投资上的引进和美国纳斯达克的成功上市，充分表明了初期市场对于以机票、酒店预订为主的旅游电子商务市场发展的认可。

（资料来源：秋雯. 电子商务在旅行社行业中的新契机. 上海：复旦大学硕士学位论文，2009.）

## [本章小结]

本章介绍了旅游服务的类型、旅游服务采购的原则与策略，以及旅游服务采购的程序和方法。旅游服务，包括旅游交通、旅游住宿、旅游餐饮、旅行社接待、旅游吸引物及其他服务类型等。旅行社采购的旅游服务应遵循保证供应、保证质量和降低成本三项原则。旅行社通过集中采购、分散采购和建立采购协作网络等策略，保证旅游服务的供应。旅游服务采购程序和方法的研究，会使读者熟悉旅行社旅游服务采购的各种策略并能灵活运用在实际经营中。

## [复习思考]

(1)关键概念。旅游电子商务、协作网络、饭店门市价格。

(2)课堂讨论题：

- 旅游电子商务的特点包括哪些？
- 电子商务在计调业务中有哪些应用价值？
- 电子商务对传统计调业务的冲击体现在哪些方面？

(3)思考题：

- 旅行社电子商务的运营模式有哪些？
- 旅行社电子商务商业模式的主要类型包括哪些？
- 旅行社电子商务的营利模式有哪些？

(4)实训题。旅行社电子商务协作网络的构建以及电子商务发展的策略。

(5)自测题：

- 简述旅行社电子商务协作网络的管理模式。
- 根据所学习的知识，对下面的案例进行分析：

### 海南旅游网

- 定位很关键

目前，海南的旅游网站已经泛滥成灾，只要是与旅游沾点儿边的企业或者个人都有自己的一个旅游网站,不管是好的还是烂的一大堆,在海南旅游网址之家(www.hnly123.com)可查。近年来,到海南旅游的内地游客呈聚焦状态。“十三亿人共享一个海南岛”说得确实不错。海南的阳光、沙滩、空气等环境都是一流的,但由于种种原因,海南的旅游不仅一直没有树立起自己的品牌,而且还臭名远扬,宰客、甩团等现象屡屡发生,从而导致了内地游客对海南旅游业产生一种极不信任的印象,想去海南岛旅游却又找不到一个可靠、可信的网站和旅行社。

• 价格策略

从价格上说,不管是“携程”、“e龙”还是旅行社,价格都比较高,而海南旅游网运营成本比这些大公司低得多,自然具有相应的价格优势。价格虽然不一样,但酒店的服务却都是同样的。相信客人会选择我们,因为价格是客人选择旅行社的重要因素。

• 产品全面

基本上酒店有的房型全部都拿下。这样,既可满足不同需求的客户,也可展示实力。服务方面,“携程”、“e龙”或者旅行社在酒店拿的房间都比较偏,在楼层的角落里。海南旅游网在这方面下了工夫,所有在这里订房的客户,都安排最佳的房间,同住一个房型,在“携程”订房的人推开窗可能没有风景,而在这里订房的人推开窗就江山如画。这样,性价比也体现出来了。口碑相传,很厉害的。

• 推广方面

推广基本上没有做。因为确实不知道怎么推广。这类站点不论流量,只追求下单的客户,所以在网络推广上还不知道应该怎么做。线下的推广,直接去找当地最大的报纸和门户(报纸和门户都是一家人),可以说没怎么谈就签了合同,因为产品的优势确实很明显。推广费一分没花,只是按销售跟他们分成。初期也就只能这样,没什么好的办法。

# 第九章 计调工作中常见的法律问题

［学习目标］

通过本章学习应该达到以下目标：

● 知识目标。掌握旅行社质量保证金制度的有关规定；熟知旅行社的经营规则，明晰旅游者、导游人员和旅行社经营者的权利与义务；了解旅游出入境及交通客票和旅游纠纷的处理方式。

● 技能目标。掌握相关法律知识，能合理应对计调工作中常遇到的法律问题。

● 能力目标。具有运用法律知识使旅行社尽量避免旅游纠纷的能力；具有妥善处理计调工作中常见法律问题的能力；具有运用法律武器将旅行社损失降到最低的能力。

［引例］

### 旅行社应该赔偿多少

2005 年 10 月，6 名参加"成都、九寨沟和黄龙四飞 6 天团"的旅游者向质监部门投诉，要求旅行社赔偿每人 5000 元的费用。据上述旅游者介绍，该团的行程安排非常不合理，第一天到达预定景点——黄龙溪古镇时已经是晚上 7 点，景点早已不具备游览的条件。而最后一天在成都，到青羊宫参观和品茶的行程也没有实现。鉴于此，旅游者诉求旅行社承担违约赔偿责任每人 5000 元。

面对旅游者开出的"天价"，旅行社无法接受。旅行社认为，根据国家旅游局发布的《旅行社质量保证金赔偿试行标准》，旅行社取消相关景点应退还景点门票、导游服务费，并赔偿同额违约金。这样的话，黄龙溪没有门票，青羊宫门票 1

元，再加上 10 元的停车费和导游服务费，双倍也就是 50 元左右。50 元和 5000 元的差距实在太大了。最终经过质监部门的协调，旅行社赔偿了 6 名旅游者每人 250 元。

（资料来源：www. //travel. veryeast. cn/travel/100/2006－11/22/06112218323819546. htm）

上述案例告诉我们，由于旅游活动的特殊性，计调人员在日常工作中不可避免地会遇到与业务相关的法律问题。因此，熟悉相关法律知识，可使旅行社避免法律纠纷，并将企业的损失降至最低。

# 第 1 节　旅行社的经营保障

## 一、旅行社质量保证金制度

1994 年 9 月，为加强对旅行社服务质量的监督与管理，规范经营，保护旅游者的合法权益，促进旅游市场的有序发展，按照旅行社的经营特点，参照国际惯例，经国务院批准，对旅行社实行质量保证金制度。该项制度在 1995 年 1 月 1 日国家旅游局发布的《旅行社质量保证金暂行规定》及其实施细则中首先得以确立，此后不断完善，形成了比较规范、具有较强操作性的一项管理制度。

### 1. 保证金的所有权归属

旅行社质量保证金（以下简称保证金），是指根据《旅行社条例》（以下简称《条例》）规定，由旅行社在指定银行缴存或由银行担保提供的用于保障旅游者权益的专项资金。

保证金属于缴纳的旅行社所有。保证金是旅行社合法财产中具有特定用途的部分，当旅行社因解散或破产清算、业务变更或撤减分社减交、3 年内未因侵害旅游者合法权益受到行政机关罚款以上处罚而降低保证金数额 50% 等原因，不再从事旅游业务时，经向许可的旅游行政管理部门提出申请，并交回旅行社经营许可证；许可的旅游行政管理部门向申请人下发“旅行社质量保证金取款通知书”；旅行社持凭证，向银行取回保证金。

保证金的利息属于旅行社所有。保证金的利息属于法定孳息，不属于保证金范畴，不受该项管理制度的限制。旅行社可依据与银行约定的存款期限支取保证金多产生的利息。

### 2. 保证金的缴纳

（1）保证金的缴纳期限与标准。确定合理的保证金缴纳标准，有利于充分发挥保证金制度的积极作用。《条例》规定，旅行社应当自取得旅行社经营许可证之日起3个工作日内缴纳保证金。经营国内旅游业务和入境旅游业务的缴纳标准是20万元人民币;旅行社每设立一个分社,增存5万元人民币。经营出境旅游业务的缴纳标准为增存120万元人民币;旅行社每设立一个分社,增存30万元人民币。

(2)缴纳保证金的方法及其法律后果。《旅行社条例》规定了两种保证金的缴纳方法,一是将现金存入指定银行的专门账户;二是提交银行担保,旅行社可自行选择。

旅行社存入、续存、增存保证金后7个工作日内,向作出许可的旅游行政管理部门提交存入、续存、增存的相关证明文件;与银行达成包括下列内容的协议:双方同意依照《条例》规定使用保证金;双方承诺,除依照县级以上旅游行政管理部门出具的划拨保证金,或者省级以上旅游行政管理部门出具的降低、退还保证金的文件,以及人民法院作出的认定旅行社损害旅游者合法权益的生效法律文书外,任何单位和个人不得动用保证金。

**3.保证金的使用范围和权限**

《旅行社条例》第十五、十六条规定了保证金的使用范围和权限。

旅游行政管理部门有下列情形之一的,可以使用质量保证金:一是旅行社违反合同约定,侵害旅游者合法权益,经旅游行政管理部门查证属实的;二是旅行社因解散、破产或者其他原因造成旅游者预交旅游费用损失的。

人民法院判决、裁定及其他生效法律文件认定旅行社损害旅游者合法权益,旅行社拒绝或者无力赔偿的,人民法院可以从旅行社质量保证金账户上划拨赔偿。

**4.保证金的动态管理**

保证金动态管理机制的核心,是激励旅行社合法经营,保护旅游者合法权益,形成有序的市场环境,促进旅游业健康发展。该动态管理机制由降低退还和补足保证金的一放、一收两个方面组成,以实现有效的动态管理。

旅行社自缴纳或者补足保证金之日起3年内,未因侵害旅游者合法权益受到行政机关罚款以上处罚的,旅游行政管理部门应当将旅行社质量保证金的缴存数额降低至50%;并向社会公告。旅行社可凭省级旅游行政管理部门出具的凭证减少其质量保证金。

旅行社在旅游行政管理部门使用质量保证金赔偿旅游者的损失,或者依法减少质量保证金后,因侵害旅游者合法权益受到行政机关罚款以上处罚的,应当在收到旅游行政管理部门补缴质量保证金通知之日起5个工作日内补足保证金;之后,在7个工作日内,应当向许可的旅游行政管理部门提交补足的证明文件。

**5.保证金赔偿标准及责任的承担**

(1)旅行社造成游客损失的赔偿标准。因旅行社的故意或过失未达到合同约定的服务质量标准,造成旅游者经济损失的,旅行社应承担赔偿责任。

①收取预付款后,因旅行社的原因不能成行,应提前 3 天(出境旅游应提前 7 天)通知旅游者,否则应承担违约责任,并赔偿旅游者已交预付款 10% 的违约金。

②造成旅游者误机(车、船),旅行社应赔偿旅游者直接经济损失,并赔偿经济损失 10% 的违约金。

③安排的旅游活动及服务档次与协议合同不符,造成旅游者经济损失,应退还旅游者合同金额与实际花费的差额,并赔偿同额违约金。

(2)导游人员造成游客损失的赔偿标准。导游人员违反有关规定造成旅游者损害的,应承担下列赔偿责任:

①未按国家或旅游行业对客人服务标准的要求提供导游服务的,旅行社赔偿旅游者所付导游费用的 2 倍。

②导游人员违反旅行社与旅游者的合同约定,损害了旅游者的合法权益,旅行社应对旅游者进行赔偿。擅自改变活动日程,减少或变更参观项目,应退还景点门票、导游服务费并赔偿同额违约金;违反规定,擅自增加用餐、娱乐、医疗保健等项目,承担旅游者的全部费用;违反合同旅程计划,擅自增加购物次数,每次退还旅游者购物价款的 20%;擅自安排旅游者到非旅游部门指定商店购物,所购商品系假冒伪劣商品,应赔偿旅游者的全部损失;私自兜售商品,应全额退还旅游者购物价款;索要小费,应赔偿被索要小费的 2 倍。

③导游人员在旅游行程期间,擅自离开旅游团队,造成旅游者无人负责,旅行社应承担旅游者滞留期间所支出的食宿费等直接费用,并赔偿全部旅游费用 30% 违约金。

(3)相关部门造成游客损失的赔偿标准。旅行社在旅游过程中,因相关部门的原因发生质量问题,组团社应先行赔偿旅游者的损失。

①安排的饭店,低于合同约定的等级档次,旅行社退还旅游者所付房费与实际房费的差额,并赔偿差额 20% 的违约金。

②安排的交通工具,低于合同约定的等级档次,旅行社退还旅游者所付交通费与实际费用的差额,并赔偿差额 20% 的违约金。

③安排的观光景点不能游览,旅行社应退还景点门票、导游费并赔偿退还费用 20% 的违约金。

其他损害旅游者合法权益的,国家法律、法规已作规定的,按有关法律、法规处理。

(4)责任的承担。由于不可抗力因素或旅游者自身原因造成旅游者经济损失的,旅行社不承担赔偿责任。旅行社在旅游质量问题发生之前已采取以下措施的,可以减轻或免除其赔偿责任:

①对旅游质量和安全状况已事先对旅游者给予充分说明、提醒、劝诫、警告的。

②对发生的质量问题是非故意、非过失或无法预防或已采取了预防性措施的。

③质量问题发生后,已采取了善后处理措施的。

## 二、旅行社经营规则

### 1. 规范开展经营活动

(1)按照核定的经营范围开展经营活动。旅行社应当按照核定的经营范围开展经营活动,严禁超范围经营。超范围经营包括:

①未取得相应的旅行社业务经营许可,经营国内旅游业务、入境旅游业务、出境旅游业务;

②分社的经营范围超出设立社;

③服务网点从事招徕、接待以外的活动的;

④外商投资旅行社经营中国内地居民出国旅游业务、赴港澳台旅游业务和边境旅游业务。

(2)提供的旅游服务信息真实可靠。旅行社向旅游者提供的旅游服务信息必须真实可靠,即信息来源可以信赖,信息内容完整、准确,符合客观实际;不得做虚假宣传,即不得通过广告或者其他方法对其服务标准、服务提供者、旅游行程等进行不符合实际的宣传,旅游业务广告用语规范,不得使用模糊、不确定的用语,误导、欺骗旅游者和公众。

(3)选择公布的旅游目的地开展出境旅游业务。中国公民出境旅游目的地国家和地区,是指旅行社组织内地居民出境旅游可以选择的,经国务院批准、国家旅游局公布的国家和地区。

经营出境旅游的旅行社不得组织旅游者到国务院旅游主管部门公布的中国公民出境旅游目的地之外的国家和地区旅游。

(4)安排的旅游活动不得含有违法内容。旅行社不得为旅游者安排或者介绍的旅游活动包括:

①含有损害国家利益和民族尊严内容的;

②含有民族、种族、宗教、性别歧视内容的;

③含有淫秽、迷信、赌博内容的;

④其他含有违反法律、法规规定内容的。

(5)旅游产品报价符合市场规则。《旅行社条例》规定,旅行社不得以低于旅游成本的报价招徕旅游者。所指旅行社报价,包括组团社对旅游者的报价和地接社对组团社的报价。

### 2. 签订合同按约定提供服务

(1)旅游合同及其签约形式。《旅行社条例》所称旅游合同,是指旅行社提供旅游服务，旅游者支付旅游费用的合同。旅游合同的当事人是旅行社和旅游者。对于单位向旅行社统一支付费用并与旅行社签订旅游合同的，单位员工(旅游者)在参加旅游活动中与旅行社发生纠纷，此时的旅游合同当事人是单位还是单位员工(旅游者)，换言之，谁具有诉讼主体资格？鉴于真正接受旅游服务的人是单位员工(旅游者)，一般在司法实践中都赋予员工诉讼主体资格。

旅行社不签订旅游合同或者签订条款不完备、用词不明确、责任分配不公平的合同等现象成为损害游客利益、引发纠纷的重要原因。通过立法，规定旅行社为旅游者服务，与旅游者签订清晰、明确、完整的书面合同，是应对现实问题最经济、最有效的手段。

(2)旅游合同的内容。《旅行社条例》规定，旅行社为旅游者提供服务应当签订书面旅游合同，并载明下列事项：旅行社的名称及其经营范围、地址、联系电话和旅行社业务经营许可证编号；旅行社经办人姓名、联系电话；签约地点和日期；旅游行程的出发地、途径地和目的地；旅游行程中交通、住宿、餐饮服务安排及其标准；旅行社统一安排游览项目的具体内容及时间；旅游者自由活动的时间和次数；旅游者应当交纳的旅游费用及交纳方式；旅行社安排的购物次数、停留时间及购物场所的名称；需要旅游者另行付费的游览项目及其价格；解除或者变更合同的条件和提前通知的期限；违法合同的纠纷解决机制及应当承担的责任；旅游服务监督、投诉电话；双方协商一致的其他内容。

在签订旅游合同时，旅行社不得要求旅游者必须参加旅行社安排的购物活动或者需要旅游者另行付费的旅游项目；也不得因年龄、职业的差异提出与其他旅游者不同的合同事项。

(3)对旅游合同的说明和解释：

①说明义务。尽管旅游合同签约双方法律地位平等，但从组织旅游活动的专业性和掌握信息资源优势地位的角度而言，旅行社处于主导地位。旅行社在与旅游者签订旅游合同时，应当对旅游合同的具体内容作出真实、准确、完整的说明。

②合同解释。格式条款，是旅行社为了重复使用而事先拟定，并在订立合同时未与旅游者协商即纳入旅游合同的条款。显然，格式条款主要反映提供者的意思，只有通过符合立法规定的解释，才能使单方设置的权利、义务再平衡。旅行社和旅游者签订的旅游合同约定不明确或者对格式条款的理解发生争议的，应当按照通常理解予以解释；对格式条款有两种以上解释的，应当作出有利于旅游者的解释；格式条款与非格式条款不一致的，应当采用非格式条款。

(4)非经法定事由不得变更旅游合同。旅游合同依法成立并生效后，对当事人具有法律约束力。双方当事人应当认真履行义务，非经法定事由，任何一方均不得以任何理由擅自变更合同。

在旅游行程中,当发生不可抗力、危及旅游者人身、财产安全或者非旅行社责任造成的意外情形,旅行社不得不调整或者变更旅游合同约定的行程安排时,应当在事前向旅游者作出说明;确因客观情况无法在事前说明的,应当在事后作出说明。

**3. 合法经营,履行法定义务**

(1)购买旅游意外保险的提示义务。旅游意外保险,是指一旦旅游者在旅游期间发生意外事故,按合同约定由保险公司向旅游者支付保险金的保险行为。为减少自然灾害等意外风险给旅游者带来的损害,旅行社在招徕、接待旅游者时,可以提示旅游者购买旅游意外保险。

鼓励旅行社依法取得保险代理资格并接受保险公司的委托,为旅游者提供购买人身意外伤害保险的服务。

(2)旅游安全的警示及处置报告义务。在危险发生前,旅行社对可能危及旅游者人身、财产安全的事项,应当向旅游者作出真实的说明和明确的警示,并采取防止危害发生的必要措施。

在发生危及旅游者人身安全的情形时,旅行社及其委派的导游人员、领队人员应当采取必要的处置措施并及时报告旅游行政管理部门;在境外发生的,还应当及时报告中国驻该国使领馆、相关驻外机构、当地警方。

(3)旅游者权益受损害的补救及报告义务。旅行社应当按照合同的约定为旅游者提供服务。旅行社违反合同约定,造成旅游者合法权益受到损害的,应当采取必要的补救措施,并及时报告旅行社所在地旅游行政管理部门;如果人身伤亡的损害发生在境外,应当及时报告我国驻该国使领馆、相关驻外机构、当地警方。

(4)对旅游者非法滞留的报告、协助义务。旅游者在境外滞留不归的,旅行社委派的领队人员应当及时向旅行社和中国驻该国使领馆、相关驻外机构报告。旅行社接到报告后应当立即向所在地县级以上旅游行政管理部门和公安机关报告并协助提供非法滞留者的身份、出境时间和地点、所属旅游团队、游览线路、滞留地点等信息。

旅行社接待入境旅游发生旅游者非法滞留我国境内的,应当立即向所在地县级以上旅游行政管理部门、公安机关和外事部门报告并协助提供非法滞留者的身份、入境时间和地点、所属旅游团队、游览线路、滞留地点等信息。

(5)妥善保存文件资料的义务。旅行社应当妥善保存《旅行社条例》规定的招徕、组织、接待旅游者的各类合同及相关文件、资料,以备县级以上旅游行政管理部门核查。上述各类合同及相关文件、资料,保存期应当不少于2年。

旅行社不得向其他经营者或者个人泄露旅游者因签订旅游合同提供的个人信息;超过保存期限的旅游者个人信息资料,应当妥善销毁。

**4. 维护旅游者合法权益**

(1)非经同意不被转团的权利。旅游行程开始前,当发生约定的解除旅游合同的情形时,经征得旅游者的同意,旅行社可以将旅游者推荐给其他旅行社组织接待,并由旅游者与被推荐的旅行社签订旅游合同。未经旅游者同意的,旅行社不得将旅游者转交给其他旅行社组织接待。

(2)拒绝参加合同约定之外活动的权利。未经旅游者同意,旅行社不得在旅游合同约定之外提供其他有偿服务。旅行社在针对旅游团队设计、提供的旅游产品之外,为游客个人的特殊需求、爱好留出空间,符合服务行业个性化、人性化的发展趋势。从这个意义而言,约定之内的有偿服务本身具有合理性。反之,事先没有约定、新增的有偿服务,旅游者因对其内容、价值缺乏了解,完全信赖旅行社,而有可能成为旅行社欺诈、误导的旅游者,是谋取非法收入的手段。

在旅游行程中,旅游者有权拒绝参加旅行社在旅游合同之外安排的购物活动或者需要旅游者另行付费的旅游项目。

(3)法律地位平等不受价格歧视的权利。在同一旅游团队中,旅行社不得由于下列原因,提出与其他旅游者不同的合同事项:

①旅游者拒绝参加旅行社安排的购物活动或者需要旅游者另行付费的旅游项目的;

②因旅游者存在年龄或者职业上的差异,旅行社提供了与其他旅游者相比更多的服务(旅游者主动要求的除外)。

(4)维护利益享有投诉的权利。旅行社损害旅游者合法权益的,旅游者可以向旅游行政管理部门、工商行政管理部门、价格主管部门、商务主管部门或者外汇管理部门投诉,接到投诉的部门应当按照其职责权限及时调查处理,并将调查处理的有关情况告知旅游者。

因下列情形之一给旅游者的合法权益造成损害的,旅游者有权向县级以上旅游行政管理部门投诉。

①旅行社违反《旅行社条例》及其细则规定的;

②旅行社提供的服务,未达到旅游合同约定的服务标准或者档次的;

③旅行社破产或者其他原因造成旅游者预交旅游费用损失的。

通常,旅游者向旅游行政管理部门投诉有三种情况:一是旅游不能成行,要求退还旅游费或者未发生的费用;二是旅游行程中旅行社未全面履行合同,要求兑现合同、按照约定提供服务;三是旅游行程结束认为未达到签订合同预期目的,要求赔偿。第一、第三种情况下,组团社所在地旅游行政管理部门应当适用行政调解的方法负责作出处理;第二种情况下,旅游目的地的旅游行政管理部门应当及时处理,责令旅行社改正、全面履行旅游合同。旅游行政管理部门处理投诉,发现旅行社存在违规行为的，应当予以查处；对旅游团队行程中发生的违规行为，旅游目的地的旅游行政管理部门应当对地接社立案查处，并可将案件相关情况通知组团社所在地旅游行政管理部门，对组团社进行查处。

旅游行政管理部门应当将对旅行社作出的行政处罚或者对旅游者的赔偿要求作出的行政调解意见告知旅游者。

## 三、导游人员的权利义务

### 1. 导游人员的权利

根据《导游人员管理条例》、《行政复议法》及《行政诉讼法》的规定，导游人员的权利可概括为以下四个方面：人格尊严不受侵犯权、调整或变更接待计划权、其他权利和诉权。

（1）人格尊严不受侵犯权。《导游人员管理条例》第十条规定："导游人员进行导游活动时，其人格尊严应当受到尊重，其人身安全不受侵犯。导游人员有权拒绝旅游者提出的侮辱其人格尊严或者违反其职业道德的不合理要求。"

所谓人格，从法律意义上说，是指能够作为权利、义务主体的资格；人格权是人身权的一种。它包括生命、健康、名誉、姓名、肖像等，是民事主体具有法律上的独立人格必须享有的民事权利，也是人作为民事主体从事民事活动所必须具备的条件。人格权是每个公民和法人都毫无例外终身享有的基本的民事权利，无论公民或者法人，如不享有人格权，他的人身权就没有实际意义。因此，我国《宪法》第三十八条规定："中华人民共和国公民的人格尊严不受侵犯。禁止用任何方法对公民进行侮辱、诽谤和诬告陷害。"

导游人员进行导游活动，既要代表以旅行社为主的聘用单位履行职责，直接与旅游者接触；又要在发生纠纷时周旋于双方之间化解矛盾。由于旅游活动涉及方方面面，形成的社会关系错综复杂，导游人员容易成为双方迁怒的对象。鉴于导游人员在旅游活动中的位置，其人身权利、人格尊严容易受到侵犯，《导游人员管理条例》作了上述规定。

（2）调整或变更接待计划权。导游人员在履行职务时，按旅游计划安排旅游活动是其应尽的义务，但在旅游活动开始后，遇到可能危及旅游者人身安全的紧急情形时，不变更或调整接待计划，就可能对旅游者人身安全带来威胁，所以，《导游人员管理条例》第十三条第二款规定，遇此紧急情形时，导游人员依法享有调整或变更接待计划的权利。

根据该条法规的规定，导游人员享有调整或变更接待计划权，但应当特别注意下列四个限制条件：

①必须是在引导旅游者旅行、游览的过程中。即旅游活动开始后、结束前。在

旅游合同订立后,旅游活动开始前出现不利于旅游活动的情形,应由旅行社与旅游者协商,达成一致意见后,由旅行社调整、变更旅游接待计划。

②必须是遇到有可能危及旅游者人身安全的紧急情形时,导游人员才可以行使这一权利。

③必须征得多数旅游者同意。通常,旅游合同(包括旅游接待计划)一经双方确认后,应严格按约定履行,但发生了法定的紧急情形,为保证旅游者的人身安全,导游人员只要征得多数旅游者的同意,就可以行使该项权利。

④必须立即报告旅行社。这是因为旅游接待计划是旅行社确定并得到旅游者认可的。导游人员受旅行社委派执行旅游接待计划本无变更权,在法定情形下行使该权利应当立即报告旅行社,以得到旅行社的认可。

(3)其他权利。导游人员的其他权利,主要包括两类:一类,是指导游人员作为一般公民依法应当享有的其他宪法权利,如,休息权、报酬权;另一类,是指为了更好地履行职责而应当享有的其他权利,如,参加培训权、依法获得晋升的权利。

(4)诉权。依据我国《行政诉讼法》第二条和《行政复议法》的相关规定,导游人员对旅游行政管理部门给予的行政处罚和有关行政行为享有诉权。它是导游人员在履行职务过程中权利受到法律保护的有力保障。

诉权,是指起诉和诉愿的权利,具体包括投诉权、申请复议权和起诉权。

①申请复议权。导游人员对旅游行政管理部门的具体行政行为不服时依法享有申请复议权。具体指:对罚款、吊销导游证、责令改正、暂扣导游证等行政处罚不服的;认为符合法定条件申领导游人员资格证书和导游证,旅游行政管理部门拒绝颁发或不予答复的;认为旅游行政管理部门违法要求导游人员履行义务的;认为旅游行政管理部门侵犯导游人员人身权、财产权的;法律、法规规定的其他可以申请复议的内容。

②起诉权。对旅游行政管理部门的具体行政行为不服时,享有向人民法院提起行政诉讼的权利,具体内容同申请复议权范围。

2. 导游人员的义务

根据《导游人员管理条例》规定,导游人员应当履行的义务可概括为以下九个方面:

(1)提高自身业务素质和职业技能的义务。导游人员自身业务素质的高低、职业技能的优劣,直接关系到导游服务的质量,影响到能否为旅游者提供优良的导游服务。因此,提高导游人员业务素质及职业技能,对旅游业的发展至关重要。

(2)进行导游活动时佩戴导游证的义务。导游证是国家准许从事导游活动的法定证件。我国对导游证实行统一版式、证卡合一。导游人员在工作时佩戴导游证,既是当事人资格的证明,又是当事人身份和业务能力的证明;另外,佩戴导游证既可便于旅游者识别导游人员，及时得到导游人员的帮助和规范服务，又可便于旅游行政管理部门的监督检查，从而增强导游人员的责任感和义务感。

导游人员进行导游活动时，应当佩戴导游证，是一项法定义务。《导游人员管理条例》第二十一条规定："导游人员进行导游活动时未佩戴导游证的，由旅游行政部门责令改正；拒不改正的，处500元以下的罚款。"

(3)进行导游活动须经旅行社委派的义务。招徕、接待旅游者，为旅游者安排食宿等有偿服务，是旅行社的经营范围。导游人员作为旅行社的雇员，只能接受旅行社的委派，为旅游者提供向导、讲解及相关服务，不得私自承揽或者以其他任何方式直接承揽导游业务。

为了保证服务质量，维护国家旅游业的形象；防止乱收费现象的产生，维护旅游者正当合法权益；防止削价竞争等不正当竞争行为，维护旅游市场秩序，《导游人员管理条例》第十九条规定："导游人员未经旅行社委派，私自承揽或者以其他方式直接承揽导游业务，进行导游活动的，由旅游行政管理部门责令改正，处1000元以上3万元以下的罚款；有违法所得的，并处没收违法所得；情节严重的，由省、自治区、直辖市人民政府旅游行政管理部门吊销导游证并予以公告。"

(4)维护国家利益和民族尊严的义务。热爱祖国，拥护社会主义制度，维护国家利益和民族尊严，不得有损害国家利益和民族尊严的言行，是导游人员必须具备的政治条件和业务要求。为此，导游人员在进行导游活动时，应当自觉履行该项义务。

《导游人员管理条例》第二十条规定："导游人员进行导游活动时，有损害国家利益和民族尊严言行的，由旅游行政管理部门责令改正；情节严重的，由省、自治区、直辖市人民政府旅游行政管理部门吊销导游证并予以公告；对该导游人员所在旅行社予以警告，直至责令停业整顿。"

(5)遵守职业道德、尊重旅游者宗教信仰习俗的义务。导游人员进行导游活动时，应当向旅游者讲解旅游地点的人文和自然情况，介绍风土人情和习俗；但是不得迎合个别旅游者的低级趣味，在讲解、介绍中掺杂庸俗下流的内容。对于少数旅游者的无理要求，导游人员应当予以拒绝。这是导游人员在讲解、导游过程中应当遵循的要求。

(6)严格履行旅行社接待计划、不擅自增减旅游项目的义务。我国《合同法》规定：当事人应当按照约定全面履行自己的义务。旅行社确定的接待计划(即旅游行程计划)是经旅游者认可的，是旅行社与旅游者订立的旅游合同的一部分。因此，导游人员应当严格按照旅行社确定的接待计划安排旅游者的旅行、游览活动，不得擅自增加、减少旅游项目或者中止导游活动。

导游人员擅自增加、减少旅游项目或者中止导游活动，就可能对旅游者违约。

但导游人员在引导旅游者旅行、游览过程中,遇有可能危及旅游者人身安全的紧急情形时,经征得多数旅游者的同意,可以调整或者变更接待计划,并应立即报告旅行社。

导游人员不得擅自中止导游活动。通常,构成中止导游活动的行为,必须同时具备下列条件:

①必须在导游活动已经开始尚未结束之前,是出现在执行接待计划过程中。

②必须是擅自中止。这是中止导游活动的最主要特征。这就排除了由于旅行社的决定和其他外部作用影响而导致的导游人员中止导游活动。

③必须是彻底中止。即导游人员彻底放弃了原来的导游活动。如果导游人员因某种原因暂时放弃了正在进行的导游活动,待该原因消失后又继续进行导游活动的,是导游活动的中断。

《导游人员管理条例》第二十二条规定:"导游人员有擅自增加或者减少旅游项目,擅自变更接待计划;擅自中止导游活动等情形之一的,由旅游行政管理部门责令改正,暂扣导游证3~6个月;情节严重的,由省、自治区、直辖市人民政府行政管理部门吊销导游证并予以公告。"

(7)履行告知和警示义务。导游人员在引导旅游者旅行、游览过程中,应就可能发生危及旅游者人身、财产安全的情况,向旅游者作出真实说明和明确警示,并按照旅行社的要求采取防止危害发生的措施。

实践中,该项义务被导游人员概括为"告知"义务,包括"说明"和"警示"。旅游活动是一种体验或经历。在旅游过程中,有赏心悦目的体验,也可能会遇到危险的经历,尤其在探险旅游中,可能危及旅游者人身、财产安全的情形往往是客观存在的。导游人员有义务关心旅游者的利益,也有义务保护旅游者的人身安全和财产安全。旅游项目中如含有危险因素,导游人员应事先将危险程度和安全防护措施向旅游者交代清楚,对于参加危险活动的旅游者要特别注意保护。说明和警示,要真实、准确、通俗易懂,不致发生歧义;同时,导游人员要按照旅行社的要求采取防止危害发生的措施,否则,导游人员和旅行社要承担相应的法律责任。

(8)不得从旅游者处获取不正当利益的义务。导游人员在执行导游业务中,不得向旅游者兜售物品或者购买旅游者的物品,不得以明示或者暗示方式向旅游者索要小费。

这是导游人员在执行导游任务中必须履行的两项义务,而这两项义务的履行是以"不作为"的形式表现的,有两层含义:

①旅游者兜售物品或购买物品,不属于导游人员的职责范围,与其导游身份亦不相称。尤其是导游人员以导游这一特定身份向旅游者兜售物品或购买物品,极易造成交易上的不公平和不公正,从而侵害旅游者的合法权益,损害导游人员的职

业形象,并因此产生纠纷。

②以明示或暗示的方式索要小费,历来为我国旅游法规所禁止。明示的方式,是指导游人员用语言、文字或其他直接表达意思的方法,明确地向旅游者索要小费;暗示的方式,是指导游人员不明确表示意思,而是以含蓄的言语、文字或者示意的举动等间接表达意思的方法,向旅游者索要小费的形式。

小费,是指在旅游活动中旅游者额外给予导游人员等旅游服务人员的金钱,也叫小账。对于小费问题应合理疏导:

• 导游人员收取合理的小费是国际上通行的做法。国外绝大多数国家都允许导游人员收取合理的小费。

• 小费是旅游者自愿在服务费以外支付给导游人员的费用。导游人员收取小费与否,不影响旅行社的收入。

• 服务良好的导游人员得到小费,是旅游者对其工作的肯定和奖励。旅游实践中,有些导游人员不择手段地采取明示或暗示的方法向旅游者索要小费,给旅游业的声誉造成极其恶劣的影响,理应禁止。

《导游人员管理条例》第二十三条规定:"导游人员进行导游活动,向旅游者兜售物品或购买旅游者物品,或者以明示或暗示方式向旅游者索要小费的,由旅游行政管理部门责令改正,处1000元以上3万元以下罚款;有违法所得的,并处没收违法所得;情节严重的,由省、自治区、直辖市人民政府旅游行政管理部门吊销导游证并予以公告;对委派该导游人员的旅行社予以警告,直至责令停业整顿。"

(9)不得从事欺骗、胁迫等非法活动的义务。导游人员在带团游览中,不得欺骗、胁迫旅游者消费或者与经营者串通欺骗、胁迫旅游者消费。

所谓"欺骗",是指导游人员或者导游人员与经营者串通起来,故意告知旅游者虚假的情况,或者隐瞒真实情况,诱使旅游者作出错误消费意思表示的行为。这表明,欺骗行为有两种情形:一是导游人员在导游活动中欺骗;二是导游人员与经营者串通欺骗。

所谓"胁迫",是指以给旅游者及其亲友的生命健康、名誉、荣誉、财产等造成损害为要挟,迫使旅游者作出违背真实消费意思表示的行为。这既可能是导游人员胁迫,也可能是导游人员与经营者串通起来胁迫旅游者。

欺骗、胁迫旅游者消费,是严重侵犯旅游者合法权益的行为。为此,《导游人员管理条例》第二十四条规定:"导游人员进行导游活动,欺骗、胁迫旅游者消费或者与经营者串通欺骗、胁迫旅游者消费的,由旅游行政管理部门责令改正,处1000元以上3万元以下的罚款;有违法所得的,并处没收违法所得;情节严重的,由省、自治区、直辖市人民政府旅游行政管理部门吊销导游证并予以公告;对委派该导游人员的旅行社予以警告,直至责令停业整顿;构成犯罪的,依法追究其刑事责任。"

## 四、领队人员的职责义务和法律责任

### 1. 领队人员的职责义务

根据《出境旅游领队人员管理办法》和《中国公民出国旅游管理办法》的有关规定，领队人员应当履行下列职责和义务：

(1)遵守法律、法规，佩戴领队证。领队人员从事领队业务，必须经组团社正式委派；在从事领队业务时，必须佩戴领队证，未取得领队证的人员，不得从事出境旅游领队业务。

(2)尊重旅游者，维护旅游者的合法权益。领队人员应当尊重旅游者的人格尊严、宗教信仰、民族风俗和生活习惯。领队人员不得与境外接待社、导游员及为旅游者提供服务的其他经营者串通欺骗、胁迫旅游者消费；不得向境外接待社、导游员及其他为旅游者提供商品或者服务的经营者索要回扣、提成或者收受其财物。

在旅游途中，领队人员应当积极协助当地导游人员，为旅游者提供必要的帮助和旅游行程服务；协助处理旅游行程中的突发事件、纠纷及其他问题，对旅游者在旅游过程中出现的诸如事故伤亡、行程受阻、财物丢失或被抢被盗、疾病救护等特殊情况，应积极作出有效的处理，维护旅游者的合法权益。

(3)协助、督促团队活动计划实施，保证旅游活动的顺利进行。领队人员应当按照组团社与旅游者签订的旅游合同约定的内容和标准为旅游者提供接待服务；要求并协同境外接待社按照约定的团队行程计划安排旅游活动；要求境外接待社不得组织旅游者参与涉及色情、赌博、毒品内容的活动或者危险性活动；不得擅自改变行程、减少旅游项目；不得强迫或者变相强迫旅游者参加额外付费项目。对境外接待社提出违反上述规定要求的，应当予以制止。

(4)自觉维护国家利益和民族尊严。领队人员应当自觉维护国家利益和民族尊严，并提醒旅游者抵制任何有损国家利益和民族尊严的言行。

(5)履行告知的义务。领队人员应当向旅游者介绍旅游目的地国家的相关法律、风俗习惯及其他有关注意事项；在带领旅游者旅行、游览过程中，应当就可能危及旅游者人身安全的情况，向旅游者作出真实说明和明确警示，并按照组团社的要求采取有效措施，防止危害的发生。

(6)履行报告义务。旅游团队在境外遇到特殊困难和安全问题的、旅游者在境外滞留不归的，领队人员应当及时向组团社和中国驻所在国家使领馆报告。

### 2. 法律责任的确定

(1)未取得领队证从事领队业务的责任。《出境旅游领队人员管理办法》第十条规定：“未取得领队证从事领队业务的，由旅游行政管理部门责令改正，有违法所得的，没收违法所得，并可处违法所得 3 倍以下不超过人民币 3 万元的罚款；没有违法所得的,可处人民币1万元以下罚款。”

(2)伪造、涂改、出借或转让领队证,或者在从事领队业务时未佩戴领队证的责任。《出境旅游领队人员管理办法》第十一条规定:“伪造、涂改、出借或转让领队证,或者在从事领队业务时未佩戴领队证的,由旅游行政管理部门责令改正,处人民币1万元以下的罚款;情节严重的,由旅游行政管理部门暂扣领队证3个月至1年,并不得重新换发领队证。”

(3)未协同接待社实施旅游行程计划、未为旅游者提供必要的旅游行程服务的责任。《出境旅游领队人员管理办法》第十三条规定:“未协同接待社实施旅游行程计划的,未协助处理旅游行程中的突发事件、纠纷及其他问题的;未为旅游者提供必要的旅游行程服务的;没有维护国家利益和民族尊严,并提醒旅游者抵制损害行为的,由旅游行政管理部门责令改正,并可暂扣领队证3个月至1年;造成重大影响或产生严重后果的,由旅游行政管理部门撤销其领队登记,并不得再次申请领队登记,同时追究组团社责任。”

(4)对可能危及人身安全的情况未向旅游者作出真实说明和明确警示,或者未采取防止危害发生的措施的责任。《出境旅游领队人员管理办法》第二十九条规定:“对可能危及人身安全的情况未向旅游者作出真实说明和明确警示,或者未采取防止危害发生的措施的,由旅游行政部门责令改正,给予警告;情节严重的,对领队人员可暂扣直至吊销其领队证;造成人身伤亡事故的,依法追究刑事责任,并承担赔偿责任。”

(5)其他法律责任。《出境旅游领队人员管理办法》第三十条规定:“未要求境外接待社不得组织旅游者参与涉及色情、赌博、毒品内容的活动或者危险性活动;未要求其不得擅自改变行程、减少旅游项目、强迫或者变相强迫旅游者参加额外付费项目;或者在境外接待社违反前述要求时未制止的,由旅游行政管理部门对领队人员暂扣其领队证;造成恶劣影响的,吊销其领队证。”

《出境旅游领队人员管理办法》第三十一条规定:“与境外接待社、导游员及为旅游者提供商品或者服务的其他经营者串通欺骗、胁迫旅游者消费或者向境外接待社、导游员和其他为旅游者提供商品或者服务的经营者索要回扣、提成或者收受其财物的,由旅游行政管理部门责令改正,没收索要的回扣、提成或者收受的财物,并处索要的回扣、提成或者收受的财物价值2倍以上5倍以下的罚款;情节严重的,并吊销其领队证。”

《出境旅游领队人员管理办法》第三十二条规定:“对旅游者在境外滞留不归不及时向组团社和中国驻所在国家使领馆报告的,由旅游行政管理部门给予警告,可以扣留其领队证。”

# 第2节 旅游消费者的权益

## 一、旅游者在旅游活动中的法律地位

旅游消费者的法律地位，是指旅游消费者在法律上所处的地位或位置。法律地位，归根到底是由人们在生产中所形成的相互关系（生产关系）中的一种所确定的。法律地位不同，法律主体所享受的权利和承担的义务也不同。旅游消费者的法律地位决定其在特定情况下权利和义务的内容，决定其在特定情况下获得法律保护的资格和保护程度。

### 1. 我国旅游者的法律地位

旅游产品的生产与消费的同步性、时间上的不可储存性、所有权的不可转让性等特点决定了它是一种特殊的产品。因此，旅游者与旅游经营者之间的法律关系更复杂、更敏感。首先，旅游经营者在交易中承担的是经济风险，旅游消费者不仅承担经济风险，还要承担生存风险；旅游经营者的利益在旅游消费者交付货币后可以得到即时实现；而旅游消费者的利益则只有在旅游活动进行中甚至结束后才能实现；其次，在旅游消费活动中，旅游消费者利益的有效实现必须仰仗旅游经营者。因为经营者控制着整个经营信息。正是这种利益形态的差异、利益满足方式的不同，以及旅游消费者对旅游经营者的依赖性，导致了旅游消费者的弱势地位，由此决定了旅游消费者需要特殊的法律保护。

正确认识旅游消费者的法律地位，对于强化保护旅游者合法权益的法律意识，增强保护旅游消费者合法权益的自觉性，提升旅游企业的市场竞争力，从而加快旅游业的发展具有重要意义。旅游消费者是旅游业赖以生存和发展的重要因素，国家应当重视对旅游消费者的权利保护，通过立法规定旅游消费者应当享有的权利；采取措施为旅游消费者安全舒适地进行旅游提供方便；加大执法力度，对侵害旅游消费者合法权益的行为进行处理。同时，旅游消费者也应当增强维权意识，运用法律武器保护其合法权益不受侵犯。

### 2. 国际旅游者的法律地位

旅游者离开本国前往他国旅游，是否应当遵守目的地国的法律、法规；目的地国家的法律、法规是否保护外国旅游者的权利并限制其不法行为。这些问题均涉及该旅游者的法律地位。

（1）外国旅游消费者法律地位的含义。外国旅游消费者的法律地位，一般是指外国旅游消费者离开本国前往别国参加旅游活动，在入境、出境、通过别国过境，以及到别国游览期间的权利、义务。确定外国旅游者的法律地位,首先,是根据他的外国人(就一个国家而言,凡不具有该国国籍,而具有外国国籍的人均属外国人)[①]身份;其次,才考虑他作为旅游者的特定身份。因此,外国旅游消费者的法律地位,适用于国际法规定的外国人的一般原则,外国人的法律地位,通常由国内法规定,有时也由双边或多边条约规定。

(2)国家对外国人的管辖权。管辖权,是国家对其领域的一切人(包括外国旅游消费者)和物行使国家主权的表现。国家对外国人的管辖,是根据主权原则派生出来的属地优越权的一部分。所有在异国境内的外国人,除享有外交特权和豁免权者外,都处于所在国的管辖之下。无论他们在所在国作短期旅行还是长期居住,均必须遵守所在国的法律、法规,对他在该国的一切行为负责。所在国则应对其人身安全和合法权益给予保护。外国人的本国也应当对此予以尊重,尽管其本国对他仍然具有属人管辖权,但权利的行使要受到所在国属地管辖的限制。

(3)外国人出境和入境的一般原则。除条约另有规定外,任何国家都没有必须准许外国人入境的义务。外国人也没有要求某个国家必须准许他入境的权利。国家根据对外政策,有权决定外国人能否入境,在什么条件下准许入境。这是主权国家的内政问题,通常由国内法作出规定。实践中,各国都在互惠的基础上允许外国人为合法目的入境,但都要求入境者持有护照并经过签证手续。有些国家为加强相互间的友好关系,还签订了互免签证的双边条约。为本国安全和利益,各国一般都在法律中规定几类人不准入境。

国家对于境内的符合离境法律规定的外国人,也没有限制其离境的权利。外国人离境或出境的条件和手续,一般由国内法规定。只要外国人依所在国的法律规定办理离境,国家一般不得阻拦或拒发出境签证。但外国人的离境自由权要受到所在国法律的限制,在特定情况下,可以限制其离境或者将其驱逐出境。

(4)外国人待遇的一般原则。对外国人的民事权利和法律保护一般分为国民待遇、最惠国待遇、互惠待遇和差别待遇。

①国民待遇。是指国家给予外国人的待遇和给予本国人的待遇一样。即在同样条件下,所享受的权利和承担的义务相同。国民待遇有一定范围;国家通过国内法或国际条约在互惠基础上给予外国人国民待遇。

②最惠国待遇。是指缔约国双方之间相互给予的优惠、豁免和特权等待遇,不应低于现在和将来给予任何第三国的待遇。[②]

③互惠待遇。是指一国给予外国人某种权利、利益或优惠,须以该外国人的国

---

① 邵津主编. 国际法. 北京:北京大学出版社,高等教育出版社,2002(69).
② 邵津主编. 国际法. 2002(69).

籍国给予目的地国国民对等的优惠、权利或利益为前提。①

④差别待遇。是指外国个人或法人的民事权利，在某些方面少于或小于本国公民或法人。差别待遇的存在，是由于历史、民族、地理等原因决定的；合理的差别待遇与种族、性别、民族歧视完全不同，后者违反了国际法的基本准则。②

国际社会的实践表明，大多数国家趋向于对旅游消费者在某些方面享受优待的标准作出规定。如，准予办理落地签证、另纸签证；简化海关手续；自用车辆不须申报及互相承认驾照等。一些国家还为旅游者专设免税商店，放宽携带外汇的数额、物品的件数和范围；有些国家采取保护旅游者的专门措施：专门规定外国旅游者事故处理程序、建立质量保证金制度及建立小额申诉裁判庭等。但在享有优待的同时，外国旅游消费者又要受到必要的限制：只能前往旅游目的地国；一般不予延长签证；不能在当地谋求职业及团队游客必须集体出入境等。

(5)外国旅游者在中国的法律地位。外国旅游者在中国的法律地位，具体体现在中国的国内法及中国签署的多边或多边协定等法律文件之中。

我国《宪法》第三十二条规定："中华人民共和国保护在中国境内的外国人的合法权利和利益，在中国境内的外国人必须遵守中华人民共和国的法律。"据此，外国人在中国从事违法或犯罪活动，要承担法律责任。我国政府既保护外国旅游者的合法权益，不允许歧视他们，同时也不允许外国旅游者享有超越法律的特权。

我国《民法通则》第八条规定，"本法关于公民的规定，适用于在中华人民共和国境内的外国人、无国籍人。"据此，外国人在民事权利、义务方面享受国民待遇，与我国公民具有大体相同的法律地位。同样，外国旅游消费者在旅游方面的权利、义务也享受国民待遇。当然，在某些方面，外国旅游者也会受到一定的限制。如，外国旅游者在中国旅游期间享受与中国旅游者一样的票价、车船价及住宿价，但前往不对外国人开放的地区旅行、考古发掘等要遵守相应的法律限制。

我国《外国人入出境管理法》具体规定了外国人(含外国旅游消费者)在中国的法律地位。

(1)外国旅游消费者入境、过境、出境、在中国旅行，必须符合法律、法规规定的条件，经中国政府机关许可。

(2)外国旅游消费者入境、过境、出境，必须从对外开放或者指定的口岸通行并接受边防检查和监护。

(3)中国政府对有可能危害国家安全的外国人(包括外国旅游消费者)不批准入境，对不符合出境条件的有权阻止。

(4)中国政府保护在中国境内的外国旅游消费者的合法权益，其人身自由不

---

① 陈德第.国防经济大辞典.北京:军事科学出版社 2001(283~284).

② 邵津主编.国际法.2002(69).

受侵犯，非经人民检察院或人民法院决定，并由公安机关或国家安全机关执行，不受逮捕。

(5)外国旅游消费者在中国境内必须遵守中国法律，不得危害中国国家安全、损害社会公共利益、破坏公共秩序。

## 二、旅游者的权利

旅游者的权利是国家对消费者保护的前提和基础。由于旅游者是消费者的一种，旅游活动本身也是一种生活消费，因而旅游消费者合法权益的法律依据是《消费者权益保护法》。根据《消费者权益保护法》第七条至第十五条，旅游消费者享有与其他消费者共同的以下各项权利：

### 1. 安全保障权

安全保障权，是指旅游消费者在购买、使用商品或者接受服务时，享有的人身、财产安全不受侵犯的权利。它包括生命安全权和财产安全权。生命安全权，是指生命安全权和健康安全权不受危害或损害的权利；财产安全权，是旅游消费者顺利参加旅游活动的物质基础。为保障消费者安全权的实现，消费者有权要求经营者提供的商品和服务，符合保障人身、财产安全的要求。

为保障旅游者安全权的实现，旅游经营者应当做到：

(1)确保商品和服务符合安全要求。提供的商品和服务应当具有人们合理期待的安全性。国家标准或者行业标准是国家强制性标准，符合标准，即被认为具有安全性，否则应当承担相应的责任。

(2)对于暂时没有标准的，应保证不存在不合理的危险，符合人身健康、财产安全的要求。

(3)对可能危及人体健康和安全的商品和服务，要事先向旅游者作出真实的说明和明确的警示，并标明或说明正确使用商品和接受服务的方法。

(4)发现提供的商品和服务有严重缺陷，即使旅游者采用正确使用方法仍可能导致危害的，应及时告知旅游者，并采取切实可行的防范措施。

(5)提供的消费场所应当具有必要的安全保障。

### 2. 知情权

知情权(又称知悉真情权、获取信息权)，是指旅游者购买、使用商品或接受服务时，享有知悉其所购买使用的商品的真实情况的权利。旅游者有权根据商品或者服务的不同情况，要求旅游经营者按照法定的方式表明其相关内容。

旅游者知情权的基本内涵包括：

(1)有权要求经营者按照法律、法规规定的方式标明商品或者服务的真实情况，如，住宿饭店的星级标准、团队餐饮标准等。

(2)有权在购买、使用商品或者接受服务时,询问和了解商品或者服务的有关情况。

(3)有权知悉商品和服务的真实情况。在旅游活动中,这项权利的内容,是指旅游者在接受旅游服务中,经营者负有为旅游者提供相关知识和真实信息的义务,如旅游广告的内容与提供服务的内容、景区(点)的基本情况及线路安排的情况相一致。

**3. 自主选择权**

自主选择权,是指旅游者在购买商品或接受服务时,享有根据自己的意愿自主选择商品或者接受服务的权利。旅游者的自主选择权的内容包括:

(1)有权自主选择提供商品或者服务的经营者。

(2)有权自主选择商品的品种或者服务的方式。

(3)有权自主决定是否购买任何一种商品,接受或者不接受任何一项服务。

(4)在选择商品或者接受服务时,有权进行比较、鉴别和挑选。

保障旅游者的自主选择权,是市场经济中贯彻意思自治和合同自由的必然要求,是法律价值的重要体现。但旅游消费者行使自主选择权时应注意两点:一是自主选择权是一种相对权。因此,旅游者自主选择商品或者服务的行为,必须是依照法律、法规,遵守社会公德,不侵害国家、集体、他人合法权益的合法行为;二是不排除经营者向旅游者进行商品、服务的介绍和推荐。买与不买、接受与不接受取决于旅游者的自主意志,经营者的介绍、推荐行为有助于旅游者更多地了解将要购买或者接受的商品的性能和用途、服务的真实情况。

**4. 公平交易权**

公平交易权,是指旅游者在与经营者进行的消费交易中所享有的获得质量保障、价格合理、计量正确等公平交易条件的权利。

旅游者的公平交易权的内容包括:

(1)交易行为的发生是在合理的条件下进行的。

(2)交易的结果可以达到旅游者参加旅游活动的预期目的。

(3)公平交易是交易双方协作完成的。

(4)公平交易的实现条件是质量保障、价格合理、计量正确及拒绝强制交易。这些条件符合平等、自愿、等价有偿、公平、诚实信用等市场交易的基本原则;强制交易违背旅游者意愿,理应拒绝。

为保障旅游者公平交易权的实现,经营者要努力做到:

(1)自觉履行合同义务,按合同约定的期限、路线、航班、车次和标准提供交通工具、住宿、接送、导游讲解、商品选购、娱乐服务等,不得在合同中规避义务,违反公平条款;不得以格式合同等方式限制旅游者权利,并减轻、免除其损害旅游者合法权益应承担的民事责任。

(2)履行出具购货凭证或服务单据的义务。

(3)旅游经营者在收取旅游费用时,应严格遵守国家有关价格的法律法规和政策,执行有关旅游收费标准。

5. **求偿权**

求偿权,是指旅游者因购买、使用商品或者接受服务受到人身、财产损害的,享有依法律或合同规定向旅游企业索赔的权利。

旅游者获得的赔偿得不到满足,有权在当地寻求可行的法律援助。享有求偿权的主体是因购买、使用商品或接受服务而受到人身财产损害的人,即受害人,具体包括商品购买者、商品使用者、接受服务者及第三人。通常旅游者只要购买使用商品或接受服务而受到人身、财产的损失,就可依法获得赔偿,并不需要商品生产者、销售者或提供服务者具有过错。

旅游者提起求偿权的范围,通常应当包括财产损害赔偿和精神损害赔偿,损失不仅有被侵权人的财产减少,还应包括被侵权人可得利益的损失。在我国,财产损失的范围包括直接对财产造成的损失及因造成当事人身体上的损害而支出的费用。在直接造成财产损失的情况下,侵权人只需简单弥补旅游者所遭受的损失;造成人身伤害时,须按一定的计算方法承担损失。赔偿损失是求偿权最基本、最常见的实现方式,此外,还包括恢复原状、赔礼道歉、重作、消除影响、恢复名誉等民事责任的承担方式。

6. **结社权**

结社权,指旅游者享有依法成立维护自身合法权益的社会团体的权利。它是《消费者权益保护法》根据《宪法》规定公民享有结社的基本自由,而赋予消费者实现自我保护的一项权利。

中国消费者协会和地方各级消费者协会既是我国主要的消费者团体,也是对旅游者合法权益进行保护的社团组织。其作用主要是:组织旅游者形成对商品和服务的广泛监督,促使一些侵害旅游者权益的纠纷得到及时解决;充当政府和旅游者之间的桥梁;指导旅游者的消费行为,提高旅游消费者的自我保护意识。

7. **获得有关知识权**

获取知识权,也称接受教育权,是指旅游者在购买、使用旅游产品或接受旅游服务中,享有获得与旅游有关的消费知识(如,服务内容和其他相关信息)及旅游者合法权益保护方面知识的权利。

获得知识权的内容包括:获得有关消费方面的知识,如,有关商品和服务的基本知识和有关市场的基本知识;获得有关消费者权益保护方面的知识,如,有关消费者权益保护的法律、法规、政策、保护机构、争议解决等方面的知识。

旅游者获取知识权利的实现,需要旅游者自身的努力。旅游者应提高自我保护意识,努力掌握所需商品或服务的知识和使用的技能,正确使用商品,接受服务。

8. 受尊重权

受尊重权,是指旅游者在购买、使用商品或接受服务时,享有的人格尊严、民族风俗习惯受到尊重的权利。

人格尊严是公民应当享有的基本权利,我国《宪法》、《民法通则》、《消费者权益保护法》等均有相关规定。就道德而言,人格尊严,是指人的自尊心、自爱心。人格尊严的权利则包括生命健康权、姓名权、名誉权、荣誉权、肖像权等,在市场交易过程中,这是公民最起码的权利。

民族风俗习惯,是指各民族在一定的自然环境和社会环境中相沿积久而形成的并经常重复出现的生活方式。该行为方式大量表现在生产、居住、饮食、服饰、婚丧、节庆、娱乐、礼仪等一切物质生活和精神生活里广泛流行的喜好、崇尚和禁忌,在不同程度上反映了各民族的历史传统和心理素质。尊重民族风俗习惯对保护不同民族旅游者的合法权益,贯彻党和国家的民族政策,维护各民族团结有着重要意义。

为保障旅游者受尊重权的实现,旅游经营者不得对旅游消费者进行侮辱、诽谤或利用他人,通过捏造散布虚伪事实或以不文明、不礼貌的语言,贬低、诋毁旅游者的人格尊严;不得搜查旅游者的身体及其携带的物品;不得侵犯旅游者的人身自由,如,随意限制消费者的人身自由,扣留、殴打消费者等。

【案例 9-1】

### 游客的人格尊严岂能被侵犯

2005 年 7 月 25 日,来自我国各地的旅游者共 15 个旅游团 344 人,入住马来西亚吉隆坡云顶第一世界酒店。26 日早晨就餐时,百余名我国旅游者发现房卡上被画上不雅的辱华涂鸦,于是强烈要求酒店高层出面解释、道歉,并集体前往酒店大堂静坐示威。对旅游者的行为,酒店保安出动了狼狗维持秩序。几名愤怒的旅游者冲上前去和保安发生了肢体冲突。一名旅游者被酒店工作人员反铐带走,25 分钟后才被释放。

事情发生后,中国驻马来西亚大使馆 1 名职员、旅游团领队和 3 名旅游者代表,于当日上午 9 点,与酒店所属的世界名胜有限公司交涉。我国旅游者要求酒店高层公开道歉、赔偿游客的损失并要求当地媒体予以客观、真实的报道。

经双方协商,酒店方同意道歉并赔偿旅游者每人 80 马币,3 名酒店员工被暂时停职并送达当地警察局。

【分析提示】

本案例涉及两个问题,一是旅游者在旅游目的地国的法律地位如何;二是旅游者在旅游目的地国旅游期间,得不到合理的对待,组团社及其领队的职责是什么。

此案例给我们的启示是:

(1)旅游者的人格尊严是受法律保护的。旅游者应掌握旅游目的地国相关的法律、法规、宗教、禁忌、习俗等必备知识。这样就可以表现出良好的形象。

(2)旅游者在自身权益收到侵害时,要据理力争,保护自身合法权益。

(资料来源:国家旅游局旅游质量监督管理所.旅游服务案例分析.北京:中国旅游出版社,2007 <41 >.)

9.监督批评权

监督批评权,是指旅游者享有对商品和服务及保护旅游消费者权益工作进行监督的权利。

旅游者的监督批评权通常涉及以下方面:有权对商品和服务的价格、质量、计量、服务态度等进行监督;有权对保护旅游者权益工作进行监督并提出批评和建议;有权控告侵害旅游者合法权益的行为和国家机关及其工作人员在保护旅游者权益过程中的违法失职行为。

监督批评权可具体分解为四项权能:

(1)检举权,是指旅游者有权对旅游行政管理部门及其工作人员在保护旅游者权益工作中的违法失职行为和经营者侵犯旅游者合法权益的违法行为进行检举和揭发。我国各级旅游行政管理部门为便于旅游者实现检举权,均设立并公布了投诉电话。

(2)控告权,是指旅游者对旅游行政管理部门工作人员的违法失职行为和经营者的侵权行为,既可向司法机关起诉,也可向行政机关要求处理。

(3)批评权,是指旅游者有权对旅游行政管理部门工作人员在工作中的缺点和错误提出批评意见。

(4)建议权,是指旅游者对有关消费者权益保护机构的各项工作,有权提出意见。

旅游经营者应接受旅游者的监督,要通过有效途径或方式接受旅游者的批评和建议,如,设立专业机构、配置专职人员收集、听取旅游者的批评和建议,与旅游者对话等,把旅游经营者提供商品或服务的活动置于旅游者有效监督之下。实践中,一些旅行社通过问卷调查了解领队人员、导游员的服务情况,通过回访了解对旅游线路的意见,通过随团实地了解旅游活动的安排,都是主动接受监督的表现。

## 三、经营者的义务

《消费者权益保护法》第三章规定,为了保护消费者的合法权益,经营者必须履行一系列的义务,旅游经营者的义务主要包括以下方面:

1. 依法定或约定提供商品和服务的义务

经营者有义务按照法律、法规的规定或者双方的约定为消费者提供商品或服务。该项义务的内容包括:经营者向消费者提供商品或者服务时,应当履行《中华人民共和国产品质量法》、《食品卫生法》等法律、法规规定的义务;经营者和消费者有约定的,应当按照约定履行义务,但双方的约定不得违背法律、法规的规定。

2. 听取意见和接受监督的义务

经营者应当听取消费者对其提供的商品或者服务的意见,接受消费者的监督。经营者生产经营的目的就是要满足用户、消费者的需要,创造经济效益和社会效益。旅游者有权对经营者的商品或服务提出意见。不管是正面的,还是反面的,经营者都应认真对待。旅游者有权对经营者的商品或服务进行监督,不管是向经营者直接提出,还是向有关组织、机关提出,经营者都应积极处理。事实上,经营者的经营过程是一个不断听取消费者意见、改进经营质量的过程。

3. 保障旅游消费者人身和财产安全的义务

经营者有保障旅游消费者人身和财产安全的义务。该项义务的内容包括:

(1)经营者应当保证其提供的商品或者服务符合保障人身、财产安全的要求。

(2)对可能危及人身、财产安全的商品和服务,应当向消费者作出真实的说明和明确的警示,并说明和标明正确使用商品或者接受服务的方法及防止危害发生的方法。

(3)经营者发现其提供的商品或者服务存在严重缺陷,即使正确使用商品或者接受服务仍然可能对人身、财产安全造成危害的,应当立即向有关行政部门报告和告知消费者,并采取防止危害发生的措施。

4. 提供真实信息的义务

经营者应当向消费者提供有关商品或者服务的真实信息,不得作引人误解的虚假宣传。经营者对消费者就其提供的商品或者服务的质量和使用方法等问题提出的询问,应当作出真实、明确的答复。商店提供商品应当明码标价。

5. 出具购物凭证和服务单据的义务

经营者有向消费者出具购物凭证和服务单据的义务。该项义务的具体内容包括:经营者提供商品或者服务,应当按照国家有关规定或者商业惯例向消费者出具购货凭证或者服务单据;消费者索要购货凭证或者服务单据的,经营者必须出具。购物凭证和服务单据是消费者和经营者之间合同关系成立的重要证据。它对保护消费者合法权益至关重要。

6. 标明真实名称和标记的义务

经营者有标明真实名称和标记的义务。租赁他人柜台或者场地的经营者,应当标明其真实名称和标记。这一方面有利于消费者了解经营者的真实情况,作出符合其真实意愿的消费决定;另一方面,有利于国家对经营者的监督管理,便于消费者在其权益受到侵害时,实现求偿权。

7. 保证商品和服务质量的义务

经营者有保证商品和服务质量的义务。该项义务的具体内容包括:经营者应当保证在正常使用商品或者接受服务的情况下,其提供的商品或者服务所应当具有的质量、性能、用途和有效期限,但消费者在购买该商品或者接受该服务前已经知道其存在瑕疵的除外;经营者以广告、产品说明、实物样品或者其他方式表明商品或者服务的质量状况的,应当保证其提供的商品或者服务的实际质量与表明的质量状况相符。

8. 不得从事不公平、不合理交易的义务

经营者不得以格式合同、通知、声明、店堂告示等方式作出对消费者不公平、不合理的规定,或者减轻、免除其损害消费合法权益应当承担的民事责任。格式合同、通知、声明、店堂告示等含有前款所列内容的,其内容无效。

9. 不得侵犯消费者的人身权

经营者不得对消费者进行侮辱、诽谤,不得搜查消费者的身体及其携带的物品,不得侵犯消费者的人身自由。

## 四、旅游者权益救济途径

为有效维护旅游消费者的合法权益,《消费者权益保护法》第三十四条规定,当旅游者权益受到损害时,可通过协商、调解、申诉、仲裁和诉讼五种途径来进行救济;国家旅游局于2010年5月颁布了《旅游投诉处理办法》,以确保旅游者可通过旅游投诉的方式来维护自己的合法权益。

1.《消费者权益保护法》规定的五种权益救济途径

(1)与经营者协商和解:

①协商的含义。协商,是指争议各方当事人在自愿、互谅的基础上,依照法律的规定或者合同的约定,直接进行谈判、磋商,相互作出一定让步,自行达成协议以解决纠纷的方法。其手续简单、方式灵活、便利经济,且不会伤害争议各方的感情,有利于各方合作关系的进一步发展。由于具有上述优越性,旅游者在和旅游经营者发生纠纷后,往往会首先选择协商的方式来解决争议。

②协商的局限性。因为协商是以自愿为基础解决纠纷的方式,在解决旅游纠

纷的问题上存在一定的局限性：在争议各方利益分歧严重时，协议往往难以达成；协商的结果在相当程度上取决于协商各方讨价还价的力量和实际需要，力量较弱一方的利益常常得不到应有的维护；双方达成协议后，如一方故意毁约，协商的结果也不能申请强制执行。

(2)请求消费者协会调解：

①调解的含义。调解，是指在第三方主持下，通过第三方的劝说、引导，使争议各方在互谅互让的基础上达成协议，使纠纷得以解决的方式。和协商一样，在调解过程中也应当贯彻自愿、平等互利、合法的原则。二者的不同之处在于，调解是在第三方主持下进行的，协商则无须第三方的介入。

②调解的类别。因主持调解的第三方身份不同，调解可以分为民间调解、行政调解、仲裁调解和法庭调解。在这几种类型的调解中，行政调解、仲裁调解和法庭调解是在专门机关的主持下达成的调解，属于行政程序、仲裁程序和诉讼程序的组成部分，而且因此达成的调解结果可以得到强制执行，而民间调解的结果没有强制执行的效力。其实现有赖于双方的自愿与诚信，因此与协商比较类似。

(3)向有关行政部门申诉。申诉，在旅游纠纷的处理中又称旅游投诉。旅游行政管理部门依法保护旅游投诉者和被投诉者的合法权益。对此，我们在本节第二部分"旅游投诉制度"中予以介绍。

(4)根据与经营者达成的仲裁协议提请仲裁机构仲裁：

①仲裁的含义。"所谓仲裁，亦称公断，是指由双方当事人将其争议交付第三者居中评断是非并作出裁决。该裁决对双方当事人均具有拘束力。"[①]仲裁机关一般为社会团体。其公信力来自于法律的认可、惯例的承认及仲裁机构的专业性。为了避免对同一案件进行重复审理，法律规定仲裁实行"一裁终局"制度，即仲裁裁决一经作出，即行生效，当事人不得就同一纠纷再次申请仲裁或者向人民法院起诉。生效的仲裁裁决，可以向人民法院申请强制执行。

②仲裁协议。确定一个案件是否能够提起仲裁，其重要前提是当事人之间是否存在仲裁协议，计调人员对此应十分明确。仲裁协议是当事人表示将双方的纠纷提交仲裁机构进行裁决的书面协议。当事人之间的仲裁协议既可订立为一份独立的合同，亦可作为合同的一个条款而存在；双方当事人既可在纠纷发生前预先订立仲裁协议，也可在纠纷发生后再行订立仲裁协议。因为仲裁是建立在自愿基础之上的，如果当事人没有仲裁协议或者仲裁协议无效，纠纷的相关当事人就只能向人民法院提起诉讼来解决纠纷。

---

① 韩德培.国际私法.武汉：武汉大学出版社，1989(452).

(5)向人民法院提起诉讼:

①诉讼的含义。诉讼,是指人民法院和案件当事人在其他诉讼参与人配合下,为解决纠纷而依法定程序进行的全部活动。诉讼是解决旅游纠纷的最终办法。

②民事诉讼。"民事诉讼是人民法院行使国家审判权审理民事案件,当事人及其他诉讼参与人为解决民事纠纷保护合法权益而进行的全部活动,以及由此而产生的各种关系。"①

提起民事诉讼应具备下列法定条件:原告必须是与本案有直接利害关系的旅游者;起诉必须有明确的被告;起诉必须有具体的诉讼请求、事实和理由;起诉的案件必须属于人民法院受理民事诉讼的范围和受诉人民法院管辖。

旅游者和旅游经营者是具有平等地位的民事主体,发生在双方之间的纠纷属于民事纠纷。在纠纷发生后,旅游者或旅游经营者可以直接向人民法院提起民事诉讼,要求对方承担民事责任。另外,旅游者或旅游经营者可以在旅游行政管理机关调解不成的情况下,另行向人民法院提起民事诉讼。

③行政诉讼。行政诉讼,是指当公民、法人和其他组织认为行政机关的具体行政行为侵犯了其合法权益,依法向人民法院提起诉讼,由人民法院对案件进行裁决的诉讼行为。

根据法律规定,当事人只能对行政机关的具体行政行为提起诉讼,《行政诉讼法》第十一条明确了人民法院受理案件的范围:

• 对拘留、罚款、吊销许可证和执照、责令停产停业、没收财物等行政处罚不服的。

• 对限制人身自由或者对财产的查封、扣押、冻结等行政强制措施不服的。

• 认为行政机关侵犯法律规定的经营自主权的。

• 认为符合法定条件申请行政机关颁发许可证和执照,行政机关拒绝颁发或者不予答复的。

• 申请行政机关履行保护人身权、财产权的法定职责,行政机关拒绝履行或不予答复的。

• 认为行政机关没有依法发给抚恤金的。

• 认为行政机关违法要求履行义务的。

• 认为行政机关侵犯其人身权、财产权的。

行政机关对旅游者与旅游经营者之间的权益纠纷作出处理决定,即属于作出具体的行政行为,由于该行为影响了旅游者与旅游经营者的权益,旅游者与旅游经营者可以就此向上一级行政机关提起行政复议;对复议结果不服的,可向人民法院

---

① 杨荣新. 民事诉讼法教程. 北京:中国政法大学出版社,1991(2).

提起行政诉讼,也可不经过行政复议而直接提起行政诉讼,以纠正行政机关的行为。

2. *旅游投诉制度*

为了更好地维护旅游者的合法权益,依法公正地处理旅游投诉,1991 年 6 月 1 日,国家旅游局颁布了《旅游投诉暂行规定》,初步建立了旅游投诉制度。之后,该项制度不断得以完善。随着旅游业的快速发展和《旅行社条例》的颁布,旅游投诉相关规定亟待修订和补充。2010 年 5 月 5 日,国家旅游局颁布了第 32 号局长令,公布了于同年 7 月 1 日生效的《旅游投诉处理办法》。

(1)旅游投诉的含义和特征。旅游投诉,是指旅游者认为旅游经营者损害其合法权益,请求旅游投诉处理机构对双方发生的民事争议进行处理的行为。

作为解决旅游纠纷的重要手段,旅游投诉具有如下特征:

①投诉主体只能是旅游者。

②被投诉主体只能是旅游经营者。

③请求解决的纠纷属于民事争议。

④受理旅游投诉的是规定的旅游投诉处理机构。

⑤处理旅游投诉是旅游投诉处理机关的具体行政行为。

⑥处理旅游纠纷是旅游投诉处理机关法定职权内的行为。

(2)旅游投诉的构成要件。《旅游投诉处理办法》第十条、第十一条规定了旅游投诉处理机构受理旅游投诉案件的实质要件和形式要件。据此,向旅游投诉受理机构投诉,应当具备下列条件:

①受理旅游投诉案件的实质要件。旅游投诉受理机构受理投诉案件,应当具备的实质要件包括:

第一,投诉人与被投诉事项有直接利害关系。所谓直接利害关系,是指投诉人所主张的合法权益,应当是自己的或者由自己支配的民事权利,而且该权益受到损害。与被投诉事项没有利害关系,不是适合的投诉者,无权向旅游投诉受理机构投诉。

第二,有明确的被投诉人。所谓明确的被投诉人,是指投诉者应当向旅游投诉受理机构明确无误地提出损害其合法权益或者与其发生民事争议的当事人。不能提出被投诉人的,投诉程序不能继续。

第三,有具体的投诉请求、事实和理由。具体的投诉请求,是指投诉者要明确地向旅游投诉处理机构说明需要保护的合法权益的具体内容。事实和理由,是投诉者提出投诉请求的事情的实际情况和有关规定。只有具备了足够的、真实的事实和理由,投诉者的请求才能得到支持。

②受理旅游投诉案件的形式要件。《旅游投诉处理办法》第十一条规定:"旅游投诉一般应当采用书面形式,一式两份。"并载明规定的内容。第十二条规定:

“投诉事项比较简单的，投诉人可以口头投诉，由旅游投诉处理机构进行记录或者登记，并告知被投诉人；对于不符合受理条件的投诉，旅游投诉处理机构可以口头告知投诉人不予受理及其理由，并进行记录或者登记。”

上述规定表明，受理旅游投诉案件的形式要件包括：

• 旅游者提起投诉，一般应当采用书面形式，一式两份。

• 采用书面形式的《投诉状》应当载明规定的内容。

• 投诉事项比较简单的，投诉人可以采用口头形式。

• 采用口头形式投诉的，旅游投诉处理机构要进行记录或者登记。

(3)旅游投诉的受理：

①旅游投诉受理及其特征。旅游投诉的受理，是指有管辖权的旅游投诉处理机构接到旅游投诉者的投诉状或者口头投诉后，经审查认为符合投诉受理条件，在法定期限内予以立案；或者认为投诉不符合投诉受理条件，决定不予受理的行政行为。

旅游投诉受理有如下特征：

• 受理不是裁判，不要求对案情已经依法作出判断和决定。旅游投诉处理机构主要审查投诉是否符合受理旅游投诉案件的实质要件和形式要件。

• 受理与否的决定是旅游投诉处理机构的具体行政行为。旅游投诉处理机构接到投诉后，应当在 5 个工作日内作出处理决定；不予受理的，应当向投诉人送达“旅游投诉不予受理通知书”，告知不予受理的理由。

②投诉案件受理的范围。《旅游投诉处理办法》第八条、第九条规定了旅游投诉案件的受理范围和除外情形。

投诉人可以就下列事项向旅游投诉处理机构投诉：

• 认为旅游经营者违法合同约定的。

• 因旅游经营者的责任致使投诉人人身、财产受到损害的。

• 因不可抗力、意外事故致使旅游合同不能履行或者不能完全履行，投诉人与被投诉人发生争议的。

• 其他损害旅游者合法权益的。

③旅游投诉案件的管辖：

第一，旅游投诉案件的管辖及其原则。旅游投诉案件的管辖，指各级旅游投诉处理机构和同级旅游投诉处理机构之间，在受理旅游投诉案件时的分工和权限。《旅游投诉处理办法》确立了一般地域管辖为主、特殊地域管辖为辅的原则，充分体现、发挥旅游投诉工作及时、快速化解纠纷、避免矛盾扩大的特点和优势。

第二，地域管辖，是指同级旅游投诉处理机构之间横向划分在各辖区内处理旅游投诉案件的分工和权限。即确定旅游投诉处理机构实施其行政权力的地域范围。《旅游投诉处理办法》规定，旅游投诉，由县级以上地方旅游投诉机构，根据属地管辖的原则管辖。

根据我国的实际情况及旅游的特点,《旅游投诉处理办法》确定了三个标准:

• 旅游合同签订地,即旅游者与旅行社签订旅游合同的所在地,通常指组团社所在地。

• 被投诉者所在地,主要指被投诉者长久居住地。《民法通则》第十五条规定,公民以他的户籍所在地的居住地为住所,经常居住地与住所不一致的,经常居住地视为住所。被投诉者是法人的,根据《民法通则》的规定,法人以其主要办事机构所在地为住所。法人的办事机构可以有一个,也可以有多个。旅游企业法人以其主要办事机构所在地或主要营业场所所在地为其所在地。

• 损害行为发生地,是指导致投诉人人身、财产权利或其他权利受到损害的被投诉人的过错行为发生地。根据《旅游投诉处理办法》规定,投诉案件的管辖,一般以地域管辖为主,需要立即制止、纠正被投诉人的损害行为的,应当由损害行为发生地旅游投诉处理机构管辖。

第三,级别管辖与指定管辖。级别管辖,是划分上下级旅游投诉受理机关之间对处理投诉案件的分工和权限。《旅游投诉处理办法》规定,上级旅游投诉处理机构有权处理下级旅游投诉机构管辖的投诉案件。

指定管辖,是指上级旅游投诉处理机构以决定方式指定下一级投诉处理机构对某一案件行使管辖权。《旅游投诉处理办法》规定,发生管辖争议的,旅游投诉处理机构可以协商确定,或者报请共同的上级旅游投诉处理机构指定管辖。指定管辖实际上是赋予投诉管理机关在受理投诉案件上一定的自由,以适应各种错综复杂的处罚情况,有利于解决重复管辖和管辖空白等问题。

(4)旅游投诉案件的处理。旅游者应当依照规定的程序,向旅游投诉处理机构提起投诉,旅游投诉处理机构在职权范围内,依程序对案件进行处理。

①投诉者在投诉时效期间内提起投诉

投诉时效,是指依照相关规定,投诉者在法定的有效期限内不行使权利,就丧失了请求旅游投诉处理机构保护其合法旅游权益的权利。超过投诉规定之规定的,旅游行政管理机关不予受理。

当事人向旅游投诉处理机构请求保护合法权益的投诉时效期间为90天,从超过旅游合同结束之日起开始计算。投诉时效从权利人知道或者应当知道合同结束之日起开始计算。“应当知道”,是一种法律上的推定,即不问当事人实际上是否知道合同结束,而是根据当事人客观上存在知道的条件和可能,来推定当事人可以意识到合同结束。

应当强调的是,旅游投诉只是处理旅游纠纷的一种途径,如果因为超过时效期间而不能向旅游投诉处理机构提出投诉的,当事人还可以通过诸如协商、调解和诉讼等方式来解决纠纷。

②处理旅游投诉的程序：

第一，简易程序。《旅游投诉处理办法》第十七条第二款规定了处理旅游投诉案件的简易程序：旅游投诉处理机构对于事实清楚、应当即时制止或者纠正被投诉人损害行为的，可以不填写“旅游投诉立案表”和向被投诉人送达“旅游投诉受理通知书”，但应当对处理情况进行记录存档。

第二，一般程序。《旅游投诉处理办法》规定了处理旅游投诉案件的一般程序。旅游投诉处理机构处理旅游投诉的先后次序，包括立案、调查取证、鉴定检测、处理等。

立案。《旅游投诉处理办法》第十七条第一款规定，旅游投诉处理机构处理旅游投诉，应当立案办理，填写“旅游投诉立案表”，并附有相关投诉材料，在受理投诉之日起 5 个工作日内，将“旅游投诉受理通知书”和投诉书副本送达被投诉人。

被投诉人的书面答复。《旅游投诉处理办法》第十八条规定，被投诉人应当在接到通知之日起 10 日内作出书面答复，提出答辩的事实、理由和证据。

被投诉人在制作书面答复时要注意以下问题：

• 有针对性，即根据投诉人投诉的事实、理由、根据和请求事项，有针对性地进行反驳和辩解。

• 实事求是，即要如实反映争议事实，摆事实、讲道理，以理服人，不强词夺理。

• 符合法律规定，即要以法律为准绳，不能违背法律、法规的规定。

• 在法定期限内提出。

调查取证。《旅游投诉处理办法》第二十条规定，旅游投诉处理机构应当对双方当事人提出的事实、理由及证据进行审查。投诉人和被投诉人应当对自己的投诉和答辩提供证据。旅游投诉处理机构认为有必要收集新的证据，可以根据有关法律、法规的规定，自行收集或者召集有关当事人进行调查。

鉴定、检测。《旅游投诉处理办法》第二十二条规定，对专门性事项需要鉴定或者检测的，可以由当事人双方约定的鉴定或者检测部门鉴定。没有约定的，当事人一方可以自行向法定鉴定或者检测机构申请鉴定或者检测。

鉴定、检测费用按双方约定承担。没有约定的，由鉴定、检测申请方先行承担；达成调解协议后，按调解协议承担。

和解。《旅游投诉处理办法》第二十三条规定，在投诉处理过程中，投诉人与被投诉人自行和解的，应当将和解结果告知旅游投诉处理机构；旅游投诉处理机构在核实后应当予以记录并由双方当事人、投诉处理人员签名或者盖章。

投诉处理时间和处理。《旅游投诉处理办法》第二十五条规定了投诉处理时间和投诉处理：

• 投诉处理时间,旅游投诉处理机构应当在受理旅游投诉之日起 60 日内,作出处理。鉴定、检测的时间不计入投诉处理时间。

• 投诉处理,对于双方经调解达成调解协议的,应当制作《旅游投诉调解书》,载明投诉请求、查明事实、处理过程和调解结果,由当事人双方签字并加盖旅游投诉处理机构印章;对于调解不成的,终止调解,旅游投诉处理机构应当向双方当事人出具"旅游投诉终止调解书"。

• 仲裁或者诉讼。调解不成的,或者调解书生效后没有执行的,投诉人可以按照国家法律、法规的规定,向仲裁机构申请仲裁或者向人民法院提起诉讼。

(5)调解制度:

①调解制度的一般规定。调解,是指旅游投诉受理机构主持投诉双方通过和解解决纠纷,达成协议的行为。《旅游投诉处理办法》第二十四条规定:旅游投诉处理机构受理投诉后,应当积极安排当事人双方进行调解,提出调解方案,促成双方达成调解协议。旅游投诉的调解具有以下特点:调解主体是旅游投诉处理机构,调解本身是一种行政行为;各旅游投诉处理机构在办案过程中,应当先进行调解。调解是旅游投诉过程中的必经程序。

②调解制度的例外情形。为了履行《旅行社条例》关于旅游行政部门在一定情形下可以划拨旅行社质量保证金的法定职责,防止因担心败诉而出现的应当划拨而不划拨的行政不作为,《旅游投诉处理办法》第二十六条设置了调解制度的例外情形。

《旅游投诉处理办法》第二十六条规定:在下列情形下,经旅游投诉处理机构调解,投诉人与旅行社不能达成调解协议的,旅游投诉处理机构应当作出划拨旅行社质量保证金赔偿的决定,或向旅游行政管理部门提出划拨旅行社质量保证金的建议:

• 旅行社因解散、破产或者其他原因造成旅游者预交旅游费用损失的。

• 因旅行社中止履行旅游合同义务、造成旅游者滞留而发生交通、食宿或返程等必要及合理费用的。

## 第 3 节　旅游出入境与交通

### 一、出入境的证件及其办理

#### 1. 出入境证件的种类

(1)《中华人民共和国护照》。护照,是主权国家政府发给本国公民出入国境和在国外居留、旅行等合法的身份证件,以其证明该公民的国籍、身份及出国目的。

凡出国人员均须持有有效护照，以备有关当局查验。

根据持照人的出国目的和颁证机关的不同，护照分为普通护照、外交护照和公务护照：

①普通护照，是主权国家发给本国公民因公、私事项出国所持的身份证明。普通护照的有效期限：护照持有人未满16周岁的5年；16周岁以上的10年。有下列情形之一的，护照持有人可以按照规定申请换发或者补发：因护照有效期限即将届满的、护照签证页即将使用完毕的、护照损毁不能使用的、护照遗失或者被盗的、有正当理由需要换发或者补发的其他情形。持证人可以在护照期满前申请延期。

②外交护照，是一国政府发给出国从事外交工作的政府高级官员及领事官员、参加国际会议的政府代表团成员的身份证明。该类护照也适用于驻外外交官的配偶及未成年子女。

③公务护照，主要发给政府一般官员和驻外使、领馆的不具有外交职衔工作人员的身份证明。这类护照也适用于临时派往外国从事经济、文化、贸易等任务的人员。

(2)"中华人民共和国旅行证"。"中华人民共和国旅行证"，是中国公民因私事出入境的一种替代护照，与护照具有同等效力。已批准回国定居、未持有我国护照的华侨；从国外归来的港、澳、台(地区)胞及短期回国探亲、旅游，不便或不需要发给我国护照的华侨和其他不便发给我国护照的人员可申领"中华人民共和国旅行证"。分为1年一次有效和2年多次有效两种，由我国驻外的外交代表机关、领事机关或外交部授权的其他驻外机关颁发。

(3)"中华人民共和国入出境通行证"。"中华人民共和国入出境通行证"是在一些特殊情况下使用的入出境证件。我国规定，华侨或者港、澳、台地区居民及其他入境人员入境后，因证件遗失或者过期无法出境的；港、澳地区同胞不经常回内地、不愿或不需要领取港、澳同胞回乡证的人员，或诸如此类等特殊情况，可申领"中华人民共和国入出境通行证"。该证件由省、自治区、直辖市公安厅(局)及其授权的公安机关签发，并在有效期内一次或者多次入出境有效，一次有效的，在出境时由边防检查站收缴。

(4)内地公民往来港、澳、台地区的证件。内地公民往来港、澳、台地区的证件有："中华人民共和国前往港澳通行证"、"中华人民共和国往来港澳通行证"、"大陆居民往来台湾通行证"。

**2. 中国公民出入境证件的申办**

(1)出境。根据《中华人民共和国出境入境管理法》及其实施细则的规定，中国公民因公出境，由派遣部门向外交部或外交部授权的地方外事部门申请办理出境证件；中国公民因私出境，向户口所在地的市、县公安机关提出申请。公安机关应当在30日内(地处偏僻、交通不便的应当在60日内),作出批准或不批准的决定,通知申请人。

中国公民因私事出境,除提出申请外,应回答有关的询问并履行下列手续:

①交验户口簿或者其他户籍证明。

②填写出境申请表。

③提交所在工作单位对申请人出境的意见。

④提交与出境事由相应的证明。

申请出国访友,一般应提交亲友邀请信和邀请人在前往国的居住证明;申请个人出国旅游,须提交旅行所需外汇费用证明,出入境管理部门认为必要时,申请人还应提交境外亲友的邀请或担保信函;申请团队出境游,申请人应到有资格组团出境旅游的指定旅行社报名、交费,然后持盖有"自费旅游,不作报销凭据"字样的交款票据到户口所在地的市、县公安机关办理出国旅游护照的申请手续。户口不在本辖区的人要办理团队旅游护照,必须有申请人户口所在地的市、县以上公安机关同意办理的委托函。

(2)入境。中国公民在国外申请办理护照或其他证件,应当向中国驻外国的外交代表机关、领事机关或者外交部授权的其他驻外机关申请,也可以向有关省、自治区、直辖市的公安机关办理手续。

定居国外的中国公民短期回国,要按照户口管理规定,办理暂住登记。在宾馆、饭店、旅店、招待所、学校等企业、事业单位或者机关、团体及其他机构内住宿的,应当填写临时住房登记表,住在亲友家的,由本人或者亲友在24小时内(农村可在72小时内)到住地公安派出所或者户籍办公室办理暂住登记。

**3. 签证及办理**

(1)签证。签证,是主权国家官方机构发给申请者出入该国国境或外国人在该国内停留、居住的许可证明,是附签于申请人所持入出境通行证件上的文字注明,也是一个国家检查进入或经过这个国家的人员身份和目的的合法性证明。未建交国家通常将签证作在另纸上(称另纸签证)与护照同时使用。按性质划分,签证主要有三种:普通签证、外交签证和公务签证。

中国政府根据外国人来中国的身份和所持护照的种类,分别发给外交签证、礼遇签证、公务签证和普通签证。中国政府在签发普通签证时,根据外国人来中国的事由,在签证上标明相应的汉语拼音字母,共计有以下7种。

①D字签证。发给来中国定居的人员。

②Z字签证。发给来中国任职或就业的人员及其随行家属。

③X字签证。发给来中国留学、进修、实习6个月以上的人员。

④F字签证。发给应邀来中国访问、考察、讲学、经商、进行科技文化交流及短

期进修、实习等活动不超过6个月的人员。

⑤L字签证。发给来中国旅游、探亲或因其他私人事务入境的人员。其中9人以上组团来中国旅游的发给团体旅游签证。

⑥G字签证。发给经中国过境的人员。

⑦C字签证。发给执行乘务、航空、航运任务的国际列车乘务员、国际航空机组人员及国际航行船舶海员及其随行家属。

(2)中国公民签证的办理。根据《中国公民出入境管理法》的有关规定,中国公民持本人有效护照或其他有效的身份证件,即可出入中国国境,无须办理签证;但中国公民在出入前往国国境时,应当取得前往国和沿途所经国家政府的签证。因此,出国旅游的中国公民,一般应在出国前到前往国的驻华使、领馆办理签证,随团队出游的由组团社负责办理签证。

(3)外国人签证的办理。外国人入出境,须缴验本人的有效护照或者其他有效证件,并且要获得中国政府的签证。在入境前,外国人应当向中国的外交代表机关、领事机关或者外交部授权的其他驻外机关申请办理签证。外国人持有中国国内被授权单位的函电,并持有与中国有外交关系或者官方贸易往来国家的普通护照,因法定事由确需紧急来华而来不及在上述中国驻外机关申办签证的,也可以向公安部授权的口岸签证机关申请办理签证。

外国人持有联程客票并已定妥联程座位搭乘国际航班从中国直接过境,在过境城市停留不超过24小时,不出机场的,免办过境签证;要求离开机场的,须向边防检查站申请办理停留许可手续。国家之间也可以就签证问题签订条约,依照条约的规定互免签证。

## 二、海关及物品携带

### 1.海关对进出境游客行李物品的监管规定

根据《中华人民共和国海关对进出境旅客行李物品监管办法》(简称《办法》)有关规定,旅客对其所携带的行李物品,应当向海关申报,由海关查验行李物品并办理进出境物品征税或免税验放手续,通过海关检查,海关依法行使海关法赋予的监管职能。

(1)进出境旅客行李物品(为进出境旅行或居留的需要携运进出境的物品)必须通过设立海关的地点进境或者出境。

(2)进出境旅客必须将所带的全部行李物品交海关查验。在交验前,应填写“旅客行李申报单”或海关规定的其他申报单证向海关申报;或按海关规定的申报方式如实向海关申报。

旅客经由实施“红绿通道”验放制度的海关进出境,应按照海关公布的选择

“红绿通道”的规定选择通道,办理行李物品进境或出境手续。

(3)进出境旅客可以自行办理报关纳税手续,也可委托他人办理报关纳税手续;接受委托办理报关纳税手续的代理人应当按照《办法》对委托人的各项规定办理海关手续,承担各项义务和责任。

(4)旅客行李物品,应以自用合理数量为限,超出自用合理数量范围的,除另有规定外,海关不予放行。游客应在海关规定的期限内办理退运手续,逾期由海关依法处理。

(5)旅客以分离运输方式运进行李物品,应当在进境时向海关申报。经海关核准后,自旅客进境之日起 6 个月内(含 6 个月,下同)运进。海关办理验放手续时,连同已经放行的行李物品合并计算。以分离运输方式运出的行李物品,应由物品所有人持有效出境证件在出境前办妥海关手续。

(6)经海关核准暂时进出境的旅行自用物品,在旅客行李物品监管时限内,由旅客复带出境或进境。海关依照规定凭担保准予暂时免税放行的其他物品,应由旅客在规定期限内办结进出境手续,或将原物复带出境或进境。

2. 海关“红绿通道”验放制度

在海关监管场所,通道内设置专用申报台,供旅客办理有关进出境物品的申报手续。经中华人民共和国海关总署批准实施双通道制的海关监管场所,设置“红色通道”(又称“申报”通道)和“绿色通道”(又称“无申报”通道)供进出境旅客选择通行。

(1)选择“红色通道”通关的规定。根据《中华人民共和国海关关于进出境旅客通关的规定》的有关规定,下列进境旅客应向海关申报,并将申报单证交由海关办理物品进境手续,通关时应选择“红色通道”通关:

①携带需经海关征税或限量免税的“旅客进出境行李物品分类表”第二、三、四类物品(不含免税限量内的烟酒)者。

②非居民旅客及持有前往国家(地区)再入境签证的居民旅客携带途中必需的旅行自用物品超出照相机、便携式收录音机、小型摄影机、手提式摄录机、手提式文字处理机每种一件范围者。

③携带人民币现钞 6000 元以上,或金银及其制品 50 克以上者。

④非居民旅客携带外币现钞折合 5000 美元以上者。

⑤居民旅客携带外币现钞折合 1000 美元以上者。

⑥携带货物、货样及携带物品超出旅客个人自用行李物品范围者。

⑦携带中国检疫法规规定管制的动、植物及其产品,以及其他须办理验放手续的物品者。

下列出境旅客应向海关申报,并将申报单证交由海关办理物品出境手续,通关时应选择“红色通道”通关：

①携带需复带进境的照相机、便携式收录音机、小型摄影机、手提式摄录机、手提式文字处理机等旅行自用物品者。

②未将应复带出境物品原物带出或携带进境的暂时免税物品未办结海关手续者。

③携带外币、金银及其制品未取得有关出境许可证或是超出本次进境申报数额者。

④携带人民币现钞6000元以上者。

⑤携带文物者。

⑥携带货物、货样者。

⑦携带出境物品超出海关规定的限值、限量或其他限制规定范围的。

⑧携带中国检疫法规规定管制的动、植物及其产品，以及其他须办理验放手续的物品者。

不明海关规定或不知如何选择通道的旅客，应选择"红色通道"，向海关办理申报手续。

(2)选择“绿色通道”通关的规定。不在上述所列范围内的其他旅客，可不向海关办理申报手续。在海关实施双通道制的监管场所，可选择“绿色通道”进境或出境。持有中华人民共和国政府主管部门给予外交、礼遇签证的进出境非居民旅客和海关给予免验礼遇的其他旅客，通关时应主动向海关出示本人护照(或其他有效进出境证件)和身份证件。

**3.海关禁止、限制进出境物品的规定**

(1)禁止进出境物品。根据《海关总署令第43号》的规定，禁止进境物品包括：

①各种武器、仿真武器、弹药及爆炸物品。

②伪造的货币及伪造的有价证券。

③对中国政治、经济、文化、道德有害的印刷品、胶卷、照片、唱片、影片、录音带、录像带、激光视盘、计算机存储介质及其他物品。

④各种烈性毒药。

⑤鸦片、吗啡、海洛因、大麻及其他能使人成瘾的麻醉品、精神药物。

⑥带有危险性病菌、害虫及其他有害生物的动、植物及其产品。

⑦有碍人畜健康的、来自疫区的，以及其他能传播疾病的食品、药品或其他物品。

禁止出境物品有：

①列入禁止进境范围的所有物品。

②内容涉及国家秘密的手稿、印刷品、胶卷、照片、唱片、影片、录音带、录像带、激光视盘、计算机存储介质及其他物品。

③珍贵文物及其他禁止出境的物品。

④濒危的和珍贵的动物、植物(均含标本)及其种子和繁殖材料。

(2)限制进出境物品:

限制进境物品包括:

①无线电收发信机、通信保密机。

②烟、酒。

③濒危的和珍贵的动物、植物(均含标本)及其种子和繁殖材料。

④国家货币。

⑤海关限制进境的其他物品。

限制出境物品包括:

①金银等贵重金属及其制品。

②国家货币。

③外币及其有价证券。

④无线电收发信机、通信保密机。

⑤贵重中药材。

⑥一般文物。

⑦海关限制出境的其他物品。

## 三、交通客票

客票,是客运合同的基本形式,是旅客乘车、乘船、乘机旅行的有效凭证,也是客运合同成立的初步证据。客票包括火车票、汽车票、船票和机票等。[①]

### 1. 客票的内容

客票的内容通常包括:

(1)承运人的名称、地址,如果是记名客票,还有旅客的姓名;

(2)始发地、目的地,有的还有中途经停地;

(3)车(船、飞机)班次号;

(4)客票价款、编号。

### 2. 客票的法律特征

①客票具有有价证券的性质。客票不仅表明旅客乘运的班次、时间,而且还表明旅客乘运的费用。

---

① 李建于. 旅游法规教程. 北京:旅游教育出版社,2007(120).

②客票具有旅游合同的性质。客票是航空运输合同订立和运输合同条件的初步证据。

## 四、人身、财产损害赔偿

### 1.航空运输承运人对旅客、行李的赔偿责任

(1)人身伤亡。《中华人民共和国民用航空法》第一百二十四条规定:“因发生在民用航空器上或者在旅客上、下民用航空器过程中的事件,造成旅客人身伤亡的,承运人应当承担责任;但是,旅客的人身伤亡完全是由于旅客本人的健康状况造成的,承运人不承担责任。”承运人对旅客人身伤亡的责任可归纳为:

①承运人承担民事责任的范围仅限于旅客的人身伤亡,即旅客的死亡或者肉体上的伤害,而不包括旅客精神上的痛苦,也不包括因旅客的死亡或受伤给他人造成的精神痛苦。

②承运人承担民事责任的起因是发生在民用航空器上或者在旅客上、下民用航空器过程中的事件。这里所称的“事件”,包括航空运输操作和航空运输服务中发生的所有事件,如,民用航空器坠毁、碰撞、颠簸、劫机、设备故障、工作人员的不当行为等。

(2)旅客随身携带物品、托运行李的损失。我国《民用航空法》对旅客随身携带物品、托运行李的损失,承运人所应承担的责任规定如下:

①因发生在民用航空器上或者在旅客上、下民用航空器过程中的事件,造成旅客随身携带物品毁灭、遗失或者损坏的,承运人应当承担责任。因发生在航空运输期间的事件,造成旅客的托运行李毁灭、遗失或者损坏的,承运人应当承担责任。

②旅客随身携带物品或者托运行李的毁灭、遗失或者损坏完全是由于行李本身的自然属性、质量或者缺陷造成的,承运人不承担责任。

(3)旅客、行李运输的延误。我国《民用航空法》规定:“旅客、行李或者货物在航空运输中因延误造成的损失,承运人应当承担责任;但是承运人证明本人或者其他受雇人、代理人为避免损失的发生,已经采取一切必要措施或者不可能采取此种措施的,不承担责任。”

《中国民用航空运输规则》对承运人应当承担的航班延误、取消的责任规定如下:

①由于机务维护、航班调配、商务、机组等原因,造成航班在始发地延误或取消,承运人应当向旅客提供餐食或住宿等服务。

②由于天气、突发事件、空中交通管制、安检及旅客等非承运人原因,造成航班在始发地延误或取消,承运人应协助旅客安排餐食和住宿,费用可由旅客自理。

③航班在经停地延误或取消,无论何种原因,承运人均应负责向经停旅客提供

膳宿服务。

2. 铁路运输承运人对旅客、行李的赔偿责任

(1)对人身伤亡、自带行李的责任:

①适用范围。凡是在中华人民共和国境内的铁路旅客运输中发生的旅客人身伤亡及其自带行李损失,按照国务院2007年颁布实施的《铁路交通事故应急救援和调查处理条例》进行赔偿。

②赔偿限额。事故造成铁路旅客人身伤亡和自带行李损失的,铁路运输企业对每名铁路旅客人身伤亡的赔偿责任限额为人民币15万元,对每名铁路旅客自带行李损失的赔偿责任限额为人民币2000元。铁路运输企业与铁路旅客可以书面约定高于前款规定的赔偿责任限额。

③免责事由。由于不可抗力或者旅客自身原因造成人身伤亡和自带行李损失的,铁路运输部门不承担赔偿责任。

(2)对托运行李的责任。按照《中华人民共和国铁路法》第十七条的规定,铁路运输企业应当对承运的货物、包裹、行李自接受承运时起到交付时止发生的灭失、短少、变质、污染或者损坏,承担赔偿责任:

①托运人或者旅客根据自愿申请办理保价运输的,按照实际损失赔偿,但最高不超过保价额。

②未按保价运输承运的,按照实际损失赔偿,但最高不超过国务院铁路主管部门规定的赔偿限额;如果损失是由于铁路运输企业的故意或者重大过失造成的,不适用赔偿限额的规定,按照实际损失赔偿。

托运人或者旅客根据自愿,可以向保险公司办理货物运输保险,保险公司按照保险合同的约定承担赔偿责任。

托运人或者旅客根据自愿,可以办理保价运输,也可以办理货物运输保险;还可以既不办理保价运输,也不办理货物运输保险。不得以任何方式强迫办理保价运输或者货物运输保险。

3. 公路运输承运人对旅客、行李的赔偿责任

(1)对人身伤亡、财产损失的责任①

①交通肇事。交通肇事、车毁人亡、车伤人伤是公路客运常见之事,是旅游安全事故中占比例最大的事故。造成车祸的原因,有司机疲劳驾驶、违章驾驶、超速驾驶及带故障运行等。这些故意或过失造成的车祸,都是承运人违反安全运送义务的行为,应承担赔偿旅客伤亡或物品损失的责任。

②承运人未尽安全保护义务。承运人未尽安全保护义务,致使旅客被他人打

① 李建于. 旅游法规教程. 北京:旅游教育出版社,2007(132~134).

伤、物品被偷等，承运人应当承担赔偿责任。

(2)汽车晚点、旅客漏乘的责任。汽车晚点，就是承运人没有按照规定时间在始发站、中途站发车，准时到达终点。漏乘，是乘客没有乘上规定的车次。汽车晚点，承运人有告知乘客晚点原因、变更的发车时间、终到时间的义务。因承运人的原因造成旅客漏乘的行为，与汽车晚点一样，承运人应当承担赔偿责任。

(3)承运人强迫旅客。承运人强行抢客、甩客，擅自更改车辆，以低档车冒充高档车，或者取消运输，擅自改变旅游行车线路等行为，都应承担赔偿责任。

## 第4节　旅游纠纷的处理

旅游纠纷，泛指在旅游过程中，旅游关系的当事人所发生的矛盾和冲突。旅游纠纷解决得是否圆满，将直接影响当事人的权利和企业形象。以旅游行为的约束力为标准，旅游纠纷可以分为旅游合同纠纷和非旅游合同纠纷。下面以合同纠纷和侵权纠纷为例，探讨旅游纠纷的处理。

### 一、合同纠纷的处理

旅游者和旅游经营者通过订立合同，明确相互之间的权利、义务关系；旅游合同问题是旅游过程中重要的法律问题。随着我国法律的逐步健全和全社会公民法律意识的提高，旅游者和旅游经营者都很注意签订旅游合同，通过合同来保护自己在交易中的利益。合同纠纷，是指因合同的生效、解释、履行、变更、终止等行为而引起的合同当事人的所有争议。合同纠纷的范围广泛，涵盖了一项合同从成立到终止的整个过程。

#### 1. 无效合同的法律情形

(1)无效合同及其法律特征。无效合同，是指已经成立但是欠缺法定生效要件，因而被确认为无效的合同。

无效合同具有以下法律特征：

①违法性。它违反了国家的强制性法律规定或社会公共利益，不能发生法律效力。

②不得履行。因为内容违法，不能产生当事人订立合同预期的法律后果。

③自始无效、当然无效。它从订立时就不具有法律约束力，因而自始无效。当然，无效，是指对合同的法律评价，无论当事人是否主张无效，该合同都是无效的。

(2)无效合同的类别。《合同法》第五十二条规定了无效合同的种类：

①一方以欺诈、胁迫手段订立的，损害国家利益的合同。“欺诈”，是指当事人

出于故意,捏造事实或者故意隐瞒事实真相,使对方当事人作出错误意思表示的行为。“胁迫”,是指对他人实施肉体上或者精神上的强制,使他人作出不真实的意思表示的行为。受到欺诈或者胁迫,当事人所作出的意思表示不是自己的真实意思,合同的合意不是双方协商一致的产物。但应当注意,因欺诈或胁迫而订立的合同只有在损害了国家利益时,才能视为无效合同。

②恶意串通,损害国家、集体或者第三人利益的合同。在这种合同中,当事人主观上怀有恶意,明知自己的行为会对国家、集体或者第三人的利益造成损害;客观上,当事人有互相串通的行为,共同对国家、集体或第三人利益造成了损害。

③以合法形式掩盖非法目的的合同。这种合同在形式上是合法的,但是在内容上是非法的,当事人之间订立的合同不能反映当事人的真实意思。

④损害社会公共利益的合同。因违反社会公序良俗和社会公共利益的合同无效,已经成为世界各国立法的普遍原则。我国《合同法》不仅在合同效力中规定损害社会公共利益的合同无效,而且在总则中也对此作了一般性的规定:当事人订立、履行合同应当遵守法律、行政法规,尊重社会公德,不得扰乱社会经济秩序,损害社会公共利益。

⑤违反法律、行政法规的强制规定的合同。法律规范包括“强制性”规范和“任意性”规范。其中,任意性规范允许当事人对有关内容进行约定。而强制性规范则要求当事人应当履行一定的行为或者不得从事某种行为。当事人约定免除强制性规范的义务时,就是违反法律、行政法规的强制性规定的合同。

**2.可撤销合同的法律情形**

可撤销合同,是指当事人的意思表示有缺陷,当事人可以通过自己的意思表示而使合同效力归于消灭的合同。

根据《合同法》的规定,可撤销合同包括:

(1)因重大误解订立的合同。因重大误解订立的合同,是指当事人一方因自己的原因,对合同的内容作出了错误的认识。重大误解的当事人和受欺诈的当事人虽然对合同作出了错误的认识,但是前者是因为自己的原因,如,因语言不通等原因产生了误解,而后者则是因为对方当事人的故意欺骗行为,而对合同内容产生了误解。

(2)显失公平的合同。显失公平的合同,是指一方当事人在紧迫或者缺乏经验情况下订立的对自己有重大不利的合同。最高人民法院有关司法解释规定:“一方当事人利用优势或者利用对方当事人没有经验,致使双方的权利义务明显违反公平、等价有偿原则的,可以认定为显失公平。”

(3)一方以欺诈、胁迫或者乘人之危,使对方在违背真实意思表示情况下订立的合同。一方以欺诈、胁迫或者乘人之危,使对方在违背真实意思表示情况下订立的合同与合同的无效原因相比,无效合同强调的是对国家利益的损害,而可撤销合同强调的则是侵犯当事人的个人利益。

《合同法》规定,合同可撤销的原因也是可变更的原因,当事人可以根据自己的需求,请求人民法院或者仲裁机构对合同予以变更或撤销。对可撤销的合同,如果当事人请求变更的,人民法院或者仲裁机构只能相应地进行变更,而不得撤销。

3.合同无效和被撤销的法律后果

合同被确认无效或者被撤销,该合同从订立之时就不具有法律约束力。合同如果只是部分条款无效,且该部分条款不影响其他部分条款的效力,其他部分条款仍然有效。但是,合同无效或者被撤销,不影响合同中解决争议条款的效力,如,合同中的仲裁条款。

无效合同和可撤销合同的法律后果通常有以下三种情况:

(1)返还财产。合同无效或者被撤销后,当事人因该合同取得的财产,应当返还给原所有权人;不能返还或者没有必要返还的,取得财产的一方应当折价补偿。

(2)赔偿损失。一方当事人有过错的,应当赔偿对方因此所遭受的损失;双方都有过错的,应当按各自的过错程度承担相应的责任。

(3)追缴财产。当事人恶意串通、损害国家、集体或者第三人利益的,其因此取得的财产应收归国家所有或者返还给集体、第三人。

4.违约责任

(1)违约责任的构成要件。违约责任,是指合同当事人违反合同义务所应承担的法律责任。构成违约责任,在客观上需要有当事人没有履行合同约定的行为。这是违约责任的客观要件。根据我国《合同法》的规定,只要当事人一方不履行合同义务或者履行合同义务不符合约定,当事人就要承担违约责任。也就是说,不管何种情况,亦不管当事人主观上是否有过错,更不管是何种原因(不可抗力除外),只要当事人一方不履行合同或履行合同不符合约定,都要承担违约责任。

(2)违约责任的承担方式。除法定免责事由外,不履行合同的当事人要以以下方式承担违约责任:

(1)继续履行。继续履行,是指当事人一方不履行合同或者履行合同义务不符合约定时,另一方当事人可以要求其在履行合同期限届满后,继续按照合同所约定的主要条件,完成合同义务的行为。

(2)采取补救措施。采取补救措施,是指违约方采取的除继续履行、支付赔偿金、支付违约金、支付定金方式以外的其他补救措施。其目的在于消除、减轻因违约而给对方当事人造成的损失。

(3)赔偿损失。赔偿损失,是指违约方因不履行或者不完全履行合同义务而给对方造成损失时,依法或者根据合同约定应赔偿对方当事人所受损失的行为。

应当注意的是，即使违约方已经采取了其他方式来承担违约责任，因违约行为遭受损失的合同当事人也有权就尚未得到弥补的损失向违约方提出赔偿损失的要求，《合同法》不排除对一个违约行为同时适用多个违约责任承担方式。

## 二、侵权纠纷的处理

### 1. 侵权行为的法律界定

侵权的民事责任，是指赔偿义务人对自己的加害行为或者准侵权行为造成的损害等后果，依法所应当承担的各种民事责任形式之总和。《中华人民共和国侵权责任法》(2009 年)第一章第二条对侵权责任认定的所侵害的民事权益作了以下规定："本法所称民事权益，包括生命权、健康权、姓名权、名誉权、荣誉权、肖像权、隐私权、婚姻自主权、监护权、所有权、用益物权、担保物权、著作权、专利权、商标专用权、发现权、股权、继承权等人身、财产权益。"

一般而言，侵权责任与违约责任最大的不同，是侵权责任的归责原则是过错责任原则，即要求侵权行为人在主观上有过错，即行为人主观上有故意或过失。此外，根据法律的规定，某些侵权责任的承担则适用过错推定责任和无过错责任原则。旅行社的违约责任往往停留在服务质量上，而侵权责任可能带来的后果是对旅游者人身或财产的损害，对旅游者权益的损害较严重，纠纷处理的难度也较大，有时需要通过民事诉讼加以解决。

### 2. 旅游活动中侵权行为的分类

(1)组团旅行社的侵权行为。组团旅行社的侵权行为，主要是指由于组团旅行社及其业务人员的工作疏忽和失误，导致旅游者人身财产损害事件的发生。组团旅行社向旅游者提供的旅游线路不安全，全陪(领队)在旅游行程中没有履行告知义务，没有及时发现旅游服务中的安全隐患，且没有采取积极的防止危害发生的措施。只要组团旅行社的行为对旅游者权益造成损害，均属于组团旅行社的侵权行为。

(2)旅游服务供应商的侵权行为。旅游服务顺利完成，依赖于旅游服务供应商的协作和配合，特别是长线旅游。由于服务供应商的疏忽和失误，造成旅游者权益受损的情况更为严重和普遍。如，饭店设施不符合安全标准引起旅游者的摔伤、餐馆卫生不达标引起旅游者的食物中毒、旅游车辆驾驶员不按规定行使造成旅游者受伤或者死亡，都是服务供应商的侵权行为。

(3)第三人的侵权行为。旅游者在旅游期间，受到组团旅行社和服务供应商以外第三人的侵权损害，是旅游者权益受损的又一种现象。如，旅游者在正常行走时，被机动车辆撞伤；旅游者在旅游目的地与他人发生肢体冲突而受伤等，属于第三人的侵权行为。

3. 侵权责任的承担

《中华人民共和国侵权责任法》(2009 年)第二章第十五条规定,承担侵权责任的方式主要有:

(1)停止侵害。

(2)排除妨碍。

(3)消除危险。

(4)返还财产。

(5)恢复原状。

(6)赔偿损失。

(7)赔礼道歉。

(8)消除影响、恢复名誉。

上述承担侵权责任的方式,可以单独适用,也可以合并适用。

(1)造成他人人身伤害的责任承担。侵害他人造成人身损害的,应当赔偿医疗费、护理费、交通费等为治疗和康复支出的合理费用,以及因误工减少的收入。造成残疾的,还应赔偿残疾生活辅助具费和残疾赔偿金。造成死亡的,还应赔偿丧葬费和死亡赔偿金。

(2)侵害他人财产的责任承担。侵害他人财产的,财产损失按照损失发生时的市场价格或者其他方式计算。侵害他人人身权益造成财产损失的,按照被侵权人因此受到的损失赔偿;被侵权人的损失难以确定,侵权人因此获得利益的,按照其获得的利益赔偿;侵权人因此获得的利益难以确定,被侵权人和侵权人就赔偿数额协商不一致,向人民法院提起诉讼的,由人民法院根据实际情况确定赔偿数额。

(3)精神损害的责任承担。侵害他人人身权益,造成他人严重精神损害的,被侵权人可以请求精神损害赔偿。该法的规定把精神损害赔偿严格限制在侵害人身权益,包括侵害生命权、健康权、名誉权、隐私权等,不包含财产权。

如何界定精神损害的严重程度,法院一般采取以下标准:

①行为人的行为是极端和粗暴的。

②故意伤害是严重的。

③行为导致的精神损害也是严重的。

目前我国一些省级法院掌握的标准是最高不超过 5 万元,有的市级法院掌握的标准是最高不超过 10 万元。

4. 不承担责任和减轻责任的情形

《中华人民共和国侵权责任法》(2009 年)第三章第二十六条至第三十一条规定了不承担侵权责任和可减轻侵权责任的情形。

(1)被侵权人有过错的责任承担。被侵权人对损害的发生也有过错的,可以减轻侵权人的责任。如,旅游者患有心脏病,不适合参加高原地区的旅游项目,但旅游者向旅行社隐瞒患病情况,结果在旅游过程中突发心脏病死亡。在这种情况下,旅游者对损害的发生是有过错的,可以减轻旅行社的责任。

(2)受害人的故意造成的责任的承担。损害是因受害人故意造成的,行为人不承担责任。如,旅游者故意进入危险地区,造成损害结果,旅行社不承担责任。

(3)第三人侵权的责任承担。损害是因第三人造成的,第三人应当承担侵权责任。如,旅游者在旅行过程中,遭受第三人伤害或偷盗,第三人应当承担侵权责任,而不应由旅游者向旅行社追究违约责任。

(4)不可抗力造成损害的责任承担。因不可抗力造成他人损害的,不承担责任。这一点,后文将作详细介绍。

(5)因正当防卫造成损害的责任承担。因正当防卫造成损害的,不承担责任。正当防卫超过必要的限度,造成不应有的损害的,正当防卫人应当承担适当的责任。正当防卫,是指本人、他人的人身权利、财产权利遭受不法侵害时,行为人所采取的一种防卫措施。如,导游人员为了保护旅游者的人身财产安全,与抢劫犯搏斗,将抢劫犯打伤,导游人员不承担责任。

(6)因紧急避险造成责任的承担。因紧急避险造成损害的,由引起险情发生的人承担责任。如果危险是由自然原因引起的,紧急避险人不承担责任或者给予适当补偿。紧急避险采取措施不当或者超过必要的限度,造成不应有的损害的,紧急避险人应当承担适当的责任。这种情况也是旅游活动中容易发生的。紧急避险,是指为使本人或者他人的人身、财产和其他权利免受正在发生的危险,不得已而采取的紧急避险行为,造成损害的,不承担责任或者减轻责任。如,发生自然灾害,为了保证旅游者的人身安全,导游人员将旅游者不必要的随身物品丢弃,造成旅游者财产损失,导游人员不承担责任。

**5.关于责任主体的特殊规定**

由于旅游活动中涉及的行业众多,为旅游者提供服务的不可能仅仅是旅行社的员工。当非旅行社员工对旅游者有侵权行为时,侵权纠纷就容易产生。因此,依据《中华人民共和国侵权责任法》(2009 年)的规定,在处理此类侵权纠纷时,一定要对责任主体有明确的认定,并不是所有的侵权行为都是旅行社负责的。

①《中华人民共和国侵权责任法》第三十三条、第三十五条规定:“用人单位的工作人员因执行工作任务造成他人损害的,由用人单位承担侵权责任。”“劳务派遣期间,被派遣的工作人员因执行工作任务造成他人损害的,由接受劳务派遣的用工单位承担侵权责任;劳务派遣单位有过错的,承担相应的补充责任。”

②《中华人民共和国侵权责任法》第三十七条规定:“宾馆、商场、银行、车站、娱乐场所等公共场所的管理人或者群众性活动的组织者,未尽到安全保障义务,造

成他人损害的,应当承担侵权责任。因第三人的行为造成他人损害的,由第三人承担侵权责任;管理人或者组织者未尽到安全保障义务的,承担相应的补充责任。"

《中华人民共和国侵权责任法》第二十七条规定的"公共场所",是指以公众为对象进行商业性经营的场所和对公众提供服务的场所。除了列明的宾馆、商场、银行、车站、娱乐场所外,还包括机场、码头、公园、景区、餐厅等。所谓安全保障义务,是指宾馆、商场、银行、车站、娱乐场所等公共场所的管理人或者群众性活动的组织者,所负有的在合理限度范围内保护他人人身和财产安全的义务。如果旅游者在公共场所受到伤害,旅游者应要求公共场所的管理人承担侵权责任。如,旅游者在宾馆摔伤了,宾馆应承担侵权责任。旅游者在公园摔伤了,公园管理部门应承担侵权责任。如果旅游者在宾馆被犯罪分子伤害,犯罪分子作为第三人承担侵权责任。如果宾馆未尽到安全保障义务,宾馆应承担相应的补充责任。所谓"补充责任",就是在犯罪分子不能全部承担赔偿责任的情况下,宾馆根据其过错程度承担相应的赔偿责任。

③《中华人民共和国侵权责任法》第四十一条规定:"因产品存在缺陷造成他人损害的,生产者应当承担侵权责任。"第四十二条又规定:"由于销售者的过错使产品存在缺陷,造成他人损害的,销售者应当承担侵权责任。销售者不能指明缺陷产品的生产者也不能指明缺陷产品的供货者的,销售者应当承担侵权责任。"第四十三条规定:"因产品存在缺陷造成损害的,被侵权人可以向产品的生产者请求赔偿,也可以向产品的销售者请求赔偿。产品缺陷由生产者造成的,销售者赔偿后,有权向生产者追偿。因销售者的过错使产品存在缺陷的,生产者赔偿后,有权向销售者追偿。"

上述规定表明,旅游者购买的产品存在缺陷造成损害的,可以向销售者和生产者请求赔偿。这有助于理顺旅游者购买产品的法律关系。虽然是旅行社安排的购物商店,如果该购物商店是合法经营的商店,旅行社也没有强迫、胁迫或诱使旅游者购买产品,旅游者在有充分选择权的情况下,购买产品所产生的法律责任应由销售者和生产者承担,而不是由旅行社来承担。

④《中华人民共和国侵权责任法》第四十八条规定:"机动车发生交通事故造成损害的,依照道路交通安全法的有关规定承担赔偿责任。"第五十三条规定:"机动车驾驶人发生交通事故后逃逸,该机动车参加强制保险的,由保险公司在机动车强制保险责任限额范围内予以赔偿;机动车不明或者该机动车未参加强制保险,需要支付被侵权人人身伤亡及抢救、丧葬等费用的,由道路交通事故社会救助基金垫付。道路交通事故社会救助基金垫付后,其管理机构有权向交通事故责任人追偿。"

⑤《中华人民共和国侵权责任法》第七十一条规定,"民用航空器造成他人损

害的，民用航空器的经营者应当承担侵权责任，但能够证明损害是因受害人故意造成的，不承担责任。”

民用航空器，是指飞机、滑翔机、直升机、热气球和飞艇。民用航空器造成他人损害的地点，包括民用航空器上及上、下民用航空器的过程。如果旅游者在飞机上或上下飞机的过程中遭受人身伤害或者行李丢失、损坏等，民用航空器的经营者应当承担侵权责任。若发生类似案件，旅游者应要求航空公司承担侵权责任，而不是要求旅行社承担违约责任。

【案例 9-2】

### 为什么二审和一审的结果不同

2003 年 4 月 18 日，62 岁的市民马女士参加了一家旅行社组织的“苏州 2 日游”旅行团出游。途中在旅行社指定的“中途岛”饭店用餐时，因地上太滑，马女士不幸倒地受伤，不得不在医院住院治疗。其间共花去了医药费 3403 元。此后，双方为赔偿问题闹上了法庭。马女士认为，自己参加旅行社组织的旅游，旅行社与她已经形成服务合同关系。她在旅行过程中受伤，旅行社应承担赔偿责任。由于双方无法达成一致，马女士于 5 月 19 日上诉到法院，要求旅行社支付医药费 3403 元。但旅行社认为，当时导游员已向包括马女士在内的所有游客提醒过“餐厅路滑，当心摔倒”，所以旅行社已尽到提示义务；马女士滑倒摔伤，是自己未尽注意义务而发生的，旅行社对此没有过错，不应承担赔偿责任。

一审法院认为，马女士参加旅行社组织的旅游活动，按规定交了款，双方形成了旅游消费合同关系。旅行社应对马女士的人身及财产安全负有保障义务，旅行社提出其导游员发现路滑后已给予提示的主张，因其未能向法院提供确凿证据证明，不能免除其应承担的相应义务。因此，旅行社对马女士伤害的发生应当负主要责任，而马女士本人在旅游过程中也有一定的注意义务。据此一审判决：由旅行社赔偿 2041 元。马女士不服，提出上诉。二审法院审理认为，旅行社与马女士形成了旅游服务合同关系，旅行社在其提供的服务过程中，负有保障旅游者人身安全的义务。因旅行社指定用餐的饭店地滑，导致马女士跌倒受伤，系旅行社提供的服务条件存在瑕疵。违反了合同义务，应承担违约责任，故二审法院作出终审判决，撤销一审判决，旅行社赔偿马女士医药费 3403 元。

【分析提示】

本案判决后旅行社承担赔偿的数额之所以不同，是由于诉讼理由的不同导致的。选择适用不同的法律，就可能导致不同的审判结果。本案中，一审法院选择适用的是侵权责任，根据双方当事人的不同过错程度，对受害人的损失在当事人之间进行了相应的分担，由旅行社赔偿60%；二审法律适用的是合同责任，法院认定旅行社一方违约，承担100%的违约责任。根据法律规定，适用法律的选择权在当事人，当事人在发生了违约责任和侵权责任竞合的时候，可以选择对自己最为有利的法律规定来保护自己的权利。而受害者选择何种法律规定最有利，不能一概而论，要视案件情况具体分析。

（资料来源：刘劲柳. 中外旅游纠纷百案评析. 北京：中国旅游出版社，2008 <326>.）

## 三、不可抗力引发纠纷的处理

### 1. 免责事由概述

（1）免责事由的概念和特征。免责，是指在合同履行过程中，因出现了法定的免责条件和合同约定的免责事由而导致合同不能履行，债务人将被免除履行合同。免责事由即免除违约方承担违约责任的原因和理由，包括法定免责事由和约定免责事由。合同责任的免责事由既包括法定的责任事由（如，不可抗力），也包括约定的责任事由（如，免责条款）。

（2）免责事由的分类：

①不可抗力。根据我国《合同法》，不可抗力，是指不能预见、不能避免且不能克服的客观情况。它独立于人的意志和行为之外，且其影响到合同的正常履行。构成不可抗力的事件繁多，一般来说，包括自然灾害和社会事件两种。

②债权人过错。因债权人的过错致使债务人不履行合同，债务人不负违约责任。我国法律对此作出明文规定的有《合同法》第三百一十一条“货运合同”、第三百七十条“保管合同”等。

③其他法定免责事由。主要有两类：一是对于标的物的自然损耗，债务人可免责。这一情形多发生在运输合同中。二是未违约一方未采取适当措施，导致损失扩大的，债务人对扩大的损失部分免责。我国《合同法》第一百一十九条对此有规定。

④免责条款。又称约定免责事由，是当事人以协议排除或限制其未来责任的合同条款。其特点，一是免责条款是合同的组成部分，是一种合同条款，具有约定性；二是免责条款的提出必须是明示的，不允许以默示方式作出，也不允许法官推定免责条款的存在；三是免责条款旨在排除或限制未来的民事责任，具有免责功能。

### 2. 不可抗力

（1）不可抗力的概念。《合同法》第一百一十七条规定：“不可抗力，是指不能预见、不能避免并且不能克服的客观情况。”不可抗力的发生，严重阻碍当事人实施履行合同的行为，因此免除当事人的违约责任，是对当事人合同责任的合理分配，

符合公平的原则和通常的交易规则。根据法律规定,不可抗力作为合同的免责理由,应符合以下条件:

①该事件发生在合同订立之后。当事人在订立合同时,就已经发生的事件,不能作为不可抗力要求免责。

②不可抗力在订立合同时,是双方不能预见的。判断双方是否能够预见,不是以具体当事人的预见能力,而是以一般人通常的预见能力为准。

③不可抗力的发生是不能避免、不能克服的。不能避免,是指不可抗力的发生具有必然性,不受当事人主观意识的影响。不能克服,是指即使当事人采取了一切措施,也不能消除不可抗力所造成的损害结果。

(2)不可抗力的范围。虽然法律明确规定了不可抗力的构成要件,但在具体案例中,对某一事件是否属于不可抗力,以及该不可抗力对合同所造成的影响,仍可能发生争议。通常认为,不可抗力包括以下事件:

①自然灾害。尽管现代科学技术极大地提高了人类对自然灾害的预见和防范能力,但是自然灾害对人类生产生活的负面影响仍然很大。在履行合同过程中,如,遭遇水灾、地震、泥石流等自然灾害,致使当事人不能履行合同的,通常当事人可以“不可抗力”为由要求免责。

②因社会原因导致的不可抗力。相对于自然灾害,对此类不可抗力的判断争议更大。通常的情况有:

• 因政府行为导致合同不能履行的。合同订立之后,政府颁布了有关法律法规、政策,这些法律法规及政策的内容,与合同的内容相抵触,或者使合同的履行客观上变成不可能,当事人有权因此要求免责。

• 社会异常事件。如,罢工、骚乱等偶发事件,虽然是人为的行为,但也属于当事人在订立合同时不能预见,会阻碍合同的履行。

另外,旅行社在经营过程中会遇到商业风险。商业风险,是商事主体应当承担的,通常不能作为不可抗力。

(3)不可抗力引起的法律后果。我国《民法通则》第一百零七条规定:“因不可抗力不能履行合同或者造成他人损害的,不承担民事责任。”《合同法》第一百一十七条也规定:“因不可抗力不能履行合同的,根据不可抗力的影响,部分或者全部免除责任,但法律另有规定的除外。”不可抗力引起的法律后果主要有以下四种:

①单方解除合同。《合同法》第九十四条规定:“因不可抗力致使不能实现合同目的,当事人可以解除合同。”因此,无论是旅游者、旅行社都可以单方行使解除权来解除合同。合同解除后,旅游合同未履行的,终止履行;已经履行的,旅游者交付旅游费用的,如果是旅行前解除,应全部退还;如果是旅游中解除,扣除旅游相应支出后旅行社应当退还旅游者剩余部分。

②部分或者全部免除不履行方的违约责任。旅行社因不可抗力而不能履行合同义务时,在什么情况下解除合同、变更合同内容、延迟履行,要根据不可抗力对履行合同造成的影响程度而定。当然,双方当事人也可以在合同中作出具体约定。

③补救措施。在不可抗力发生后,合同当事人要尽“善良管理人”的义务,防止损失的扩大。遭遇不可抗力的一方要将所发生的不可抗力及该不可抗力对履行合同所造成的影响及时通知对方当事人,避免给对方当事人造成更大的损失。如果遭遇不可抗力的一方未通知对方或者通知不及时,使对方因此损失扩大的,对扩大的损失不能以不可抗力为由要求免责。

④举证义务。要求以不可抗力免责的当事人,有义务证明确实发生过不可抗力,并要为此出具相关证明。如,对自然灾害或者社会事件所作的新闻报道,有关部门对发生不可抗力所出具的证明。

**[典型案例]**

2007 年 7 月 11 日,李女士到某国际旅行社报名参团旅游。经过一番对旅游线路的认真筛选和讨价还价,李女士一行 3 人决定参加该社组织的“西藏、青海双飞 8 日游”。

考虑到西部旅游是新开发的线路,加之暑期参团人多,旅游活动过程中的不确定因素很难控制,李女士为控制自己的风险,要求旅行社在与其签订的旅游合同中必须注明:“因不可抗力等因素造成的一切损失,由旅行社承担”。

旅行社接待人员左右为难,只好与客人耐心解释,希望客人能理解。然而,客人却坚持要求将这一条写入合同中。为此,双方争执不下。

**【分析提示】**

不可抗力条款,是指买卖合同中约定当事人一方因不可抗力而不能全部或部分履行合同义务的,免除其全部或部分的履约责任,另一方当事人不得对此要求损害赔偿。

我国法律在不可抗力的适用上有明确规定:一是合同中是否约定不可抗力条款,不影响直接援用法律规定;二是不可抗力条款是法定免责条款,约定不可抗力条款如小于法定范围,当事人仍可援用法律规定主张免责;如大于法定范围,超出部分应视为另外成立了条款;三是不可抗力作为免责条款具有强制性,当事人不得约定将不可抗力排除在免责事由之外。

因此,客人要求旅行社在旅游合同中必须注明“因不可抗力等因素造成的一切损失,由旅行社承担”的条款,法律不予支持。事实上,我国的旅行社是有限责任公司,根据《企业法》的规定,也无法承担这种无限责任。

（资料来源：辽宁省旅游信息网　www.lntour.gov.cn:8888/news/read－invest.php？id＝18903）

## [本章小结]

本章介绍了旅行社的经营保障、旅游消费者的权益、旅游出入境与交通及旅游纠纷的处理。旅行社的经营保障包括：旅行社质量保证金制度，旅行社的经营规则和导游人员的权利与义务。旅游者权益救济途径有与经营者协商和解、请求消费者协会调解、申诉、仲裁及诉讼五种。熟知旅游出入境等方面的法律知识并掌握旅游纠纷的类型，可使旅游者和经营者合理维护自己的合法权益。

## [复习思考]

（1）关键概念。质量保证金制度、权利与义务、旅游出入境、旅游交通、旅游纠纷、不可抗力。

（2）课堂讨论题：

- 旅行社有哪些经营规则？
- 无效合同与可撤销合同有什么区别？

（3）思考题：

- 导游人员的权利、义务是什么？
- 旅游者权益受到侵害时的救济途径有几种？
- 如何认定质量保证金赔偿标准？
- 旅游者的权利包括哪些内容？
- 承担违约、侵权法律责任的构成要件是什么？
- 法律规定可以减轻和免责的事由是什么？

（4）实训题。在一家旅行社进行实地考察，观察其工作人员比较重视哪类法律知识并统计哪类旅游纠纷所占比例最大。

（5）自测题：

- 《民用航空法》规定承运人的义务有（　　）。

  A. 赔偿义务　　B. 告知义务

  C. 补救义务　　D. 出具客票的义务

- 外国人来中国旅游，签证上相应的汉语拼音字母是（　　）。

  A. L 字签证　　B. X 字签证

  C. D 字签证　　D. C 字签证

- 简述不可抗力。
- 名词解释:旅行社质量保证金
- 根据所学知识,对下列案例进行分析:

李先生一家3口前往九寨沟游玩,当他们乘坐旅行社雇用的某汽车服务公司的汽车前往九寨沟的时候,王女士突然被车外一不明飞石击中。请结合所学知识,分析谁应支付王女士的医疗费及其他损失?

# 附录

## [附录1]计调业务的工具

(1)电话机。固定电话;移动电话;本地通电话等。计调电话最忌变换,如遇动迁,应千方百计保留原始号码。另外,计调工作强调话机功能,如,呼叫转移、来电显示、电话录音、语音信箱等。

(2)传真机。普通传真机(热敏纸)即可,尽量不使用普通纸传真机和FAX-MIE等。视业务量大小,最好设两台传真机(收发各一)。

(3)E-mail。宽带、MSN等是旅行社通信升级的台阶,同时有益于降低通信成本。

(4)地图。全图、分省图、公路客运图、网上地图等。

(5)时刻表。铁路、航空、公路、航运时刻表等。特别注意淡旺季、年度的新版时刻。

(6)字典。语言类、景点类等。

(7)景点手册。

(8)采购协议。按组(接)团社、房、餐、车、景点、购物等分类建档。

(9)各地报价。最好按区域列出目录,分类列置。

(10)常用电话(应急方式)。按组(接)团社(经理、计调)、酒店(销售部、前台)、餐厅(经理、订餐)、车队(调度、驾驶员)、导游员等分类开列,放置于显眼处并随身携带。

## [附录2]计调业务的手段

(1)旅游文书的拟写。询价单、报价单、确认单、更改单等。

(2)常规表单的应用。地接及横向用:“决算单”、“团队费用小结单”、“团队费用报销单”、“结算单”等;组团用制式:“组团合同”、“概算单”、“决算单”、“团队费用报销单”、“结算单”等。

(3)常规统计。团队动态台账、团队核算台账、往来台账(应收应付)、营业额、毛利、人数、人/天数、到款率等。

(4)单团核算。

(5)文书(卷宗)归档。

# [附录3]组团社作业规程

**1.接受报名**

签订“组团旅游合同”、全额收款、交财务部入账、填写交款记录、成团。

团队档案的建立——团号:CEF 050610 TSMH 15 VIP A。

(1)CEF 代表中国家庭旅游团;

(2)2005 年 6 月 10 日;

(3)泰国、新加坡、马来西亚及香港地区;

(4)15 天;

(5)贵宾团;

(6)两个以上的旅游团。

**2.编制(预报)计划**

向目的地接待社询价的同时编制出团计划“团队接待通知书”;向行程中的各接待社发出预报。

**3.编制结算**

(1)编制概算,报财务审核,总经理签字后开始作业。

(2)凭“概算单”、“组团合同”、地接社“确认件”、正式计划—“团队接待通知书”填写“借款单”,经部门经理签字,报财务审核,总经理签字后领取借款。

**4.订票作业**

仔细落实并核对团队行程计划,向票务人员下达“团队订票单”,注明团号、人数、航班(车次)、用票时间、票别、票量,并由经手人签字。如遇变更,及时通知票务人员。

**5.书面确认**

督促接待社在最短的时间内(8~24 小时)书面确认。确认重点为:机(车、船)票、用房、用车、结算等。

6. 发出正式计划

早于出发前发出正式计划,要求:正式打印,加盖计划专用章,一式两份(发出、留存各一份),督促回执。

7. 选派导游员

向导游员交代接待计划,确定团队接待重点及服务方向。

8. 最终确认

出发前 24 小时与对方核对计划,要求对方最终确认。向对方催要“结算单”。

9. 付款

确认团队质量无异议,经财务部审核,总经理批准,(允许预付)将团款汇入地接社账户。

10. 报账

团队行程结束后一周内清账。填写“决算单”,连同“概算单”一式两份、“组团合同”、地接社“确认件”、地接社“结算单”、“团队接待通知书”原始凭证,交公司财务部报账。

11. 登账

部门将涉及该团协议单位的相关款项及时登录到“团队费用往来明细表”中,以便核对。

12. 归档

整理该团的原始资料,每月底将该月团队资料登记存档,以备查询。

# [附录 4]地接社作业规程

1. 报价

根据对方询价编排线路,以“报价单”提供相应价格信息(报价)。

2. 计划登录

接到组团社书面预报计划,将团号、人数、国籍、抵/离机(车)时间等相关信息登录在当月团队动态表中。如遇对方口头预报,必须请求对方以书面方式补发计划,或在我方确认书上加盖对方业务专用章并由经手人签名,回传作为确认件。

3. 编制团队动态表

编制接待计划,将人数、陪同数、抵/离航班(车)时间、住宿酒店、餐厅、参观景点、地接旅行社、接团时间及地点、其他特殊要求等逐一登记在“团队动态表”中。

4. 计划发送

向各有关单位发送计划书,逐一落实。

(1)用房。根据团队人数、要求,以传真方式向协议酒店或指定酒店发送“订房计划书”并要求对方书面确认。如遇人数变更,及时作出“更改件”,以传真方式向协议酒店或指定酒店发送并要求对方书面确认;如遇酒店无法接待,应及时通知组团社,经同意后调整至同级酒店。

(2)用车。根据人数、要求安排用车,以传真方式向协议车队发送“订车计划书”并要求对方书面确认。如遇变更,及时作出“更改件”,以传真方式向协议车队发送并要求对方书面确认。

(3)用餐。根据团队人数、要求,以传真或电话通知向协议餐厅发送“订餐计划书”。如遇变更,及时作出“更改件”,以传真方式向协议餐厅发送并要求对方书面确认。

(4)地接社。以传真方式向协议地接社发送“团队接待通知书”并要求对方书面确认。如遇变更,及时作出“更改件”,以传真方式向协议地接社发送并要求对方书面确认。

(5)返程交通。仔细落实并核对计划,向票务人员下达“订票通知单”,注明团号、人数、航班(车次)、用票时间、票别、票量并由经手人签字。如遇变更,及时通知票务人员。

**5. 计划确认**

逐一落实完毕后(或同时),编制接待“确认书”,加盖确认章,以传真方式发送至组团社并确认组团社收到。

**6. 编制概算**

编制团队“概算单”,注明现付费用、用途,送财务部经理审核,填写“借款单”,与“概算单”一并交部门经理审核签字,报总经理签字后,凭“概算单”、“接待计划”、“借款单”向财务部领取借款。

**7. 下达计划**

编制“接待计划”及附件。由计调人员签字并加盖团队计划专用章。通知导游人员领取计划及附件。附件包括:“名单表”、向协议单位提供加盖作业章的公司“结算单”、导游人员填写的“陪同报告书”、游客(全陪)填写的“质量反馈单”及需要现付的现金等,票款当面点清并由导游人员签收。

**8. 编制结算**

填制公司“团队结算单”,经审核后加盖公司财务专用章,于团队抵达前将“结算单”传真至组团社,催收。

**9. 报账**

团队行程结束,通知导游员凭“接待计划”、“陪同报告书”、“质量反馈单”及原始票据等及时向部门计调人员报账。计调人员详细审核导游员填写的“陪同报告书”，以此为据填制该“团队费用小结单”及“决算单”，交部门经理审核签字后，交财务部并由财务部经理审核签字，总经理签字，向财务部报账。

10. 登账

部门将涉及该团协议单位的相关款项及时登录到“团队费用往来明细表”中，以便核对。

11. 归档

整理该团的原始资料，每月底将该月团队资料登记存档，以备查询。

# 参考文献

[1]全国经济专业技术资格考试用书编写委员会编写. 旅游经济专业知识与实务(中级). 北京:中国人事出版社,2009.

[2]全国经济专业技术资格考试用书编写委员会编. 旅游经济专业知识与实务(初级). 北京:中国人事出版社,2009.

[3]梁智编著. 旅行社运行与管理. 大连:东北财经大学出版社,2010.

[4]梁智著. 旅行社经营管理. 北京:旅游教育出版社,2009.

[5]国家旅游局人事劳动教育司编. 旅行社经营管理. 北京:旅游教育出版社,2006.

[6]张道顺主编. 现代旅行社管理手册. 北京:旅游教育出版社,2006.

[7]纪俊超主编. 旅行社经营管理. 广州:华南理工大学出版社,2004.

[8][英]耶尔(Pat Yale)著. 程尽能等译. 旅行社经营业务. 北京:旅游教育出版社,2004.

[9]王坚编著. 旅行社企业管理. 北京:北京大学出版社,2006.

[10]戴斌,杜江主编. 旅行社管理. 北京:高等教育出版社,2002.

[11]陈乾康,阙敏主编. 旅行社计调与外联业务. 北京:中国人民大学出版社,2006.

[12]王宏,肖书民编著. 旅行社规范化管理操作范本. 北京:人民邮电出版社,2007.

[13]熊晓敏著. 旅行社 OP 计调手册. 北京:中国旅游出版社,2007.

[14]米学俭,尚永利,王国瑞主编. 旅游计调师操作标准教程. 北京:旅游教育出版社,2010.

[15]邹统钎著. 中国旅游景区管理模式研究. 天津:南开大学出版社,2006.

[16]梁智,李红,刘宏飞编著. 旅游投诉与旅游事故案例精选解析. 北京:旅游教育出版社,2009.

[17]梁智,刘春梅,张杰编著. 旅行社经营管理精选案例解析. 北京:旅游教育出版社,2007.

[18]中国旅行社协会编. 旅行社常见疑难法律问题(上册). 北京:中国旅游出

版社,2010.

[19]林增学.假日旅游消费心理及对策分析[J].桂林旅游高等专科学校学报,2002,9(55~57).

[20]郑岩.服务经济时代旅游购物服务心理探析[J].东北财经大学学报,2005,4(72~74).

[21]刘睿,李星明.老年群体旅游心理类型与特征分析[J].旅游论坛,2009,4(189~192).

[22]郑昌江.女性旅游消费动因的分析[J].商业研究,2002,5(143~144).

[23]胡庸.中国女性旅游消费者心理及市场营销策略[J].贵州工业大学学报(社会科学版),2007,4(49~54).

[24]秦远好,刘德秀.略论旅游服务中的诱导策略[J].桂林旅游高等专科学校学报,2000,11(23~26).

[25]孙海琴.从旅游购物心理角度谈旅游商品开发与服务的策略[J].沿海企业与科技,2008,8(134~136).

[26]于萍.女性旅游心理探究[J].旅游经济,2008,5(157~159).

[27]吴晓丽.旅游活动中旅游者的心理探究及服务策略[J].山西大同大学学报(社会科学版),2008,6(52~54).

[28]肖爱连.中国旅游企业整合营销策略[J].湖南涉外经济学院学报,2007,2(11~14).

[29]占辉斌.黄山市旅游企业合作营销模式研究[J].黄山学院学报,2009,2(50~52).

责任编辑：张　毅

**图书在版编目(CIP)数据**

旅游计调师实务教程/梁智，韩玉灵主编．—北京：旅游教育出版社，2011.7
（旅游业从业人员资格培训丛书）
ISBN 978-7-5637-2103-0

Ⅰ.①旅…　Ⅱ.①梁…　②韩…　Ⅲ.①旅行社—业务管理—教材　Ⅳ.F590.63

中国版本图书馆CIP数据核字(2011)第005822号

旅游业从业人员资格培训丛书
**旅游计调师实务教程**
梁　智　韩玉灵　主编

| | |
|---|---|
| **出版单位** | 旅游教育出版社 |
| **地　　址** | 北京市朝阳区定福庄南里1号 |
| **邮　　编** | 100024 |
| **发行电话** | (010)65778403 65728372 65767462(传真) |
| **本社网址** | www.tepcb.com |
| **E-mail** | tepfx@163.com |
| **印刷单位** | 北京中科印刷有限公司 |
| **经销单位** | 新华书店 |
| **开　　本** | 787×960　1/16 |
| **印　　张** | 17.25 |
| **字　　数** | 269千字 |
| **版　　次** | 2011年7月第1版 |
| **印　　次** | 2011年7月第1次印刷 |
| **印　　数** | 1-8000册 |
| **定　　价** | 36.00元 |

（图书如有装订差错请与发行部联系）